맛있는
성경이야기

맛있는 성경이야기

예수와 함께하는 식탁

A Dinner Table With Jesus

유재덕 지음

강같은평화

추천의 글

곽선희 목사 | 소망교회 원로목사

최근 들어서 한국교회는 성경에 반영된 문화를 보다 더 깊이 세밀하게 이해하고자 하는 열망이 강해지고 있다. 이른바 양적 부흥의 시대를 지나서 삶 속에 기독교의 메시지를 적용하고 실천하려는 성숙의 과정으로 나아가고 있는 것이다.

이번에 저자가 출간한 『맛있는 성경이야기 – 예수와 함께하는 식탁』은 제목에서 알 수 있듯이 성경 속 음식문화를 신구약 성경의 기록, 그리고 관련된 레시피와 성경의 인물을 연계해서 흥미롭게 엮어내고 있다. 덕분에 독자들은 길게는 수천 년의 역사적 간극을 무난히 뛰어넘어서 성경시대의 삶과 문화를 생생하게 경험할 수 있게 되었다.

우리는 예수께서 십자가 지기 몇 시간 전에 제자들과 유월절 만찬을 잡수시고 그 식탁에 심오한 교리를 담아 성만찬을 제정하셨다는 것을 계속 되새겨 기억해야 할 것이다.

책을 읽다 보면 성경의 음식문화를 통해서 오늘 우리의 모습을 조명하고 진정한 그리스도인의 삶이 무엇인지 새로운 통찰을 얻게 된다. 이것은 제자들이 주님과 즐거운 식탁을 함께 하면서 전해 받은 교훈과 다르지 않다.

저자는 기독교의 역사와 성경 연구를 통해서 다음 세대의 인재를 키우는 기독교교육학자이다. 기독교 역사와 성경에 대한 해박함과 통찰력은 저자가 집필한 수십 권의 저서에서 이미 충분히 확인한 바 있다.

음식을 주제로 성경의 문화를 오늘을 사는 우리에게 전혀 낯설지 않게, 그러면서도 쉽고 정확하게 전달하고 있는 이러한 책이 앞으로 계속 출간되어 우리나라 그리스도인들의 성경에 대한 열망과 이해가 한층 더 깊어지고 풍성해지기를 기대한다.

차례

제2부 달콤 살벌한 먹을거리 이야기

제3부 즐거운 축제 음식 이야기

프롤로그

레시피를 통한 성경 속 음식

언제부터인가 우리가 음식을 대하는 방식으로
성경의 내용에 접근하면 어떨까, 생각하게 되었다.
마치 식객이 맛있는 음식을 찾아 여행하듯이 성경 전체를
음식 중심으로 살펴보면 적잖이 흥미로울 것 같았다.
그러자 그것과 관련된 생각들이 잇달아 떠올랐다.

우리가 늘 대하는 음식은 단순한 먹을거리가 아니다. 재료를 준비하고 직접 요리하는 일에 이르기까지 요리하는 사람이 들여야 하는 품은 간단하지 않다. 음식을 기대하는 이들의 취향은 물론 그들의 건강, 더 나아가서 삶의 질까지 살피고 반영해야 한다. 그 손길의 수고를 알고 나면 감사하지 않을 수 없는 것이 바로 그 때문이다.

그렇게 준비한 음식이 마침내 식탁에 오르면, 단순한 식재료의 조합 그 이상의 의미로서, 한껏 정성이 담긴 음식은 우리의 몸을, 그리고 영혼을 풍성하게 살찌운다.

언제부터인가 우리가 음식을 대하는 방식으로 성경의 내용에 접근하면 어떨까, 생각하게 되었다. 마치 식객이 맛있는 음식을 찾아 여행하듯이 성경 전체를 음식 중심으로 살펴보면 적잖이 흥미로울 것 같았다.

그러자 그것과 관련된 생각들이 잇달아 떠올랐다. 성경시대 사람들은 어떤 음식을 먹었을까? 성경의 인물들과 직접 관련된 음식들은 무엇이 있었을까? 그리고 음식과 관련된 성경시대 사람들의 풍습은 어떤 것들이 있었을까?

먹을거리를 염두에 두고 성경을 대하자 이전까지 익숙한 것들이 색다르게 비쳐졌다. 먹을 것에 대한 유혹이 초래한 인간의 타락, 하나님에게 바치는 거룩한 음식에 대한 질투와 그로 인한 살인, 먹을 것에 대한 탐욕이 부른 가족의 불화, 그리고 광야에서 일용할 양식을 하나님의 은총에 의지하던 이스라엘의 고단한 삶과 기쁨을 비롯하여 성경의 인물들과 다양한 사건이 나의 오감을 자극했다. 덕분에 성경에 등장하는 음식과 음식을 먹는 방식, 거기에 얽힌 인물과 사건을 통해서 성경시대 사람들의 삶을 새롭게 조명해 볼 수 있었다.

곧장 글을 써 내려가고 싶었으나 개인적인 이유 탓에 밀어 두곤 했다. 하지만 생각의 끈마저 완전히 내려놓은 것은 아니었다. 기회가 닿을 때마다, 자료를 접할 때마다 틈틈이 기본적인 틀을 구성하고 내용을 정리해 나갔다.

모든 일에 때가 있는 듯, 마음 한구석에 담아 둔 생각이 구체화할 수 있는 우연한 기회를 갖게 되었다. 강같은평화 출판사로부터 '성경 속 음식문화'에 대해 제안을 받은 것이다. 본격적으로 집필하면서 기존의 생각이 옳았다는 것을 확신할 수 있었다. 더불어 먹을거리의 소중함은 물론 다이안 애커만Diane Ackerman이 "대부분의 사람들에게 음식은 생리적 정서적 만족과 복잡하게 얽힌 기쁨"이라고 말한 것에 새삼 동의하게 되었다.

음식을 중심으로 성경의 내용을 살펴보는 것을 목적으로 삼고 있는 이 책은 크게 세 가지 주제들로 구성되어 있다. 1부에서는 주로 성경의 인물들에 얽힌 음식들을 집중적으로 다루었다. 아브라함부터 예수님까지 성경의 인물들과 직접적으로 관련된 음식과 일화, 그리고 레시피를 소개했다. 2부에서는 성경적인 먹을거리와 식습관을 비롯해서 음식과 관련된 몇 가지 쟁점들을 거론했다.

거론된 내용을 따라가다 보면 우리의 현재 식습관과 하나님이 기대하는 그것 사이에 얼마나 큰 괴리가 있는지 확인하게 될 것이다. 그리고 3부에서는 이스라엘의 전통적인 축제들과 음식을 중심으로 구성하여 소개했다.

끝으로, 이 책의 출간과 관련하여 감사할 분들이 있다. 누구보다 먼저 이 책을 출판사의 첫 작품으로 선정한 강같은평화 강영란 대표님, 짧은 시간에 원고를 검토하느라고 수고한 김경종 형제에게 깊은 감사를 드린다. 그리고 나와 더불어 믿음의 여정을 함께하고 있는 사랑하는 가족과 이 책의 출간을 진심으로 기뻐해 줄 분들에게 감사의 마음을 전하고 싶다.

지은이 **유재덕**

천사들과 함께한 식사

야곱이 요리한 붉은 죽

아비가일의 식사 준비

요리하는 엘리사

광야에서의 식사

탕자를 위한 식사

갈릴리에서의 아침식사

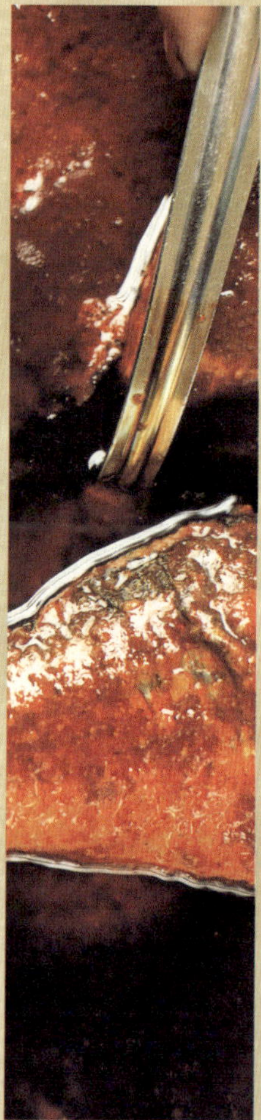

제1부

재미있는 식탁 이야기

A Dinner Table with Jesus

천사들과 함께한 식사

아브라함이 낯선 방문객들을 반겼던 또 다른 이유는
종교적인 믿음과 깊은 관계가 있었다.
고대 세계 사람들은 하나님이 가끔 아무도 모르게
직접 천사들을 보내서 인간의 선행을 시험한다는
믿음을 갖고 있었다.

아브라함은 예루살렘으로부터 남쪽으로 32킬로미터 정도 떨어진 곳에 위치한 마므레의 상수리나무 숲에서 가족과 함께 휴식을 취하고 있었다. 불과 얼마 전에, 인생에서 분수령이 될 할례의식을 치르고서 하나님과 직접 계약을 맺은 상태였던 아브라함은 거동이 다소 불편하더라도 속은 편했을 것이다.

낮 기온이 올라가자 아브라함은, 유목민들이 대개 그렇듯이 산들바람이 통과하도록 천막의 차양을 올리고 그 그늘에 앉았다. 차양을 친 천막의 출입구 쪽에 앉으면 따가운 햇볕을 피할 수 있는 것은 물론, 드나드는 사람을 확인하는 데도 유리했다.

바로 그때 신분을 알 수 없는 낯선 사람들 셋이 갑자기 모습을 드러냈다. 성경에 따르면, 아브라함은 방문객이 나타나자 한 치의 망설임 없이 그쪽으로 급히 달려갔다.

"눈을 들어 본즉 사람 셋이 맞은편에 서 있는지라 그가 그들을 보자…달려나가 영접하며 몸을 땅에 굽혀" 창 18:2

그리고는 그 방문객들을 자신의 손님으로 모시고 극진히 대접했다.

아브라함이 손님을 청한 까닭

아브라함이 낯선 사내들을 손님으로 모신 이유에 대해 그의 믿음 탓으로 돌리기도 하지만, 신빙성은 그리 높지 않다. 오히려 당시 중동 지역의 풍습을 근거로 설명하는 편이 훨씬 더 설득력 있다.

아브라함은 고향 갈대아 우르를 떠난 이후 유목생활을 계속했기 때문에 유목민 생활에 익숙했다. 가축떼를 이끌고 좋은 목초지를 찾아서 황량한 땅을 떠돌아야 하는 유목민들에게 있어서 나그네를 후대하는 것은 일차적으로 자신들의 생존과 직접적인 관계가 있었다. 자신들 역시 떠돌이 생활을 하다가 예상하지 못한 순간에 어려움을 겪게 되거나, 홀대했던 상대로부터 동일한 대접을 받을 수 있기 때문이다. 중동 지역 유목민들에게는 낯선 사람에게 먹을 것과 잠자리를 제공하는 것은 보험을 들어놓는 것과 다르지 않았다. 그래서 그들은 혼자 음식을 먹거나욥 31:7 가난한 사람들과 음식을 나누지 않는 것을 죄악으로 간주했다.

아브라함이 낯선 방문객들을 반겼던 또 다른 이유는 종교적인 믿음과 깊은 관계가 있었다. 고대 세계 사람들은 하나님이 가끔 아무도 모르게 직접 천사들을 보내서 인간의 선행을 시험한다는 믿음을 갖고 있었다. 사람을 가장하고 인간의 세계를 방문한 천사들이 손님 접대를 제대로 하고 있는지 일일이 점검한다는 것이다.

이와 같은 믿음은 아브라함의 경우 이외에 미디안 사람들의 삼엄한 감시를 따돌리고 포도주 틀에서 밀을 타작하던 기드온삿 6:12-22에게서도 확인할 수 있다. 갑자기 찾아온 천사는 기드온에게, 미디안 사람들의 손에서 이스라엘 사람들을 구원하라는 지시를 내렸다. 이런 일이 있었기 때문에 사람들은 전혀 예상하지 못한 순간에 천사들이 찾아올지 모른다고 생각했다. 그러다 보니 그들은 한번도 본 적이 없는 길손이라고 하더라도 함부로 대하지 않았고, 기꺼이 자기 집으로 초대해서 대접하는 일이 잦았다.

하지만 나그네를 초대하는 것은 쉽지 않았다. 유목민들은 나그네가 마을 어귀에 당도하는 순간부터 먼저 손님으로 모시려고 앞다퉈서 나섰다. 대개 가장 먼저 손님을 모시겠다고 외치는 사람에게 일차적으로 기회가 돌아갔지만, 제대로 조정이 되지 않는 바람에 손님을 모시는 문제를 놓고 서로 심각한 사태로 발전하는 일도 있었다. 상황이 정리되지 않을 때는 무리의 우두머리에게 손님을 청할 수 있는 권리를 넘기는 선에서 마무리되기도 했다.

그렇게 초대 받은 손님에게는 사흘 동안 당당히 묵어갈 수 있는 권리가 주어졌고, 상황에 따라 그보다 더 길어지기도 했다. 때가 되어 짐을 꾸리고 다시 길을 나서야 할 때도 주인은 으레 더 묵어가기를 간청하는 게 일반적이었다. 주인의 청이 너무 간절하다 보니 물리치기가 쉽지 않았다.

손님이 묵던 집을 떠난다고 해서 집주인의 호의가 끝나는 것은 아니었다. 집주인은 나그네의 가는 길을 보호해 주는 것에 대해 당연하게 여겼다. 여행에 나서는 손님을 보호해 주는 기간은 부족마다 조금씩 달랐다. 어떤 부족은 '나그네가 집에서 먹은 소금이 위장에서 소화될 때까지'라고 다소 애매하게 규정했다. 그리고 보다 규모가 크고 어느 정도 군사력을 갖춘 부족은 손님을 보호해 주는 영역이 그보다 훨씬 더 광범위했다. 예루살렘의 에콜 비블리크프랑스 성서신학교 학장을 지낸 구약성경학자 드보Roland de Vaux에 따르면, 시리아에서 유목생활을 하는 르발라족은 자신들의 강력한 세력을 바탕으로 손님을 사흘 동안이나 보호해 주었는데, 그 거리의 반경이 무려 150킬로미터에 달했다.

천사를 위한 메뉴

처음에 아브라함은 그들의 정체를 제대로 알지 못했다. 사람들은 대개 더위의 기세가 한풀 꺾이는 오후나 이른 아침에 여행길에 나섰지만, 그들은 웬일인지 뜨거운 대낮에 길을 가고 있었다. 아브라함은 이상하게 생각했으나 깍듯이 예의를 갖추어서 그들을 맞이했다.

당시에는 손님을 대접할 때 휴식을 취하게 해 기운을 회복하도록 돕고, 식사를 할 수 있게 해주어야 했다. 아브라함은 관례를 따라서 정체 모를 길손들에게 잠깐 쉬어가면서 자신이 그들에게 음식을 대접할 수 있게 해달라고 제안했다. 창 18:4-5 그들은 아브라함의 호의를 순순히 받아들였다.

그런데 아브라함이 아내 사라를 시켜서 급히 만들게 했던 음식은 단순한 식사 그 이상이었다. 아브라함이 손님들을 위해서 차린 메뉴는 빵, 송아지고기 요리, 그리고 우유와 요구르트였다.

메인 요리, 빵 중동 지역 주민들의 주식은 예나 지금이나 빵이다. 때문에 우리가 음식하면 밥을 떠올리듯이 그곳에서는 음식하면 빵을 연상한다. 빵을 만드는 데 사용하는 주재료는 밀과 보리였다. 하나님이 이스라엘 민족에게 약속하신 땅은 '밀과 보리의 소산지' 신 8:8 라고 부를 정도로 밀과 보리가 풍부했다. 지금은 건강식으로 분류되는 보리 빵은 거칠고 텁텁하지만 밀보다 값이 싸서 서민들이 즐겨 먹었다. 예수님시대에 밀은 보리 가격의 세 배였는데, 이것은 요한이 계시록을 집필할 때도 달라지지 않았다.

"이르되 한 데나리온에 밀 한 되요 한 데나리온에 보리 석 되로다…" 계 6:6

엘리사가 기적적으로 백 명을 배불리 먹인 스무 개 빵의 재료가 보리였고, 왕하 4:42-44 예수님이 오병이어 이적에 사용하신 다섯 개의 빵 역시 보리반죽으로 만든 빵이었다. 요 6:9-13

반면에 밀가루는 형편이 넉넉한 이들의 양식이었다. 그래서 식탁에서 보리와 밀 가운데 어떤 것을 주로 대하느냐에 따라서 그 사람의 생활수준을 가늠해 볼 수 있었다. 밀가루로 만든 흰 빵은 상류층의 전유물이었고 사치품에 가까웠다. 사라는 한차례 식사를 위해 밀가루 20리터 가량을 사용했다. 밀가루 양만 놓고 보더라도 아브라함이 손님을 풍성히 대접했다는 것을 알 수 있다.

빵을 만드는 과정은 고대 이집트인들의 방식을 따르는 게 일반적이었다. 밀이나 호밀, 그리고 보리나 맥아 등을 한동안 물에 담가 발효시킨 누룩을 쓰거나 미리 조금 떼어 두었던 발효된 반죽을 새것과 섞어 다시 발효시키는, 보다 오래된 방법을 사용하기도 했다.

고대 세계에서는 어머니가 시집을 가는 딸을 위해 반죽의 일부를 떼어서 함께 보냈다. 시집간 딸은 그 반죽을 효모로 삼아 새로운 가족들을 위한 빵

보리 빵 만들기

손맷돌이나 절구로 곡식을 곱게 간다.

소금과 밀가루, 물을 넣어 반죽한다. 그리고 하루 전에 떼어 둔 발효된 반죽 조각을 넣는다.

반죽 그릇에 천을 덮고 한 시간 정도 발효시킨다.

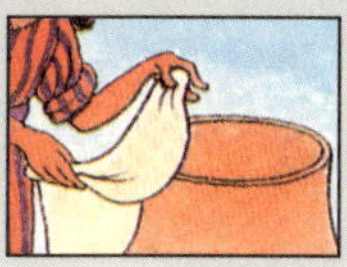

반죽을 넓고 얇게 펴서 화덕 안쪽에 붙여 바삭하고 노릇하게 구워낸다.

을 반죽했다. 사정이 이렇다 보니 빵 반죽은 여러 대를 거듭하면서 끊임없이 후손들에게 전해질 수 있었다. 빵을 굽는 것은 여인들만의 일이었고, 그렇지 않을 때는 종이 그 일을 대신했다.

여인들이 가족을 위해 빵을 굽는데 사용하는 화덕(오븐)은 그 모양과 크기가 무척 다양했다. 마을에는 공동으로 사용하는 대형 화덕이 있었고, 가정마다 흙으로 빚어서 만든 작은 화덕을 갖추고 있었다. 가정용 화덕은 흙을 빚어서 만든 대형 접시나, 혹은 요즈음의 튀김팬을 뒤집어 놓은 모양을 하고 있거나, 머리끝이 잘려나간 투구 형태를 하고 있었다.

아브라함처럼 들에서 지내는 유목민들의 경우, 널찍한 돌을 화덕 대신 사용해서 피자처럼 빵을 굽거나 땅에 판 구멍에 불을 피우고 어느 정도 달궈지면 불을 한숨 죽이고 반죽을 그 안쪽에 붙여서 빵을 구워냈다. 사라 역시 손님들을 위해 전통적인 화덕이 아니라 간이 화덕으로 음식을 준비했을 것이다.

쇠로 제작된 간이 화덕에 빵을 굽는 아랍 여성

사라가 천사들을 위해 만들었던 빵이 구체적으로 무엇이었는지 정확하게 알 수 없다. 하지만 음식전문가들이 일 순위로 꼽고 있는 게 현재 중동 지역, 특히 이스라엘에서 즐겨 먹는 피타 빵이다. 이스라엘에서는 피타 빵을 빼놓으면 결코 빵을 논할 수 없다고 할 정도로 인기가 높다.

피타 빵은 속이 부풀어 올라서 전체적으

전통적 방식으로 빵 굽는 것을 재연하는 모습

로 둥근 모양을 하고 있는 게 중국식 호떡과 비슷하지만, 호떡과 달리 아무것도 들어 있지 않다. 그래서 한쪽 끝을 가르고 주머니처럼 만들어 그 속에 야채와 고기, 그리고 구수한 맛을 내는 혼합 소스를 함께 넣어 먹는 일종의 샌드위치였다. 피타 빵을 국물이 걸쭉한 스튜와 곁들여 먹을 때는 빵을 찢어서 수저처럼 사용하기도 한다. 멕시칸 타코와 비교하면, 피타 빵은 그것보다 약간 두껍지만 질감은 훨씬 더 부드럽다.

송아지고기 손님들에게 대접한 또 다른 메뉴는 송아지고기 요리였다. 고대 세계에서는 송아지고기는 물론이고 다른 가축을 고기로 사용하는 것은 무척 드문 일이었다. 일반인들의 식탁에는 대부분 채소 종류가 올라갔고, 육류는 종교적인 축제처럼 특별한 날에만 먹을 수 있는 매우 귀한 음식이었다. 시대적으로 차이가 있지만, 『불가타 성경』을 번역한 예로니모는 팔레스타인 지역에서 '고기를 먹는 것은 죄악'이라고까지 말할 정도였다.

사람들이 소와 양과 염소를 기른 것은 고기가 아니라 젖과 털을 얻기 위함이었다. 소는 물건을 운반하거나 농사를 짓는 데 유용했고, 염소와 양은 개체수를 늘려서 원하는 만큼 젖과 털을 얻을 수 있었다. 특히 염소는 양에 비해 젖을 얻을 수 있는 기간이 두 배나 되어서 사람들이 무척 선호했다. 이런 이유로 일반인들이 특별할 때를 제외하고는 가축의 고기를 맛보는 게 쉽지 않았다.

성경을 보면, 삼상 9:24 사무엘이 곧 왕위에 오르게 될 사울을 위해 양 요리를 준비하는데, 이것은 사울이 앞으로 높은 자리에 오르게 될 것을 상징하는 동시에 축하하는 중요한 사건이었다.

이스라엘 사람들이 파라오(바로)의 학정을 피해서 이집트를 빠져 나온 이후에 육식과 관련한 구체적인 규정이 제시되었으나,레 11장, 신 14장 아브라함 시대에는 그것과 무관했다. 따라서 아브라함의 경우에는 소와 양, 그리고 염소와 돼지는 물론 낙타와 나귀, 개에 이르기까지 다양하게 기르고 필요할 때는 언제든지 식용으로 활용할 수 있었다.

고대 사람들의 주거지를 연구한 고고학자들의 발굴 결과에 따르면, 중동 지역에서는 사냥이 성행해서 조류나 사슴 같은 야생동물을 잡아 고기를 얻기도 했다. 우리는 아브라함이 직접 기른 가축들 가운데 송아지를 식재료로 사용했다는 것을 통해서 그가 얼마나 경제적으로 여유가 있었는지, 그리고 손님들을 얼마나 환대했는지 알 수 있다.

고대 세계 사람들의 고기 요리법은 오늘날과 별다른 차이가 없었다. 그래도 차이점을 찾는다면 이스라엘 사람들이 요리에 향신료를 자주 또 많이 사용했다는 것을 꼽을 수 있다.

육류 요리는 불에 굽거나 물로 삶는 두 가지 방식이 사용되었다. 불에 직접 구울 때는 칼로 잘게 자르거나 다져서, 야채와 함께 꼬챙이에 꿰어 익을 때까지 불에 올려놓았다. 국물이 있는 수프나 스튜를 만들 때는 고기 특유의 냄새를 없애고 맛을 더하기 위해서 양파, 마늘, 부추, 허브 등 요즘 아랍 음식에서 주로 많이 사용되는 커민 가루를 함께 넣고 끓였다.

후식, 요구르트와 우유 아브라함이 손님들을 위한 메뉴의 마지막 음식으로 대접한 것은 '엉긴 젖'과 우유였다. 창 18:8 이 엉긴 젖이 무엇을 가리키는지 논란이 있기는 하지만 대체로 요구르트로 해석되고 있다. 이렇게 아브라함이 '엉긴 젖'을 손님 접대 메뉴에 포함시켰다는 성경의 기록을 통해서 당시에 이미 다양한 유제품이 가정에서 만들어져 사용되고 있었다는 것을 알 수 있다. 특히 우유, 좀 더 정확히 말하면, 염소젖은 한 해에 절반 정도밖에 수확할 수 없었고, 그나마 무더운 날씨 때문에 신선한 우유는 채 하루를 넘기지 못했다. 그래서 생각해낸 게 발효유였다.

젖산균이 배양될 수 있도록 하루쯤 삭힌 뒤에 먹기 시작하는 이것은 현재 우리가 즐겨 먹는 요구르트의 일종이다. 요즈음에는 요구르트를 생산하기 위해 일부러 젖산균을 배양하지만, 고대에는 우유를 담아두는 가죽부대를 씻지 않고 계속해서 사용하는 바람에 저절로 발효가 진행되었다. 아브라함 이외에 야엘이 시스라를 죽이기 전에 건넨 것도 사실은 우유가 아니라 요구르트였다. 삿 4:19

버터와 치즈 역시 우유로 만들었다. 소의 젖기름이라고 부르기도 하는 버터는 성경에 기록된 것처럼 우유를 직접 저어서 만들었다. 잠 30:30

버터를 제조하는 전통적인 방식은 이렇다. 먼저, 삼각지지대에 우유를 가득 담은 가죽 주머니를 걸어 놓고 젓기 시작한다. 계속 젓다가 완두콩 크기의 버터 알갱이들이 생겨나면 나머지 우유(버터밀크)를 쏟아내고 나서 알갱이들만 모아 시원하고 깨끗한 물로 씻는다. 그러고 나서 가볍게 두드리고 눌러서 남아 있는 물기까지 모두 제거하

치즈를 만드는 베두인 여성

게 되면 버터가 만들어졌다.

이렇게 버터를 만들다가 남은 버터밀크 역시 그냥 버리지 않고 사용하는 게 일반적이었지만, 어찌된 일인지 성경에는 그 이름이 전혀 등장하지 않는다.

치즈 역시 유대인들이 즐겨 먹는 유제품 가운데 하나였다. 예수님 당시에는 예루살렘에 치즈 상인들끼리 결성한 조합이 생겨날 정도로 치즈에 대한 수요가 컸다.

치즈를 만드는 과정은 버터보다 약간 복잡했다. 우유를 용기에 담아서 은근한 불로 가열하다가 물에 푼 효소와 식초를 집어넣어 젖산균이 번식하도록 돕는다. 계속해서 젓다가 우유가 굳기 시작하면 용기의 뚜껑을 덮고 천으로 감싸서 한두 시간 보온한다. 우유가 적당히 굳으면 그것을 다시 으깨고 나서 서서히 온도를 높인다.

이렇게 서너 시간 더 가열하면 굳은 우유에서 수분이 빠져나가면서 고무처럼 탄력 있는 콩알 크기의 알갱이가 만들어진다. 이때 액체를 버리고 알갱이에 소금을 넣은 다음, 천으로 둥글게 만들어 수분을 제거하면 치즈가 완성된다.

이렇게 만들어진 치즈는 집에서 먹고, 나머지는 시장에 내다 팔거나 가까운 사람들에게 선물했다. 삼상 17:18, 삼하 17:29

아브라함과 함께 만드는 요리

아브라함이 마므레나무 아래 시원한 그늘에 차린 풍성한 식탁의 결과는 효과적이었다. 방문객들은 융숭한 접대를 받은 뒤에 사라를 찾았다. 그리고는 아브라함에게 그녀가 일 년 내에 아들을 낳게 될 것이라고 약속했다.

당시 관습에 따라 외간 남자들 앞에 모습을 드러내지 않고 천막에 있던 사라에게까지 그 음성이 들려왔지만, 그녀는 속웃음으로 반응했다. 창 18:13 아이를 낳기에는 너무 늙었다는 것을 사라 자신이 잘 알았다. 그녀의 나이는 이미 89세였다.

하지만 정체를 알 수 없었던 손님들의 약속은 훗날 어김없이 이루어졌다. 아브라함의 나이 100세 그리고 사라가 90세 되던 해에 자식을 얻었다. 천사의 약속을 듣고 사라가 웃었다는 데서 유래한 '이삭'이라고 이름 지었다.

피타 빵

성경은 사라가 천사들을 대접하려고 급히 준비했던 빵이 무엇인지 구체적으로 언급하지 않는다. 하지만 음식전문가들 사이에서는 현재 이스라엘을 비롯한 중동 지역 주민들이 즐겨 먹는 피타 빵을 일 순위로 꼽고 있다. 브런치 빵으로 먹어도 제격인 피타 빵을 만들어보자.

재료 **밀가루 500그램, 설탕이나 꿀 1큰술, 이스트 25그램, 소금 1/2큰술, 물 360밀리리터, 올리브오일 2큰술**

만드는 과정

1. 이스트와 밀가루, 물, 설탕, 소금, 그리고 올리브오일을 한꺼번에 넣어 반죽 덩어리가 매끈하게 빛나고 찰질 때까지 10분간 반죽을 계속한다.
2. 반죽덩어리를 올리브오일을 발라 둔 그릇으로 옮겨서 기름을 살짝 뿌린 뒤에 랩으로 감싸 두 배가 될 때까지 숙성시킨다.
3. 반죽덩어리에 밀가루를 약간 뿌리고 10개로 나누어서 공 모양으로 만들어 젖은 천으로 덮어서 10분간 더 숙성시킨다.
4. 공 모양의 덩어리를 직경 10-12센티미터 두께 1/2센티미터로 펴서 250도까지 예열한 오븐에 넣어서 부풀어 오를 때까지 5분간 굽는다.
5. 오븐에서 꺼내어 식힐 때 빵이 부드러워지도록 키친타월로 몇 분간 덮어둔다.

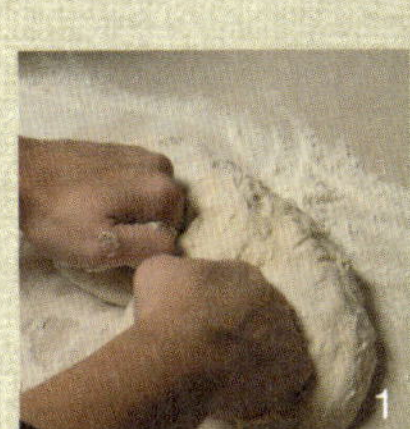
1

3

4

양고기 케밥

유목민들의 대표적인 먹을거리로 꼽히는 양고기 케밥은 주머니처럼 생긴 피타 빵과 함께 먹을 수 있다. 케밥은 우리나라에서는 다소 생소하지만 중동이나 유럽, 일본의 길거리에서는 흔히 맛볼 수 있는 요리이다.

재료 잘 다진 양고기(혹은 소고기) 1킬로그램, 다진 큰 양파 2개, 다진 파슬리 2/3컵, 구운 잣 1컵, 검은 후춧가루 1작은술, 혼합 양념 1/2작은술, 소금 1작은술

만드는 과정

1. 모든 재료를 한꺼번에 넣고 4-5분간 반죽한다. 둥글고 길게 모양을 만들어서 꼬챙이에 끼운다.
2. 숯불 그릴에 3-4분 정도 굽다가 반대편으로 돌려서 굽는다. 양파나 토마토를 함께 꿰어서 구워 낸다.

1

2

방문객들의 선물은 그뿐이 아니었다. 손님들은 마침내 자신들의 정체를 밝혔다. 세 사람의 방문객들 가운데 둘은 천사였고, 나머지 하나는 여호와였다. 창 18:17

그들은 자신들의 여행 목적을 아브라함에게 일러 주었다. 하나님은 이미 두 도시에서 무슨 일이 벌어지고 있는지 알고 있었다. 이번 여행을 통해서 악의 도시 소돔과 고모라의 실상을 눈으로 확인하고 그곳 주민들에게 내릴 심판을 결정할 예정이었다.

아브라함은 그런 불길한 사연이 있는지 꿈에도 알지 못했지만, 정체를 알 수 없는 길손을 환대하다가 마침내 하나님의 깊은 속뜻까지 알게 되었다. 그는 조카 롯이 거주하는 소돔 사람들을 위해서 대신 탄원했지만, 하나님의 기대를 충족시킬 만한 의인이 없었던 소돔은 결국 심판을 벗어나지 못했다. 덕분에 아브라함의 의로움이 한층 더 부각될 수 있었다.

야곱이 요리한 붉은 죽

에서가 생각하는 장자권의 값은 보잘것없는
붉은 죽과 빵에 불과했다. …
"당신이 먹은 것이 무엇인지 말해 달라.
그러면 당신이 어떤 사람인지 말해 주겠다."

사라는 남편 아브라함보다 먼저 세상을 떠났다. 유대인들은 성경에 제대로 기록되지 않은 사라의 사인을 이렇게 단정했다.

사라는 남편이 하나님의 지시에 따라 눈에 넣어도 아깝지 않은 늦둥이 이삭을 제물로 바치기 위해 모리아산으로 떠나는 모습을 목격하고 상당한 충격을 받았다. 자칫 비극으로 끝날 수 있었던 이 사건은 다행히 하나님의 배려 덕분에 해피엔딩으로 마무리되었다.

사라의 기쁨은 누구보다 컸지만, 이후 그녀의 건강상태는 급속히 악화되었다. 사라는 자리를 보전한 채 시름시름 앓았고 그것이 지병으로 바뀌어 결국 죽은 것이다.

성경에 따르면, 아브라함은 평생 고락을 함께한 아내를 위해 헤브론 인근 막벨라 땅을 구입하고 그곳에 있는 동굴에 사라를 매장했다. 창 23:19 이후에 아브라함은 자신의 말년이 멀지 않았다는 것을 예감하고, 아들 이삭이 혼례를 치를 수 있도록 충직한 종을 고향으로 보내서 신부감을 찾았다. 그렇게 해서 이삭은 리브가와 가정을 꾸밀 수 있었다.

다투는 형제, 야곱과 에서

이삭 부부 역시 부모처럼 한동안 자식이 없어서 애를 끓여야 했다. 사회보장제도가 없는 고대 세계에 자식, 그것도 아들이 없다는 것은 노후를 책임져 줄 사람이 없다는 뜻이었다. 자식은 요즈음으로 치자면 일종의 보험이었다. 그래서 성경시대 사람들에게 자식은 하나님의 축복이었고, 아이를 낳지 못해서 대가 끊기는 것은 저주와 다르지 않았다.

시편은 자식에 대한 기대를 이렇게 노래한다.

"네 집 안방에 있는 네 아내는 결실한 포도나무 같으며 네 식탁에 둘러 앉은 자식들은 어린 감람나무 같으리로다." 시 128:3

마침내 이삭의 기도와 하나님의 응답으로 리브가는 잉태해서 쌍둥이를 출산했다. 하지만 둘은 이미 어머니 뱃속에서부터 사이가 나빴다. 우리말 성경에는 '서로 싸우는지라' 창 25:22라고 번역되었는데, 이것은 너무 얌전한 표현이다. 성경의 원문을 그대로 옮기면 '서로 치고 때렸다'가 된다. 형제의 다툼은 출생 이후에도 반복되는 바람에 가정의 평안이 심각한 위협을 받아야 했다.

쌍둥이 가운데 첫째에게는 누구나 알고 있듯이 에서라는 이름이 주어졌다. 갓 태어난 아이의 피부가 붉고, 마치 털옷을 입기라도 한 것처럼 온몸에 털이 많아서 그런 이름이 주어졌다. 창 25:25 에서라는 이름은 붉고(아드모니admoni) 털이 많다(세아르sear)는 뜻이었을 뿐 아니라 그와 후손들이 어느 곳에 정착해서 살아갈 것인지를 예고했다. 에서와 자손들은 나중에 이스라엘 남부 지역과 인접한 에돔과 세일을 근거지로 삼고 대대로 생활했다.

둘째 이름은 야곱이었다. 형은 신체의 특징에 따라 이름이 정해진 반면 간발의 차이로 태어난 야곱은 출생시의 행동이 작명의 모티프가 되었다. 둘째는 형의 뒤꿈치를 잡고 태어났다고 해서 야곱이었다. 창 25:26 사실 야곱이라는 이름은 '뒤꿈치를 붙잡다'라는 뜻 말고 '속이는 사람' 혹은 '가로채는 사람'이라는 뜻이 있었다. 야곱은 얼마 지나지 않아 쌍둥이 형을 상대로 이름값을 톡톡히 해냈다.

나이를 먹을수록 두 형제의 차이는 한층 더 도드라졌다. 기운이 센 에서는 야외를 쏘다니는 사냥꾼이 되었는데, 아버지 이삭은 유능하고 활동적인 첫째를 좋아했다.창 25:28 야곱은 조용하고 계산적인 성품으로 집에 머물기를 좋아하여 양떼 돌보는 일을 했다. 어머니 리브가는 남편과 달리 이런 야곱을 좋아했다.

구약성경의 외경 가운데 한 권인 요벨서는 이런 리브가의 행동을 조금 더 확대하고 과장해서 야곱을 미화한다. 리브가는 세월이 흐른 뒤에 과거를 돌아보며 이삭에게 말했다.

"당신은 좋은 점만 있고 악한 곳은 전혀 찾아볼 수 없는 진실한 아들 야곱을 축복하셨습니다. 아이는 하란에서 돌아온 이후로 오늘까지 우리에게 무엇 하나 소홀하지…않았습니다." 요벨 35:12

아무튼 자식을 두루 사랑해야 할 부모가 이렇게 한쪽을 편애하다 보니 둘 사이의 갈등과 질투, 적대감은 해결되지 않고 더 심화되었다. 형제간의 불타는 경쟁심에 기름을 끼얹은 격이었다. 야곱은 어떻게 해서든지 형으로부터 출생권, 즉 장자의 권리를 넘겨받고 싶었다.

자식들이 유산을 상속할 때 전체 숫사보다 하나 더 많은 수로 나누는 게 일반적이었다. 신명기의 법에 따르면 장남에게는 나머지 형제들에게 돌아갈 몫의 두 배까지 챙기는 권리가 주어졌다.신 21:15-17 아버지는 나머지 자식들이 제아무리 사랑스러워도 장남보다 더 많은 재산을 넘겨줄 수 없었다.

뿐만 아니라 맏이는 아버지의 대를 이어서 형제와 누이를 포함한 집안 전체를 다스리고 이끌어갈 수 있는 지도력까지 물려받았다. 아버지가 세상을 떠나면 장남은 아버지를 대신해서 어머니를 돌보고,

결혼하지 않은 누이나 아직 성인식을 치르지 못한 남동생을 책임져야 할 의무가 있었다. 이것이 바로 고대 중동 지역의 풍습이었다.

장자의 권리를 노리는 야곱에게 마침내 기회가 찾아왔다. 에서는 사냥감을 쫓아서 오랫동안 들판을 돌아다니다가 몹시 지치고 허기진 상태로 돌아왔다. 야곱은 그때 스튜의 일종인 붉은 죽을 끓이고 있었다. 창 25:29, 34 에서는 야곱에게 죽 한 그릇을 청했는데, 형으로서 당연한 요구였다. 에서의 상태를 파악한 야곱은 형에게 거래를 제안했다.

"…형의 장자의 명분을 오늘 내게 팔라" 창 25:31

평소 같으면 당연히 거절했겠지만, 지금은 상황이 달랐다. 사실 에서가 별다른 반응을 보이지 않았어도 야곱으로서는 손해 볼 일이 아니었다. 그런데 어찌 된 일인지 에서가 순순히 거래에 응했다. 여기서 우리는 에서가 동생의 터무니없는 제안을 따랐던 이유를 두 가지로 추측해 볼 수 있다.

먼저, 에서는 야곱의 제안을 농담으로 받아들였을지 모른다. 동생이 관습을 무시한 채 고작 죽 한 그릇으로 자신의 권리를 넘볼 것이라고는 쉽게 생각할 수 없었기 때문이다. 또 다른 이유는, 에서가 너무 허기진 나머지 제대로 상황판단을 하지 못했을 가능성이다. 이유가 어떻든지 간에 어리석은 결정이었지만, 에서는 그에 따른 엄청난 결과를 예상하지 못했다.

야곱의 붉은 죽

야곱과 에서의 일화에서 고대 팔레스타인에는 두 가지 유형의 대표적인 생활방식이 존재했다는 것을 알 수 있다. 야곱과 에서는 자라나서 목자(그리고 농사꾼)와 사냥꾼이 되었다. 일부 학자는 성경에 등장하는 야곱과 에서를 목자와 사냥꾼을 대표하는 전형적인 인물들로 간주한다.

이 두 직업은 활동 영역이 서로 비슷하다 보니 긴장상태를 빚을 때가 잦았다. 목자는 가축을 위해 들판을 이리저리 떠돌면서 목초지와 물을 찾아서 이동해야 했고, 사냥꾼은 사냥감을 따라서 어디든지 쫓아가야 했다. 때문에 둘은 흔하게 조우할 수 있었지만, 일정한 유대감을 형성할 수 있는 계기를 쉽게 찾지 못하다 보니 서로 심각한 갈등을 빚었다는 게 학자들의 의견이다. 그런데 이런 설명은 개연성이 충분하더라도 그것을 입증할 수 있는 충분한 증거가 없다는 약점을 갖고 있다.

아무튼 성경은 야곱의 손을 들어주었다. 그의 약점과 잘못을 낱낱이 공개하면서도 내용은 호의적이다. 야곱은 장자의 권리를 획득했을 뿐 아니라 이후로도 웬만하면 손해를 보는 일이 없었다.

고기보다 소중한 콩 그렇다면 야곱이 형과 거래를 하는데 이용한 붉은 죽은 어떤 음식이었을까? 우리말 개역성경은 '붉은 것'창 25:30을 '팥죽'34절이라고 번역한다. 이것은 성경을 우리의 문화적 관점에서 이해하기 때문에 가능한 해석이다.

세 가지 색깔의 렌즈콩

실제 중동 지역에서 콩을 사용한 요리가 다양하지만, 우리처럼 팥죽을 쑤어 먹지는 않는다. 소두小豆라는 이름으로도 불리는 팥은 전통적으로 한국, 일본, 중국과 같은 동북아시아 지역 국가에서 주로 재배되었기 때문에 야곱이 재료로 사용한 콩과는 그 종류부터 다르다.

예로부터 중동 지역에서 잘 알려진 콩은 렌즈콩, 병아리콩, 누에콩, 완두콩 등이 대표적이다. 투탕카멘 왕의 묘에는 보라색 완두가 부장되었다가 발굴과정에서 함께 발견되기도 했다. 그리고 작은 볼록렌즈 형태의 렌즈콩 역시 주전 2천 년대로 추정되는 이집트의 분묘에서 발견된 바 있다.

지금도 값을 따지자면 콩보다 고기가 더 귀한 게 사실이다. 하지만 고대 세계에서는 여유가 있더라도 식탁에서 육류를 마주하는 게 그리 쉽지 않았다. 이것은 선택의 문제가 아니었다. 육류는 특별한 식재료였다. 반면에 밭에서 재배되는 콩은 육류를 대신해서 저렴하게 단백질을 공급받을 수 있는 재료였다. 성경에서는 콩을 그리 자주 언급하고 있지 않지만, 팔레스타인 지역에서 광범위하게 재배되던 콩의 종류는 무척 다양했다.

팔레스타인이 원산지인 렌즈콩은 생김새가 렌즈와 비슷하다고 해서 붙여진 이름이다. 렌즈콩은 주로 겨울에 재배되는 작물로서 혈중의 콜레스테롤 수치를 낮추는 데 효과적인 섬유질과 단백질이 풍부해서 세계 5대 건강음식 재료 가운데 하나로 손꼽힐 정도이다.

물기가 많지 않고 온화한 기후에서 잘 자라는 잠두蠶豆는 꼬투리가 크고 두꺼워 렌즈콩에 비해 상당히 크다. 잠두는 꼬투리가 작을 때는 누에의 모양을 하고 있어서 누에콩이라고 부르기도 한다.

렌즈콩과 누에콩 이외에 팔레스타인 지역 사람들이 예나 지금이나 즐겨 먹는 완두콩 역시 석회 성분이 많은 이스라엘의 고지대에서 특히 잘 자라는 겨울철 곡물이다.

병아리콩은 건조한 토양에서 잘 자라기 때문에 겨울 우기가 지나고 나서 봄에 재배하는 게 일반적이었다. 특히 병아리콩은 중동 지역에서 많이 재배되는 품종 가운데 하나였고, 남부 유럽이나 아프리카 사람들이 즐겨 먹는 수프의 재료로 사용되었다. 로마 사람들 사이에서는 병아리콩이라는 뜻의 '키케로'라는 이름이 널리 사용될 정도로 인기가 높았다.

쓴콩bitter vetch은 꼬투리가 작고 안에 서너 개의 알갱이들이 들어가 있다. 이름처럼 독성을 갖고 있지만 물에 담가 두면 사라진다. 로마시대에는 사료로 사용했고, 아주 가난하거나 기근이 들 때를 제외하고는 입에 대지 않았다. 향이 강한 호로파fenugreek는 우리나라 사람들에게는 생소하지만 인도에서는 주로 양념으로 사용되었다.

콩을 재배한 까닭 어째서 성경은 이렇게 다양한 종류의 콩을 자주 거론하지 않는 것일까? 학자들은 그 이유를 고대 이스라엘 사람들의 식단에서 찾는다. 본디 유목을 주업으로 삼던 고대 이스라엘 사람들은 한 곳에 정착해서 농사를 짓는 게 불가능했고, 그러다 보니 주식으로 삼을 수 있는 곡물의 종류 역시 몇 가지로 제한할 수밖에 없었다.

대표적인 밭작물 가운데 하나인 콩 역시 일부를 제외하고는 식단에서 배제되었다. 이스라엘 사람들의 이런 식단은 주변 민족들의 식단과는 대조적이었다. 이것은 땅이 기름지고 목초가 잘 자라서 농업과 목축을 겸하던 암몬족들의 경우만 보더라도 알 수 있다.

다윗은 말년에 아들 압살롬의 반란으로 왕위를 포기하고 신복들과 함께 예루살렘에서 떨어진 남동쪽으로 피신해야 하는 처지가 되었다. 그때 다윗에게 오래전부터 조공을 바쳐오던 암몬 사람에게서 양식을 전달받게 되는데, 특히 콩 종류가 많았다.

"…밀과 보리와 밀가루와 볶은 곡식과 콩과 팥과 볶은 녹두와 꿀과 버터와 치즈를 가져다가…" 삼하 17:28, 29

이스라엘 사람들이 이미 팔레스타인 지역에 정착한 지 오래되었지만 전통적인 식단을 따르다 보니 암몬 사람들의 그것과는 차이가 있을 수밖에 없었다.

팔레스타인 지역에서 콩이 필수적인 곡물로서 인정받기 시작한 것은 로마시대에 들어서면서부터이다. 로마인들은 밀과 포도와 올리브를 가장 중시했지만 유대인들과 달리 콩류도 상당히 즐겨 먹었다. 콩 요리가 로마인들의 아침식단에 도입되면서 하루 두 끼만 먹던 식습관이 바뀌게 되었다. 유대인들이 로마의 지배를 받을 때 만들어진 탈무드가 구약성경과 달리 콩을 자주 언급하는 것도 그와 같은 배경에서 비롯된 것이다.

어쨌든 콩은 고대의 식탁에서 빠질 수 없는 서민들의 중요한 영양 공급원이자 인기 높은 메뉴였고, 그런 취향이 이스라엘 사람들에게 전해지게 된 것이다.

콩이 일반화되는 데는 이런 외부적인 영향 외에 밭작물로서의 유용성이 한몫 거들었다. 농부가 밭에 콩을 심는 일차적인 목적은 열매를 수확하기 위함이지만, 동시에 토양을 유지하고 개선하는 데도 도움이 되었다.

밀과 보리는 성장 과정에서 질소를 포함한 땅의 영양분을 고갈시킨다. 반면에 콩과科 식물, 보다 정확히 말하면 콩과 식물의 뿌리혹에 공생하는 박테리아는 공기 중의 질소를 콩의 뿌리에 고정시킨다. 따라서 밀과 보리를 수확하고 나서 콩을 심으면 밀과 보리를 재배하는 데 도움이 되는 비료를 확보하는 셈이었다.

로마시대에는 이런 순환재배방식이 보편적이었으나, 전통적으로 이스라엘에서는 안식년 제도를 땅에 적용해서 7년이 되면 휴경을 하게 했다. 레 25:4 하지만 세월이 흐르면서 순환재배방식을 일정 부분 수용했다는 게 학자들의 주장이다.

콩 재배는 토양의 침식 예방에도 도움이 되었다. 특히 산간지역을 개간해서 만든 밭은 건기에 수분을 잃고 바짝 말랐다가 우기에 비가 쏟아지면 쉽게 쓸려 내려갔다. 그래서 농부들은 토양의 손실을 막기 위해서 뿌리가 많은 콩을 작물로 즐겨 심었다.

붉은 죽이 팥죽이라고? 그러면 다시 야곱의 이야기로 돌아가 보자. 이미 언급한 것처럼 야곱이 쑤던 붉은 죽은 팥죽이 아니다. 과거에 팥이 주로 동북아시아 지역에서 재배되었다는 역사적 사실을 차치하더라도 사내인 야곱이 팥죽을 끓여내는 것은 그리 간단한 일이 아니었다. 팥죽 만들기는 간단한 것 같으면서도 약간 복잡하다.

팥의 쓴맛을 내는 사포닌 성분을 없애려면 반 시간 정도 애벌로 끓이고 나서 팥이 터질 때까지 또다시 세 시간 정도 삶아야 한다. 팥을 삶고 난 뒤 물을 따라 버리고 굵은체와 고운체로 번갈아 앙금을 내려 그 앙금에 또다시 물을 부어 끓여야 팥죽을 맛볼 수 있다. 입맛에 따라 찹쌀로 빚은 새알을 함께 넣기도 한다.

만일 '야곱의 죽'이 우리의 코와 혀를 동시에 자극하면서 부드럽게 넘어가는 고소한 맛의 팥죽이었다면 허기에 지쳐 있던 에서의 행동을 크게 문제 삼을 사람은 그리 많지 않을 것이다. 하지만 이때 죽은 『개역성경』의 번역처럼 팥죽이 아니었다.

1970년대에 신구교가 손을 잡고 번역한 『공동번역 성경』은 야곱의 죽을 우리말로 '불콩죽'이라고 옮겼다. 불콩은 편두, 혹은 제비콩이라고 불리는데 팥과는 무관하다. 불콩, 혹은 편두는 한해살이 덩굴성 식물이다.

렌즈콩으로 만든 스튜

잎과 줄기가 보라색이고, 콩깍지는 진보라색을 띠고 있어서 예로부터 불콩이라고 부른 것으로 보인다. 불콩은 검은색에 흰색 줄이 그어져 있어서 까치콩이라는 이름도 함께 갖고 있는데, 우리가 밥에 넣어 먹는 불콩은 알이 크고 호랑이 무늬가 있어서 쉽게 구분할 수 있다.

이 불콩을 렌즈콩이라고 설명하는 글을 가끔 보게 된다. 이번 기회에 분명히 밝혀 두지만 불콩과 렌즈콩은 동일한 종류가 아니다. 우리나라 시장에서 렌즈콩을 쉽게 접할 수 없어서 빚어진 오해라고 생각된다. 불콩은 속이 흰색이라서 물을 넣고 끓여도 붉은색을 얻을 수 없다.

야곱이 쑤던 죽의 재료는 렌즈콩이라는 게 대체적인 견해이다. 크기가 작은 렌즈콩은 갈색, 노란색, 빨강색 세 가지가 있다. 렌즈콩은 100그램당 단백질이 약 20그램에 해당할 정도로 단백질의 함량이 높아서 고대부터 이집트나 인도 지역에서 육류 대용으로 사용되었다. 지금도 인도나 터키, 그리고 유럽 등지에서 수프 재료로 인기가 높다. 특히 터키 사람들이 즐기는 담백한 수프(초르바)에는 반드시 렌즈콩이 들어간다.

성경시대에는 여행자들이 직접 먹을 것을 챙겨서 여행길에 나서는 게 일반적이었는데, 그때 잊지 않고 챙겨야 하는 게 렌즈콩이나 잠두(누에콩)였다. 여행에 나선 사람들은 미리 말려둔 콩을 챙겨 가지고 다니다가 식사 시간이 되면 물에 불려 기름과 양파, 몇 가지 양념을 함께 넣고 끓여서 끼니를 해결했다.

야곱 역시 가축을 돌보러 밖으로 나왔다가 렌즈콩으로 죽을 쑤고 있었던 것으로 보인다. 요즘도 이스라엘 사람들은 이런 붉은 죽으로 장자의 권리를 사려고 했던 야곱의 행동을 곱게 보지 않지만, 오히려 에서에게 더 큰 잘못이 있다고 생각한다. 맏아들만 누릴 수 있는 장자의 권리를 다른 음식에 비해서 딱히 끌리지 않는 붉은 죽과 맞바꾸는 잘못을 저질렀기 때문이다.

야곱과 함께 만드는 요리

야곱이 붉은 죽으로 장자의 권리를 모두 넘겨받은 것은 아니었다. 만일 그랬다면 어머니 리브가와 야곱이 손을 맞잡고 시력을 잃은 아버지 이삭을 속여서 형의 축복을 가로채는 무리수를 두지 않았을 것이다. 그 일 때문에 빚어진 가족 간의 생이별도 아마 없었을 것이다. 야곱이 죽을 이용해서 형에게 유산으로 건너갈 여분의 몫을 손에 넣었다고 보는 편이 더 옳다.

아무튼 에서는 나중에 자신의 어리석은 행동을 돌아보면서 적잖이 후회한 것 같다. 우리는 에서와 이삭의 대화를 통해서 그것을 일부 확인할 수 있다. 에서는 야곱이 속임수로 축복을 가로챘다는 사실을 알고서 아버지에게 강력하게 항의했다.

"에서가 이르되 그의 이름을 야곱이라 함이 합당하지 아니하니이까 그가 나를 속임이 이것이 두 번째니이다 전에는 나의 장자의 명분을 빼앗고 이제는 내 복을 빼앗았나이다…" 창 27:36

물론, 이것은 붉은 죽 사건이 있고 나서 한참 뒤에 일어난 일이었다.

정상적인 상황이었다면 야곱이 유혹한 붉은 죽과 빵이 에서에게는 별다른 감흥을 불러일으키지 못했을 테지만, 먹을 것을 급히 찾는

렌즈콩 야채 스프 (5-8인분)

렌즈콩은 중동 지역에서 오래전부터 즐겨 먹는 먹을거리 가운데 하나이다. 고기를 쉽게 먹을 수 없는 고대 세계에서는 유용한 작물이었다. 렌즈콩은 종류가 여럿이지만 수프를 만들 때는 주로 붉게 보이는 갈색 렌즈콩을 사용한다.

재료 30분간 물에 담갔다가 물기를 제거한 갈색 렌즈콩 2컵, 식물성 기름 2작은술, 부추 1뿌리, 양파 1개, 마늘 2쪽, 셀러리 뿌리 1/2, 당근 1개, 토마토 페이스트 1큰술, 백후추 1/4작은술, 닭이나 채소 육수 6-7컵, 타임(허브) 1줄기, 월계수잎 1장

만드는 과정

1. 기름을 두른 소스 냄비에 부추, 양파, 마늘, 샐러리, 당근을 넣고 황금색이 될 때까지 열을 가하다가 토마토 페이스트를 추가해서 4분간 볶는다.
2. 렌즈콩과 후추와 국물을 넣는다. 타임과 월계수잎을 넣고 1시간 동안 끓이다가 15분간 온도를 낮춘다. 소금으로 간을 맞춘다.

상황에서는 특별할 수밖에 없었다. 사냥을 떠나기에 앞서 식량을 제대로 준비하는 데 소홀했던 에서는 집을 나설 때부터 이미 동생과의 경쟁에서 패배했고, 장자의 축복 대신 붉은 죽을 선택하는 순간 하나님이 리브가에게 허락한 예언은 성취되었다.

"여호와께서 그(리브가)에게 이르시되 두 국민이 네 태중에 있구나…큰 자가 어린 자를 섬기리라" 창 25:23

에서가 생각하는 장자권의 값은 보잘것없는 붉은 죽과 빵에 불과했다. 이것은 프랑스 출신의 미식가 브리야 사바랭1755-1826이 남긴 말과 크게 다르지 않다.

"당신이 먹은 것이 무엇인지 말해 달라. 그러면 당신이 어떤 사람인지 말해 주겠다."

붉은 죽은 에서가 어떤 사람인지 구체적으로 보여주는 일종의 표지였던 셈이다.

아비가일의 식사 준비

아비가일이 서두른 것은 사실이지만,
그렇다고 해서 무작위로 음식 목록을 구성하지 않았다.
그 음식의 종류와 양마다 아비가일이 다윗에게
전달하고 싶었던 메시지가 절절히 담겨 있었다.

이스라엘의 초대 국왕을 지낸 사울의 몰락은 당사자에게 더할 수 없는 비극이 되었지만 역사적으로는 다윗이라는 걸출한 영웅이 등장하는 계기가 되었다. 다윗은 사울과의 정치적 갈등 과정을 거치면서 한 나라를 책임지는 국왕으로서 갖추어야 할 능력을 기르고 지도자로서 갖추어야 할 자질을 검증받았다. 하지만 그 과정은 결코 쉽지 않았다.

사울은 딸을 다윗에게 주어서 자신의 사위로 삼았고, 전장에서 올린 성과에 어울리는 부상과 지위를 허락했으면서도 시간이 흐르자 점차 위기감에 사로잡혔다. 대중의 여론이 다윗 쪽으로 기울어지고 있었다. 다윗의 무공이 이스라엘 사람들의 마음을 온통 사로잡았다.

삼상 18:17

사울은 순식간에 정치적 라이벌로 성장한 다윗을 마주할 때면 자신도 모르게 심각하게 위축되었다. 마침내 사울은 다윗을 제거하기 위한 음모에 착수하게 되었고, 요나단 덕분에 위급한 상황을 미리 파악한 다윗은 사울의 곁을 떠나 이름 없는 떠돌이 용병의 신세로 전락해서 십여 년을 보내야 했다.

당시 다윗은 생존 이외에는 달리 생각할 겨를이 없었다. 그는 끈질기게 자신을 쫓는 사울의 감시를 피해 일행을 이끌고 사해를 따라서 남쪽으로 이동했고, 그곳 바란 광야에서 예기치 못했던 운명 같은 사랑, 아비가일을 만났다.

다윗과 아비가일의 만남

다윗은 이스라엘의 남부 도시 헤브론에서 그리 멀리 떨어지지 않은 마온(혹은 바란)의 갈멜까지 내려갔다. 다윗은 거기서 엄청난 부를 소유한 나발이라는 인물을 알게 되었다. 삼상 25:3 마온의 주민인 나발은 그다지 머리가 좋은 편이 아니었지만, 갈멜 지역에서 상당한 토지와 가축을 보유하고 있었다. 토지를 제외하고 양이 3천 마리, 염소가 1천 마리에 달했다.

당시 심각한 식량 부족에 시달리던 다윗은 사람들을 보내서 부농 나발에게 먹을 것을 청했다. 마침 그때가 양털을 깎는 시기라서 다윗은 나발의 넉넉한 호의를 기대하고 있었다.

예로부터 팔레스타인에서는 부자가 양의 개체수를 확인하고 양털을 깎을 때는 들에서 양을 치느라 수고한 목자들의 노고를 치하하려고 음식을 충분히 준비하는 게 관례였다. 덕분에 이웃이나 가난한 사람, 혹은 나그네까지 융숭한 대접을 받을 수 있었기 때문에 다윗의 기대가 그리 터무니없지 않았다. 게다가 다윗은 그전에 별다른 보상을 받지 않고서 나발의 양떼를 보호하는 수고를 하기도 했었다. 삼상 25:7

나발의 반응은 기대와 전혀 달랐다. 그는 다윗의 요구를 거절했을 뿐 아니라 모욕까지 덤으로 안겨 주었다.

"…다윗은 누구며 이새의 아들은 누구냐 요즈음에 각기 주인에게서 억지로 떠나는 종이 많도다" 삼상 25:10

그러면서 자신이 양털 깎는 일꾼을 위해서 마련한 빵과 물과 고기를 "어디서 왔는지도 알지 못하는 자들에게" 11절 배려해야 하는 까닭이 무엇인지 되물었다. 이렇게 나발이 냉소적인 태도를 취한 데는 그럴 만한 이유가 있었다.

다윗은 나발의 지적처럼 주인(사울)에게서 도망친 종이었다. 종을 여럿 부리고 있는 나발에게는 마음에 들지 않는 대목이었을 것이다. 하지만 그것만으로는 나발의 냉소적인 발언의 배경을 제대로 설명할 수 없다. 다윗은 수입이 불안정했음에도 불구하고 나발의 소유를 넘보지 않았고, 오히려 안전한 '담'이 되어주었기 때문이다.

일부 학자들은 지역적 특성을 지적한다. 나발의 근거지인 갈멜은 사울에게 상당히 우호적이었다. 사울이 아말렉 사람들에게 그곳을 빼앗아 자기 영토에 편입시켰기 때문이다.삼상 15:12 발언만 놓고 보자면 나발은 사울의 추종자였다.

다윗은 나발의 무례한 행동을 보고 받고 격노했다. 나발이 선을 악으로 갚는다고 생각한 다윗은 무장한 부하 4백 명을 이끌고 나발을 처벌하기로 결심했다. 광야를 떠돌던 다윗은 무력의 행사가 자신의 존재를 알리는 데 상당한 효과를 발휘한다는 것을 이미 체득하고 있었다.

불길한 소식이 나발의 아내 아비가일에게까지 전해졌다. 아비가일은 남편과 달리 상황 판단이 빨랐다. 그녀는 급히 아랫사람들을 시켜 4백 명분의 음식을 준비하게 했다. 빵과 포도주, 양고기 요리, 볶은 곡식과 건포도 등을 넉넉히 챙긴 아비가일은 그것들을 꾸려서 직접 다윗을 만나기 위해 집을 나섰다.

음식 목록만 놓고 보더라도 아비가일의 지혜가 무척 돋보인다. 아비가일은 집안의 운명이 달린 문제 때문에 촌각을 다투면서도 기지를 발휘해서 다윗이 반길 만한 것들로 메뉴를 구성했다. 아비가일의 이런 재치 있는 행동과 인상적인 설득을 수긍한 다윗은 나발에 대한 분노를 거두고 본거지로 돌아갔다.

아비가일이 발등에 떨어진 급한 불을 끄고서 집에 도착해 보니 남편은 아무 것도 모른 채 임금이 부럽지 않을 만큼 성대한 잔치를 벌이고 있었다. 다음 날 아비가일은 남편이 술에서 깨어나기를 기다렸다가 어제의 상황을 소상하게 전달했다. 그녀 덕분에 사건의 전모를 파악한 나발은 낙담해서 "몸이 돌과 같이" 삼상 25:37 되었다. 열흘이 지나자 나발은 결국 완전히 숨이 멎었다.

나발이 심장마비(혹은 뇌졸중)로 세상을 떠났다는 소식을 전해 들은 다윗은 총명하고 매력적인 아비가일에게 청혼했다. 당시 다윗은 사울의 무원칙한 행동 때문에 아내를 빼앗긴 채 홀로 지내고 있었다. 사울은 다윗과의 관계를 청산할 목적으로 자신이 직접 다윗과 인연을 맺게 한 딸 미갈을 다른 사내에게 일방적으로 시집을 보내 버렸다. 그런 사정 때문에 아비가일은 힘겨운 시절을 함께 보낸 다윗의 부인이 되었고, 나중에 남편을 위해서 둘째 아들 길르압을 낳았다. 삼하 3:3

아비가일의 음식 목록

앞에서도 언급했듯이 아비가일이 다윗과 그를 따르는 수하를 위해서 급하게 마련한 음식은 빵 2백 개, 포도주 2부대, 양고기 5마리, 볶은 곡식 5세아, 건포도 1백 송이, 무화과 뭉치 2백 개였다. 삼상 25:18

아비가일이 서두른 것은 사실이지만, 그렇다고 해서 무작위로 음식 목록을 구성하지 않았다. 과거 전통 있는 우리네 종갓집 맏며느리들은 집안 행사를 위해서 음식을 만들 때마다 무엇 하나 허투루 처리하지 않았다. 적지 않은 재산 규모 때문에 큰일을 많이 치렀을 아비가일 역시 세심하게, 충분히 계산된 순서에 따라 음식을 준비했다. 그 음식의 종류와 양은, 아비가일이 다윗에게 전달하고 싶었던 메시지가 절절히 담겨 있었다.

빵과 포도주 다윗이 나발에게 빵과 물과 고기를 청한다는 사실을 알게 된 아비가일은 먼저 빵을 준비했다.삼상 25:18 오아시스를 제외하고 농사짓는 모습을 볼 수 없는 광야에서 떠돌았던 다윗으로서는 빵이 절실했으므로 나발에게 대놓고 부탁한 것이다.

아비가일이 준비한 빵은 2백 덩어리였다. 일부 학자들은 아비가일이 어떻게 그리 많은 양의 빵을 그토록 짧은 시간에 준비할 수 있었는지 의아해 한다. 그래서 그들이 주목하는 게 바로 '2백'이라는 표현이다. '2백'에 해당하는 히브리어 레시resh를 '처음에'라는 뜻으로 해석하면 성경의 지나친 과장을 피할 수 있다고 보는 것이다.

그런 해석에 동의하지 않은 학자들도 있다. 그들은 많은 양의 빵을 양털 깎는 행사와 연결한다. 양치는 목자를 비롯해서 여러 사람들에게 음식을 대접하려면 상당한 양의 빵을 미리 준비하지 않을 수 없었다. 그렇게 미리 만들어 놓은 많은 양의 빵을 다윗에게 가져 가려고 아비가일이 모두 챙겼다는 것이다. 성경을 해석할 때 대체로 후자의 경우를 더 설득력 있게 받아들인다.

아비가일이 준비한 두 번째 음식은 포도주 '두 가죽부대'였다. 영국 제임스 왕의 지시에 따라서 1611년에 제작된 『흠정역KJV 성경』은 아비가일이 다른 음식과 함께 포도주 두 병을 챙겨 갔다고 번역한다. 다윗이 거느린 부하들의 숫자를 고려하면 터무니없이 부족한 양이다. 그리고 아프리카 북부나 중동 지역이 유리의 발상지이기는 하지만, 당시 이스라엘에서는 포도주를 유리용기에 저장하지 않았다.

『흠정역』에 등장하는 포도주 '두 병'이라는 표현은 번역자들이 자신들의 문화적 관점에서 성경을 파악한 데 따른 오해라고 볼 수 있다. 이것은 레오나르도 다빈치를 비롯한 화가들이 예수님과 제자들의 성만찬 장면을 모두 자신들이 평소 식탁에서 대하는 식단들로 꾸민 것과 크게 다르지 않다.

오히려 우리말 성경처럼 '가죽부대'가 더 적절한 번역이다. 성경시대에 사용된 가죽부대는 양과 같은 가축의 가죽을 통째로 벗겨내어 제작한 것이다. 다리 부분은 잘라서 묶고 입구는 포도주를 쉽게 담을 수 있도록 만들어 사용했다. 가죽부대를 오래 사용하다 보면 가죽이 경화되는 바람에 탄력을 잃었다. 그래서 낡은 부대에 새 술을 담아 두면 발효가 진행되는 과정에서 발생하는 가스 때문에 부대가 팽창했다가 갑자기 터지는 일이 있었다. 그래서 예수님의 말씀처럼 새로 담근 포도주를 보관하려면 반드시 새 부대를 사용해야 했다.마 9:17

요리한 양고기와 볶은 곡식 다윗을 위해 마련한 세 번째 음식은 "잡아서 요리한 양 다섯 마리"였다. 우리가 알고 있듯이 양을 음식으로 조리하기까지 몇 가지 예비 절차가 필요하다. 때문에 아비가일이 급

고대 이스라엘(브엘세바 부근의 시바타)에서 포도주를 만들 때 사용하던 틀.
포도주 틀 주변에 몇 개의 방이 자리 잡고 있다.

히 준비한 다섯 마리 분량의 양고기 역시 나발이 털깎기 행사를 위해 미리 마련한 음식의 일부로 간주하는 게 옳다. 이 양고기는 이미 요리를 해 놓은 상태라서 필요할 때마다 원하는 만큼씩 잘라 불에 다시 데우면 곧장 먹을 수 있었다. 그런데 이 양고기와 관련해서 한 가지 재미있는 사실이 있다.

아비가일은 어째서 양고기의 분량을 다섯 마리로 제한했을까? 그 이상 준비할 수 없었을까? 미리 준비된 게 그만큼이었거나, 아니면 더 이상 준비할 수 있는 상황이 아니었을지 모른다.

하지만 히브리어 숫자의 상징에 익숙한 사람이라면 '다섯'이라는 숫자를 예사롭게 넘길 수 없다. 히브리어로 '다섯'이라는 숫자는 능력과 엄격함을 상징한다. 그리고 '평화, 온전함, 누그러뜨림'이라는 뜻도 함께 갖고 있다.

지혜로운 아비가일은 자신의 남편이 저지른 무례에 대해서 겸손하게 용서를 구하면 다윗이 충분히 받아 줄 것이라고 생각하고 다섯 마리 분량의 양고기를 준비한 것이다. 다윗은 그녀의 예상대로 당연히 사과를 받아들였다.

그렇다면 아비가일이 자신의 음식 목록에 포함시킨 '볶은 곡식'은 어떤 곡물이었을까? 성경에는 '볶은 곡식'이라는 표현이 자주 등장한다. 『개역한글 성경』이나 『개역개정 성경』은 '볶은 곡식'으로, 『공동번역 성경』은 '볶은 밀'로 번역한다. 반면에 『흠정역KJV 성경』은 '볶은 옥수수'라고 번역했다. 가령, 다윗이 어렸을 때 아버지의 지시를 받고 전쟁터에 있는 형들을 찾아간 적이 있는데, 이때 형들을 위해서 가져간 음식이 볶은 옥수수와 빵과 치즈였다는 것이다. 삼상 17:17-18

곡물의 전파 과정을 살펴보면, 『흠정역』의 번역이 사실과 다르다는 것을 알 수 있다. 메이즈maize, 인디언 콘Indian corn, 혹은 옥수수라고 부르는 곡물의 원산지는 멕시코였고, 지금으로부터 3천 년 전부터 그 지역 원주민들이 경작해 왔다. 옥수수는 1492년에 콜럼버스가 카리브해에 도착하기 전 이미 아메리카 대륙에 대부분 전파되었고, 16세기에 들어서면서부터 스페인과 북아프리카, 그리고 남프랑스에서 식량난을 해결해 주는 주요 작물로 각광을 받았다. 이처럼 옥수수의 전파 과정을 고려하면 '볶은 곡식'은 옥수수가 아니라 언제든지 바로 씹어 먹을 수 있는 볶은 밀이었을 것이다.

건포도와 무화과 뭉치 아비가일은 건포도와 말린 무화과를 함께 준비했다. 볶은 곡식이나 건포도와 말린 무화과는 오랫동안 두고 먹을 수 있는 대표적인 저장식품이라서 거처가 일정하지 않고 계속해서 이리저리 떠돌아야 하는 다윗과 일행에게는 상당한 도움이 되었을 것이다.

포도는 무화과나 석류와 더불어 팔레스타인 지역을 대표하는 삼대 과일 가운데 한 가지이다. 성경에 따르면 포도는 인류가 최초로 재배한 식물이다. 홍수가 끝나고 물이 빠진 것을 확인하고 방주에서 가족과 동물들을 이끌고 나온 노아는 나중에 포도농장을 경영했다. 창 9:20-21

포도는 유용한 과일이었다. 성경시대 이스라엘의 주부들은 매일 빵과 함께 포도를 그대로 식탁에 올리거나 와인으로 만들어 먹었고, 제철에는 대추야자열매처럼 불에 졸여서 잼으로 만들어 이용하기도 했다. 그리고 주스나 식초를 만드는 데 사용하거나 햇볕 좋은 날 지붕에서 잘 말려 두었다가 케이크 안에 넣어서 맛을 내기도 했다.

건포도는 야외에서 목축을 하거나 먼 거리 여행에 나섰을 때 허기를 달래는 데도 그만이었다. 건포도는 항산화 성분이 고도로 농축되어 있을 뿐 아니라 철, 칼륨, 비타민, 섬유소, 탄수화물이 풍부하고 당성분이 높아서 부족한 영양을 쉽게 공급받을 수 있었다. 건포도는 말린 무화과처럼 함께 눌러서 덩어리로 만들어 언제든지 가지고 다녔다.

역시 아비가일의 음식 목록에 포함된 무화과는 하나님이 약속의 땅 가나안의 풍성함을 묘사할 때 구체적으로 거론할 만큼 중요한 과일이었다.

"네 하나님 야호와께서 너를 아름다운 땅에 이르게 하시나니 그 곳은…밀과 보리의 소산지요 포도와 무화과와 석류와 감람나무와 꿀의 소산지라" 신 8:7-8

예루살렘 재래시장에서 판매하는 다양한 말린 과일

무화과는 꽃이 열매 속에 있어 보이지 않아 그런 이름을 얻게 되었는데, 우리나라에서는 개화기에 들어와 남부 지방에서 재배되고 있다. 무화과는 과일로 먹을 뿐 아니라 과육과 씨앗에 포함된 약효성분 때문에 예로부터 여러 나라에서 치료제로도 사용해 왔다. 성경에는 유다 왕 히스기야가 종기 때문에 생명이 위험했을 때 무화과를 사용했다는 기록이 남아 있다.

와병 중인 히스기야를 찾아온 이사야는 "너는 네 집에 유언하라 네가 죽고 살지 못하리라" 사 38:1고 말했다. 그 말을 들은 히스기야는 얼굴을 벽 쪽으로 돌린 채 통곡하면서 하나님에게 기도했다. 그의 간절한 기도는 효과가 있었다. 하나님은 그에게 수명의 연장을 약속하

말린 무화과

셨다. 그러자 이사야는 히스기야에게 종기를 치료할 수 있는 민간요법을 일러 주었다.

"…한 뭉치 무화과를 가져다가 종처에 붙이면…나으리라…" 사 38:21

실제로 무화과는 피부질환에 상당한 효과를 발휘하는 것으로 알려져 있다. 무화과는 당도가 아주 높아 적절하게 수확하지 않으면 껍질이 벌어져서 야생동물의 먹이가 되기 때문에 가능하면 한번에 모두 따서 말려 놓고 여러 가지 목적으로 사용했다.

아비가일과 함께 만드는 요리

다윗의 정서와 필요를 정확하게 꿰뚫고 음식을 준비한 아비가일의 노력은 성공을 거두었다. 보잘것없는 지방의 토호에게 자존심이 상한 다윗은 정성이 담긴 아비가일의 음식을 받고 기뻐하였고 나발의 무례함을 용서했다.

"…네게 복이 있을지로다 오늘 내가 피를 흘릴 것과 친히 복수하는 것을 네가 막았느니라" 삼상 25:33

다윗은 아비가일이 챙겨 온 음식 덕분에 심각한 식량 부족 상태를 극복할 수 있었다. 음식을 구걸하다가 모욕을 당하고 결국 피를 부르는 싸움을 피할 수 없게 되었다고 생각하는 순간, 풍성하게 음식을 준비한 아비가일을 통해 다윗은 하나님의 철저한 도움의 손길을 새삼 깨달았을 것이다. 그런 그의 심정은 만년의 신앙고백에 고스란히 배어 있다.

이스라엘의 무화과 농장

"내가 어려서부터 늙기까지 의인이 버림을 당하거나 그의 자손이 걸식함을 보지 못하였도다" 시 37:25

다윗과의 만남은 아비가일에게 또 다른 세계로 나아갈 수 있는 기회가 되었다. 아비가일이 남편을 대신해서 다윗을 만나고 돌아온 그 다음 날 손쓸 겨를 없이 남편이 쓰러졌고, 얼마 지나지 않아 세상을 떴다. 사회보장제도가 없는 고대 세계에서는 과부처럼 불쌍한 사람들도 없었다. 성경에서 하나님이 가장 불쌍하게 간주하는 사람들이 과부, 고아, 그리고 떠돌이였던 이유라고 할 것이다. 신 24:17

아비가일처럼 넉넉한 집안의 살림을 맡았다고 하더라도 예외가 될 수 없었다. 여자는 성장할 때는 아버지, 시집을 가고 난 뒤에는 남편과 자식의 순서대로 의존해야 했다. 성경의 규정에 따르면 남편의 재산은 자녀에게 직접 상속되거나 신 21:17 다른 혈족들이 물려받았다. 민 27:8-11 아비가일처럼 자식이 없는 과부는 공동체 안에서 누릴 수 있는 별다른 권리가 없었다. 친정집이 아니면 형제의 집으로 돌아가야 했다. 청상과부인 경우 친정이나 형제들의 집안에서 부담을 느낄 수 있기 때문에 재혼을 강요받기도 했다.

아비가일은 다윗 덕분에 과부의 고달픔을 피할 수 있었다.

건포도와 무화과 크로스번

건포도는 항산화 성분이 고도로 농축되어 있을 뿐 아니라 철, 칼륨, 비타민, 섬유소, 탄수화물이 풍부하고 당 성분이 높다. 때문에 성경시대에는 다윗처럼 장거리를 여행할 때 말린 무화과와 함께 반드시 챙겨야 할 중요한 먹을거리였다. 건포도와 무화과를 이용해서 서양에서 즐겨 먹는 크로스번 빵을 만들어보자. 크로스번은 주로 기독교 국가에서 부활절에 먹는 빵이지만, 건포도와 말린 무화과를 가지고 변형시켜서 만들 수 있다. 크로스번은 따뜻할 때 버터를 발라 먹으면 제대로 풍미를 느낄 수 있다.

재료 중력분 570그램, 이스트 10그램, 설탕 110그램, 소금 4그램, 우유 370밀리리터, 시나몬가루 5그램, 버터 50그램, 달걀 1개, 건포도 200그램, 말린 무화과 1/2컵, 글레이즈: 설탕 1/2컵, 물 1/4컵, 젤라틴가루 2작은술, 물 1작은술

만드는 과정

1. 밀가루를 체로 쳐서 이스트, 설탕, 소금을 섞고 우유, 녹인 버터, 달걀, 시나몬가루를 넣고 섞는다. 잘게 썬 무화과, 건포도를 같이 넣고서 20분간 반죽한다.
2. 반죽을 볼에 넣고 랩으로 감싼 뒤에 1시간 정도 내버려 두었다가 두 배로 부풀면 가스를 빼고 12등분해 공 모양으로 만든다.
3. 사각 팬에 기름을 바르고 반죽을 줄 맞춰 넣고서 다시 랩을 씌워 30분간 내버려 둔다.
4. 용기에 설탕과 물을 넣고 설탕이 모두 녹을 때까지 잘 저은 뒤 젤라틴가루를 물에 녹여서 설탕물에 넣고 1분간 끓여 글레이즈를 만든다.
5. 200도로 예열한 오븐에서 갈색이 돌 때까지 35분간 굽는다. 빵이 식기 전에 따뜻한 글레이즈를 붓으로 표면에 바른다.

무화과를 이용한 양고기 요리

무화과는 다른 과일에 비해서 비타민, 미네랄, 단백질 분해효소인 피신을 다량으로 함유하고 있다. 서양에서는 건강식으로 식탁에 자주 오르고 있고, 특히 당분 함량이 많아 건과나 잼, 혹은 주스로 이용된다. 무화과가 소화기능의 향상에 도움이 되기 때문에 중동 지역에서는 예로부터 고기 요리에 무화과를 식재료로 활용해 왔다.

재료 **잘게 자른 양파 3개, 으깬 마늘 3쪽, 식물기름 3큰술, 양다리살 1킬로그램, 당근 1개, 완두콩 1컵, 닭 육수(혹은 물) 1컵, 레드와인 1 1/2컵, 발사믹 식초 1/4컵, 월계수잎 2장, 말린 겨자 2작은술, 간 고수풀 2작은술, 간 커민 2작은술, 시나몬가루 1/4작은술, 간 생강 1/4작은술, 카옌고추(혹은 한국고추) 1/4작은술, 소금 1/2작은술, 각지게 자른 말린 무화과 1컵, 황설탕 1큰술**

만드는 과정

1. 프라이팬에 기름을 치고 양파와 마늘을 노르스름해질 때까지 볶는다.
2. 양고기를 함께 넣고 잘 익을 때까지 고열로 가열하되 재료가 타지 않게 주의한다.
3. 닭 육수, 포도주, 식초, 월계수잎, 겨자, 소금을 넣고 끓인다.
4. 프라이팬의 뚜껑을 덮고 1시간 정도 뭉근하게 끓인다.
5. 무화과와 완두콩, 당근, 황설탕을 넣고 고기가 연해질 때까지 20분간 더 끓인다.
6. 따뜻한 밥과 함께 식탁에 올린다.

요리하는 엘리사

사실, 그것은 엘리사가 스승의 부름을 받고
따라나설 때부터 변함없이 그랬다.
농사에 부리던 소를 잡아서 이웃을 배불리
먹이는 것으로 예언자의 삶을 시작한 그는
헐벗고 힘겨운 삶을 사는 이들의 진정한 영웅이었다.
엘리사는 약 9백 년 뒤에 오실 예수님의 모형이기도 했다.

솔로몬 사후에 남 왕국 유다로부터 분리된 신생국가 이스라엘은 초반의 혼란을 극복하자 경제적으로나 정치적으로 상당한 번영을 구가했다. 특히 우리에게 익숙한 사마리아를 수도로 정한 오므리는 이스라엘을 안정적으로 운영했을 뿐 아니라 국제적으로 강력한 영향력을 행사했다.

구약성경은 오므리에 관해서 거의 정보를 제공하지 않지만, 그가 당시 세계열강과의 경쟁에서 위축되지 않고 나름의 입지를 굳혔다는 것은 이미 아시리아의 문서에서 확인된 바 있다. 오므리는 외교와 군사력을 적절히 활용했다. 그는 해외에 군대를 파견하기도 했는데 이것은 이스라엘의 전체 역사에서 전무후무한 일이었다. 솔로몬시대에도 해외에 군대를 파견한 일이 없었다.

그는 국력을 바탕으로 주변 국가들과 동맹을 맺었고, 국익에 도움이 되는 두로와 시돈의 국왕 에트바알과는 혼인정책으로 관계를 돈독히 했다. 오므리의 아들 아합과 두로의 공주 이세벨이 부부가 된 것도 바로 그 때문이었다.

어떤 경우에도 흔들릴 것 같지 않았던 오므리의 가문에도 약점은 있었다. 그들은 이익을 좇아서 하나님에 대한 신앙을 이방 종교로 대체하는 배교를 범했고, 그로 인해서 북 왕국 이스라엘은 신앙의 정체성을 상실하고 몰락의 길을 걷게 되었다.

예언자 엘리야는 이스라엘에서 아합을 상대로 하나님의 심판을 외쳤고, 엘리사 역시 영적 타락을 경고하면서 예언자로서 오므리 왕조의 통치를 종식시키기 위해서 노력했다.

대머리 예언자 엘리사

고대 이스라엘에서 예언자가 되는 데는 두 가지 방법이 있었다. 하나는 엘리사처럼 영적으로 탁월한 스승을 따라다니며 일정 기간 지도를 받는 것이다.

엘리야와 엘리사, 또다시 엘리사의 제자들에게로 계속해서 이어지는 예언자의 전통은 사실 사무엘시대에 이미 시도된 바 있었다. 사무엘은 이스라엘에 임금이 존재하지 않던 시절에 예언자(혹은 선지자) 학교를 직접 설립해서 나단이나 갓처럼 뛰어난 후배 예언자들이 등장할 수 있는 길을 닦았다.

엘리야가 사무엘의 예언자 학교를 알고서 그 모델을 본뜬 것인지, 아니면 혼자 아이디어를 낸 것인지 지금으로서는 정확히 알 수 없다. 아무튼 그는 사무엘이 그랬던 것처럼 예언자 공동체를 조직해서 후배들을 길러 냈고, 엘리사 역시 자신의 스승처럼 제자들을 가르치고 그들을 위해서 거처를 마련했다. 제자들은 배려를 아끼지 않는 따뜻한 스승 엘리사를 혈연과 무관하게 '아버지'라고 부르면서 '선지자의 아들'을 자처했다. 왕하 2:3, 5, 7

예언자가 될 수 있는 또 다른 방법은, 남쪽 유다 출신의 예언자 아모스처럼 하나님의 음성을 직접 듣고 그대로 따르는 것이었다. 이런 경우에는 예언자 공동체와 관계를 맺지 않은 채 단독으로 활동할 때가 많았다.

남유다의 드고아 출신 목자였던 아모스 역시 전통적인 방식과 달리 이스라엘의 가난하고 학대받는 사람들을 위해서 홀로 하나님의 말씀을 전했다. 이런 예언 활동은 기존의 예언자들과 달라서 충돌을 빚기도 했다.

벧엘의 제사장 아마샤가 그랬다. 아모스를 마뜩지 않게 여기던 아마샤는 그를 격렬하게 비난했다.

"선견자야 너는 유다 땅으로 도망하여 가서 거기에서나 떡을 먹으며 거기에서나 예언하고" 암 7:12

아모스 역시 물러서지 않았다. 자신은 직업적인 예언자가 아니라서 하나님의 메시지를 모두 전하고 나면 생업으로 돌아갈 것이라고 분명하게 밝혔다.

"…나는 선지자가 아니며 선지자의 아들도 아니라 나는 목자요 뽕나무를 재배하는 자로서 양 떼를 따를 때에 여호와께서 내게 이르시기를 가서 내 백성 이스라엘에게 예언하라 하셨나니" 암 7:14-15

자신은 사욕를 좇아서 예언할 생각이 없다는 뜻이었다.

본디 엘리사는 아버지와 함께 농사를 짓고 있었지만 엘리야의 부름을 받자마자 모두 내려놓고 그 뒤를 따라갔다. 왕상 19:19-20 엘리야와 엘리사는 공통점이 적지 않았다. 하나님의 뜻과 어긋나는 것은 물불을 가리지 않고 싸웠다. 아무리 상황이 어려워도 결정한 일은 반드시 성취해 냈다. 그리고 언제든지 제자들과 어려운 사람들의 필요를 반드시 챙겼다.

하지만 둘 사이에는 다른 점도 있었다. 특히 외모가 그랬다. 예언자 엘리야는 털이 많았다. 반면에 엘리사는 대머리였다. 이스라엘 사람들은 예로부터 대머리를 문둥병과 관계가 있는 것으로 받아들였다. 실제로 그들은 머리카락이 빠지는 것을 보고 문둥병의 감염 여부

를 판단하기도 했다.레 13:40-44

머리카락은 능력의 근원이라고 믿었기 때문에 대머리 엘리사가 엘리야와 같은 능력을 결코 가질 수 없을 것이라고 사람들은 생각했다. 아이들까지 그를 따라다니면서 대놓고 조롱할 정도였다. 하지만 엘리사는 그들의 기대를 여지없이 깨뜨렸다.

성경에 소개된 엘리사와 관련된 일화는 한두 가지가 아니다. 그것들 가운데 일부만 소개하면 이렇다.

엘리사는 엘리야가 승천하면서 남긴 겉옷으로 요단강을 내리쳐서 물을 가르고 건넜다.왕하 2:13-14 마실 수 없을 정도로 오염된 물에 소금을 뿌려서 식수로 사용할 수 있게 했다. 이스라엘과 유다가 서로 연대해서 모압과 맞서 싸울 때 기적적으로 물을 공급하고, 물을 피같이 만들어서 모압 군대를 속이기도 했다. 세상을 떠난 제자의 유족들이 심각한 생활고에 시달리자 빚을 모두 갚을 때까지 병에서 기름이 샘솟게 했고, 수넴 여인의 죽은 아들을 살려주었다. 나아만의 문둥병을 손 한번 대지 않고 낫게 하고, 제자가 나무를 하다가 요단강에 실수로 빠뜨린 도끼를 떠오르게 만들기도 했다.

엘리사의 예언은 한번도 틀린 적이 없어서 이스라엘 국왕이 중요한 문제를 놓고 직접 상담을 청할 정도였다.

요리하는 엘리사

엘리사는 수넴에서 이름을 알 수 없는 한 여인의 죽은 아들을 살리고 나서 남쪽에 있는 길갈로 내려왔다.왕상 4:38 길갈의 정확한 위치는 지금껏 확인되지 않았지만, 요단강 서안에 있었고 여리고에서 그리 멀지 않은 곳으로 추정하고 있다. 최근에는 키르벳 알리아타Khirbet 'Alyata가 일 순위 후보지로 거론되고 있다.

그때 길갈에는 기근이 몰아닥쳐서 심각한 식량 부족에 시달리고 있었다. 엘리사를 따르는 제자들의 사정 역시 지역 주민들과 별반 차이가 없었다. 결국 엘리사는 굶주리고 있는 제자들을 위해서 음식을 준비해야 했다.

우리말 성경에 따르면, 엘리사는 사환을 시켜서 조리용 솥을 걸게 했다고 한다. 이 표현만 놓고 보면 사환이 음식을 만들기 위해서 준비한 솥을 우리네 시골에서 흔히 볼 수 있는 가마솥으로 오해할 수 있다. '사환이 솥을 걸었다'고 번역하기 때문이다. 하지만 엘리사가 요리하는 데 사용했던 솥은 우리의 그것과 전혀 모양이 다르다.

엘리사가 음식을 만드는 데 사용한 솥은 크고 깊었다. 이집트 사람들이 사용하는 솥과 동일한 모양을 가진 솥의 밑에는 다리가 세 개씩 달려 있어서 지지대를 만들어 공중에 매달거나 돌로 떠받칠 필요가 없었다. 다리가 솥을 지탱하다 보니 바람이 잘 통해서 불길을 유지하는 데도 유리했다.

독성분을 지닌 호박 이야기 엘리사의 제자 가운데 하나가 음식 재료로 사용할 채소를 찾아서 근처 밭으로 나갔다가 들포도덩굴에서 들호박을 따가지고 돌아왔다. 우리말 성경에 '들호박'으로 번역된 이 열매는 노란 조롱박의 일종이다.

이 식물은 '콜로신스'colocynth 혹은 '야생 오이'라는 이름도 갖고

야생 수박과 비슷한 모양의 콜로신스

있는데 요즈음에도 사해 부근에서 볼 수 있다. 노란 조롱박의 또 다른 이름은 '쓴 사과' 혹은 '소돔의 포도나무'이다. 이것은 크기가 레몬 정도이고 속은 스펀지 같은 구조이며, 표면은 노란빛이 감도는 파란색을 띠고 있다.

콜로신스는 맛이 아주 써서 음식을 만들 때 재료로 사용하지 않지만 견과류 맛이 나는 씨앗은 먹어도 별다른 지장이 없다. 씨앗에는 식물성 지방과 단백질이 상당히 풍부한 것으로 알려져 있다. 반면에 콜로신스 과육은 설사를 유발하는 하제 성분을 포함하고 있어 먹으면 장을 자극하기 때문에 몸을 불편하게 만든다. 다량으로 섭취하면 인체에 치명적이다. 흉년이 들어 허기를 면할 만한 마땅한 식재료를 찾지 못해 눈에 띄는 대로 따온 열매가 자칫하면 예언자 집단 전체를 위험하게 만들 수도 있었다.

콜로신스는 로마 황실의 치열한 권력 다툼 과정에 소재로 등장할 정도로 지중해 연안에 널리 분포하고 약재로 사용되었다. 로마 황제 티베리우스의 손자 클라우디우스는 침을 흘리는 말더듬이에다가 절름발이여서 황실의 천덕꾸러기 신세였다. 하지만 꼭두각시 황제 티베리우스와 미치광이 황제 칼리굴라의 횡포 속에서 살아남은 유일한 황실의 핏줄이었다.

반세기 동안 어릿광대 노릇을 하며 천대 받은 클라우디우스는 자신의 조카 칼리굴라가 정적에게 암살되자 황제의 자리에 올랐다. 클라우디우스 황제에게는 몇 명의 부인이 있었는데 아그리피나를 네 번째 부인으로 맞이했다. 아그리피나는 이미 아들이 하나 있었다. 그가 바로 네로였다.

그녀는 아들을 황제로 만들려고 클라우디우스를 설득해서 황제 자리를 약속 받았다. 하지만 아그리피나는 조급한 성미를 참지 못하고 황제를 독살하려고 했다. 그녀는 황제가 즐기는 달걀버섯 요리에 광대버섯에서 추출한 독을 발랐다. 다음 날 증상이 나타나자 함께 일을 꾸민 궁중의사 크제노폰이 독성을 가진 콜로신스를 투여해서 버섯 독에 중독된 그의 숨을 확실하게 끊어 놓았고, 그 덕분에 청년 네로는 무사히 황제의 자리에 오를 수 있었다.

엘리사의 비밀 재료 들에 나갔던 엘리사의 제자가 옷자락에 담아 온 콜로신스를 썰어 솥에 넣고 끓였다. 그때까지 어떤 재료를 가지고 음식을 만들고 있는지, 그것이 위험하지 않은지 의심하는 사람이 전혀 없었다. 어쩌면 음식에 들어간 재료를 알고 있었지만 너무 허기지다 보니 제대로 끓이면 괜찮을지 모른다고 오판했을 수도 있다.

아무튼 얼마 지나지 않아서 국(보다 정확히 말하면, 걸쭉한 스튜)이 완성되었고, 엘리사는 사람을 시켜 제자들에게 음식을 돌리도록 지시했다. 국을 떠먹던 제자들이 콜로신스의 강한 쓴맛에 화들짝 놀라서 스승에게 소리쳤다.

"…하나님의 사람이여 솥에 죽음의 독이 있나이다…" 왕하 4:40

유진 피터슨Eugene Peterson은 자신의 성경에서 이 구절을 보다 더 노골적으로 번역했다.

"오 하나님의 사람이여, 솥에 죽음이 있습니다!"

그러자 엘리사는 누군가에게 급히 '가루'를 가져오게 했다. 그것을 솥에 넣고 다시 끓이자 이내 '죽음의 독'이 음식에서 사라졌다. 솥에 들어간 가루가 무엇이었는지 성경 본문은 구체적으로 거론하지 않는다.

그렇다면 엘리사가 독을 제거하는 데 사용한 '가루'는 무엇이었을까? 일부 학자는 그것을 밀가루로 간주한다. 엘리사가 밀가루를 가지고 의식을 치르는 순간에 알 수 없는 힘이 음식에 작용해서 갑자기 쓴맛이 사라졌다는 것이다.

고대 세계에서 밀가루는 신비한 힘이 필요할 때 즐겨 활용하는 상징적인 일종의 소도구였다. 밀가루에 특별한 능력이 깃들어 있다고 생각한 옛사람들은 의식을 치르다가 대상의 주변에 밀가루를 뿌려서 다른 것들과 구별하기도 했다. 옛날에 우리나라 사람들이 액막이를 위해서 소금을 뿌리는 것과 비슷했다.

엘리사가 밀가루를 사용했다는 것에 동의하면서 해석을 달리 하는 사람들이 있다. 이스라엘에서는 흉년이 들면 산이나 들의 야생식물을 구황식물로 애용했는데 콜로신스 역시 그 가운데 한 가지였다는 것이다.

평소 이것을 식재료로 사용하지 않아도 먹을 게 귀할 때는 어쩔 수 없이 먹어야 했다. 하지만 단시간에 많이 먹지 않는 이상 건강에는 별다른 지장이 없다는 게 그들의 주장이다. 물론 이럴 때도 쓴맛을 해결해야 하는 문제가 여전히 남게 되는데, 이것 역시 설명이 불가능한 것은 아니다. 엘리사가 쓴맛 나는 국에 밀가루(그리고 물)를 넣고 다시 한 번 끓이면 콜로신스의 농도가 줄어들 수 있기 때문이다.

우리나라의 전통적인 구황식물의 목록에 늘 오르내리는 쑥도 그런 사례에 속한다고 볼 수 있다. 쑥 역시 상당한 독성을 가지고 있어서 그냥 먹거나 장기적으로 복용하면 건강에 해롭다는 게 정설이다. 그래서 옛사람들이 생각해낸 게 쑥을 익혀서 조리하는 방법이었다. 쑥을 가열하면 성질이 변해서 따뜻해지고 독성이 약화된다는 정보에 근거한 조리법이었다.

엘리사가 어떤 방법을 사용했는지 알 수 없지만 제자들은 별 탈 없이 식사를 계속할 수 있었다.

빵과 채소의 기적 성경을 보면 엘리사가 제자들과 함께 국을 끓여서 먹은 이야기가 도중에 갑자기 끊긴다. 그리고 어느 사내가 바알살리사로부터 빵과 채소를 가져왔다는 기록으로 넘어간다. 왕하 4:42-44

사실 고대 이스라엘의 예언자들은 일반인들로부터 음식이나 약간의 경제적 지원을 받는 일이 드물지 않았다. 콜로신스를 가지고 요리한 음식과 먹을 것을 가져온 사내 이야기의 구조를 보면 서로 무관한 두 가지 사건이 나란히 놓인 것처럼 보인다. 지금으로서는 예언자 무리들이 죽을 끓인 일화와 사내가 빵과 채소를 가져온 이야기 사이의 정확한 시차를 확인할 방법이 없지만, 그것들이 허기에 시달리는 예언자 무리와 엘리사 간에 직접적으로 관련되어 있기 때문에 동시에 거론해도 그리 문제될 것은 없다.

『개역개정 성경』은 사내가 갓 수확한 보리로 만든 빵 스무 개와 자루에 담은 채소를 가져왔다고 번역한다. 『공동번역』은 채소 대신에 햇곡식의 이삭이라고 옮겼다. 리젠트 칼리지의 유진 피터슨이 현대적인 용어로 번역한 성경(『The Message』)은 과수원에서 딴 사과, 그리고 『흠정역KJV 성경』은 '껍질에 싸인 여러 개의 옥수수'라고 번역했다.

어느 쪽 번역이 옳은 것일까? 결론부터 말하자면, 위에서 거론한 번역들은 모두 사실과 다르다. 채소나 사과, 옥수수는 잘못된 번역이다. 성경시대 농부들은 사과와 옥수수를 재배하지 않았다. 앞 장에서 살펴보았듯이 옥수수는 16세기 이후에 전세계로 퍼졌고, 사과나무가 이스라엘에 전해진 것은 역사적으로 그리 오래되지 않은 일이다.

이처럼 사과나무의 전래가 늦어진 것은 기후와 관계가 있다. 사과는 일정 기간 낮은 온도를 거쳐야 결실하는 습성이 있기 때문에 팔레스타인의 기후나 환경에 적합한 과실수가 아니다. 그래서 식물학자

이스라엘에서는 주로 골란고원에서 사과가 생산된다

나 성경학자들은 사과보다 아브라함 시대에 중국으로부터 도입된 살구를 가장 유력한 후보로 꼽는다. 실제로 성경에 기록된 사과는 모두 살구로 추정된다.

엘리사가 종에게, 사내가 가져온 음식을 제자들에게 나눠 주도록 지시했다. 문제는 충분하지 않은 음식의 양이었다. 종은 허기에 시달리는 1백 명이 먹기에 터무니없이 부족하다는 것을 잘 알고 있었다. 하지만 엘리사는 고집을 꺾지 않았다. 그것이 하나님의 말씀이라고 덧붙여서 말했다.

"…여호와의 말씀이 그들이 먹고 남으리라 하셨느니라" 왕하 4:43

예수님이 들판에서 5천 명을 먹이셨던 것처럼 엘리사 역시 놀라운 능력을 발휘했다. 종이 얼마 되지 않은 음식을 예언자 무리에게 분배하자 음식이 남았다. 이 기적은 하나님의 능력 덕분에 가능했지만, 하나님을 움직인 것은 제자들의 배고픔을 그냥 지나치지 않은 엘리사의 따뜻한 마음이었다.

엘리사와 함께 만드는 요리

엘리사는 필생의 사업을 완수하고 행복한 죽음을 맞이했다. 그 사업은 과거에 스승 엘리야가 소원했지만 생전에 직접 목격하지 못한 일이었다. 엘리야와 엘리사는 대를 이어가면서 배교의 상징인 북이스라엘의 지배자 오므리 왕조의 통치가 막 내리기를 오랫동안 꿈꾸었고, 마침내 엘리사는 혁명이 일어나서 새로운 왕조가 들어서도록 결정적으로 기여했다.

예후로부터 시작된 새로운 왕조의 앞날은 일단 밝아 보였다. 영원한 강자 이집트의 세력은 눈에 띌 정도로 약화되어서 별다른 힘을 발휘하지 못했고, 북쪽에서는 이제 막 아시리아가 세력을 형성하고 있었지만 심각한 위협은 되지 못했다.

강력한 세력이 자취를 감춘 곳에서 이스라엘은 주변 국가들을 압도했다. 아람에게 빼앗긴 요단강 동쪽 지역의 도시들을 되찾고 국경지대를 회복했다. 이렇게 한창 국운이 융성하는 시기에 중대한 고비

마다 적절한 해결책을 제시해 주던 엘리사가 나이 들어 세상을 떠나게 되었다.

엘리사의 곁에서 끝까지 임종을 지키던 이스라엘의 12대 왕 요아스는 눈물을 주체하지 못했다. 자신의 영적 멘터가 세상을 떠나려 하고 있었다. 요아스가 엘리사를 불렀다.

"…내 아버지여 내 아버지여 이스라엘의 병거와 마병이여…" 왕하 13:14

이 장면은 승천하는 엘리야를 바라보면서 목 놓아 부르던 젊은 날의 엘리사 모습을 연상시킨다. 엘리사가 요아스에게 활과 화살을 가져다가 창 밖으로 쏘게 하고서 말했다.

"…이는 여호와를 위한 구원의 화살 곧 아람에 대한 화살이니 왕이 아람 사람을 멸절하도록 아벡에서 치리이다…" 17절

그러고 나서 엘리사는 죽었다. 결국 요아스는 엘리사의 예언대로 승리를 거두었다. 이 인상 깊은 장면은 영국의 시인 윌리엄 블레이크 William Blake를 비롯한 여러 작가들의 문학적 상상력을 자극해서 다양한 작품의 모티프로 활용되기도 했다.

이스라엘의 예언자로서 엘리사가 남긴 유산은 정치적인 것뿐이었을까? 엘리사가 남긴 찬란한 유산은 집단을 상대로 한 정치政治라기보다 개인들의 마음을 일일이 어루만지는 식치食治에 가까웠다. 엘리사는 요리하는 예언자였다. 그는 누구도 돌보지 않는 가난하고 배고픔에 지친 이들을 위해서 기적을 베풀고 돌보는 데 힘썼다.

사실, 그것은 엘리사가 스승의 부름을 받고 따라나설 때부터 변함없이 그랬다. 농사에 부리던 소를 잡아서 이웃을 배불리 먹이는 것으로 예언자의 삶을 시작한 그는 헐벗고 힘겨운 삶을 사는 이들의 진정

사과 보리 케이크

엘리사가 예언자로 활동하던 시기에는 대부분의 사람들이 심각한 기근 때문에 먹을 것을 구하지 못해서 고통을 겪었다. 밀가루로 만든 음식은 상상할 수도 없었고, 먹으면 입안이 텁텁한 보릿가루라도 조금 있으면 그것으로 행복할 정도였다. 요즈음 건강식으로 인기가 높은 보리와 사과를 이용해서 케이크를 만들어 보자.

재료 **보릿가루 250그램, 베이킹파우더 2작은술, 소금 약간, 달걀 2개, 껍질 없이 잘게 썬 사과 2개, 휘핑크림 1/4컵, 꿀 1/4컵**

만드는 과정

1. 오븐을 약 200도 정도로 예열한다.
2. 보릿가루, 베이킹파우더, 소금을 함께 넣고 반죽한다.
3. 달걀을 포크로 가볍게 젓다가 사과, 휘핑크림, 꿀을 넣고 잘 섞는다.
4. 반죽을 케이크 팬에 넣고 20-25분간 굽는다.

한 영웅이었다. 엘리사는 약 9백 년 뒤에 오실 예수님의 모형이기도 했다.

"예수께서…물어 이르시되 무리가 나를 누구라고 하느냐…더러는 엘리야라, 더러는 옛 선지자 중의 한 사람(엘리사?)이 살아났다 하나이다" 눅 9:18-19

광야에서의 식사

요한은 낙타털옷을 입고 메뚜기와 야생꿀을 먹으면서 이스라엘 사람들에게 임박한 하나님 나라를 위해서 죄를 회개하고 그에 합당한 열매로 어려운 이웃들과 함께 나누며 살아가도록 가르쳤다.
요한은 주의 길을 예비하는 임무를 맡고 있다고 생각했다.

예루살렘의 제사장 사가랴와 부인 엘리사벳 사이에서 기적적으로 태어난 요한은 어려서부터 광야에서 홀로 자라났다. 광야는 유대인들이 예로부터 메시아가 임한다고 믿는 특별한 장소였다. 요한은 나이를 먹어 성인이 되자 대중 앞에 모습을 드러내고 하나님의 메시지를 전했다. 그리고 자신을 따르는 사람들에게 요단강에서 세례를 베풀었다.

요한은 낙타털옷을 입고 메뚜기와 야생꿀을 먹으면서 이스라엘 사람들에게 임박한 하나님 나라를 위해서 죄를 회개하고 그에 합당한 열매로 어려운 이웃들과 함께 나누며 살아가도록 가르쳤다. 요한은 주의 길을 예비하는 임무를 맡고 있다고 생각했다. 자신은 물로 세례를 주지만 그리스도(메시아)가 오시면 성령과 불로 세례를 주실 것이라고 말했다. 눅 3:16

그가 문제를 지적할 때는 지위의 높고 낮음을 가리지 않았다. 대표적인 종교 지도자들인 바리새인과 사두개인, 그리고 헤롯과 같은 정치 지도자들 역시 예외가 될 수 없었다. 결국 요한은 당시 분봉 왕이었던 헤롯 안티파스(안디바)의 부적절한 결혼을 그냥 넘기지 않았다가 세상을 떠났다.

요한이 광야로 간 까닭

세례 요한의 삶은 당시 정치적 흐름과 맞물려 있었다. 주전 63년 로마 장군 폼페이우스가 예루살렘을 접수한 이후 이스라엘은 로마의 속국으로 전락했다. 당시 유대인들은 자신들이 오랫동안 떠받들던 하스몬 왕조가 힘없이 몰락하는 것을 안타까워했지만, 그 일로 인해서 1세기 뒤에 흘리게 될 엄청난 피와 무섭고 비참한 상태를 슬퍼하기에는 시기가 너무 일렀다.

로마의 대리 통치자인 힐가누스의 참모였던 안티파테르는 과도기에 권력을 잡을 수 있는 기회를 놓치지 않았다. 로마의 심부름꾼이 된 안티파테르는 나중에 시이저의 도움을 받아서 총독이 되었다. 이후 헤롯 대왕이라는 이름을 갖게 된 그의 아들이 뒤를 이어서 이스라엘의 실질적인 지배자가 되었다.

헤롯은 예루살렘을 재개발하고, 새로운 도시를 건축하고, 성전을 화려하게 증축했다. 그는 로마의 통치방식을 철저히 수용했고, 헬라 문화의 수입을 적극 권장했다. 동시에 자신의 권력을 넘보거나 비판적인 세력은 철저히 진압했다. 자신의 가족들은 물론이고 종교 지도자들까지 죽음을 피하지 못했다. 하지만 이스라엘을 지나는 교역로를 충실하게 관리해서 경제적으로는 비교적 윤택했다.

헤롯 대왕 사후에 이스라엘은 셋으로 나누어졌고, 각 지역은 헤롯의 세 아들이 맡게 되었다. 6년경에 로마 황제 아우구스투스(혹은 아구스도)는 무능력한 헤롯의 맏아들 아르켈라우스를 지금의 프랑스 지역으로 유배를 보내 버렸다. 그리고 그가 다스리던 유다와 이두매, 사마리아를 통합하고 로마 총독을 파견해서 직접 관리했다.

헤롯의 둘째 아들 안티파스 역시 나중에 형과 같은 신세가 되었지만 비교적 오래 갈릴리와 베뢰아 지역을 다스렸다. 세례 요한은 이 안티파스와 대립했다. 성격상 그의 잘못을 눈감고 넘어갈 요한이 아니었다. 안티파스는 이미 부인이 있었지만 또다시 헤로디아와 결혼해서 세례 요한의 질책을 들었고, 그것이 계기가 되어 요한을 살해했다.마 14:4 예수님이 여우라고 부른 헤롯이 바로 이 안티파스였다.눅 13:32

유대 역사가인 요세푸스는 『유대 상고사Antiquities of the Jew』에서 요한의 사건을 이렇게 소개했다.

> 유대인 가운데 일부는 헤롯 군대가 패망한 것을 하나님 탓으로 생각했다. 이는 헤롯이 세례자라고 부르는 요한을 거역하고 살해한 것에 대한 당연한 심판이었다.…그런데 그(요한)의 주변에는 많은 사람들이 모여들었다. 그의 말을 듣고서 큰 감동을 받았기 때문이었다. 요한이 사람들에게 큰 영향을 미쳐서 반역을 도모할 수 있는 힘과 조짐이 나타날까봐 두려워한 헤롯은 문제를 사전에 예방하고 어려움을 겪지 않으려고 죽이는 게 가장 좋은 선택이라고 생각했지만…내버려 두었다. 그래서 요한은 의심 많은 헤롯 때문에 감옥에 갇히게 되었다.

헤롯 안티파스에게 목숨을 잃은 세례 요한은 본디 나실인으로 살아가야 할 운명이었다. 예루살렘으로부터 서남쪽으로 7~8킬로미터 정도 떨어진 아인 카렘에서 예수님보다 6개월 앞서 태어난 요한은 일찍이 부모를 떠나 홀로 광야에서 지내면서 세상에 나가야 할 때를 준비하며 기다렸다.

지금껏 세례 요한이 머물던 곳이 구체적으로 어디였는지 고고학적으로 확인된 바는 없다. 일부 학자들은 그가 사람들에게 세례준 것을 근거로 사해와 인접한 쿰란 지역에서 독자적으로 활동하던 쿰란 공동체와의 관련성을 주장하기도 한다. 쿰란 공동체는 영지주의의

세례 요한의 고향 아인 카렘

영향으로 폐쇄적으로 공동체를 운영하면서 세속을 부정하고 금욕생활에 힘썼다. 세례 요한이 어떤 식으로든지 그들과 관계가 있다고 보는 학자들은 요한이 메시아를 기다리고 회개를 강조하면서 세태를 부정한 것을 근거로 제시한다.

반면에 세례 요한과 쿰란 공동체 간의 연관성을 부인하는 사람들은 사해 부근이 그의 주요 활동 무대가 아니라고 반박한다. 그곳으로부터 남쪽으로 조금 더 내려가서 유다와 나바테아 사이의 경계지역에서 생활했다는 것이다. 또 이들은 세례 요한과 쿰란 지역의 공동체 사이에는 비슷한 듯 하면서도 서로 다른 특징들이 상당 부분 존재한다고 보았다.

세례 요한이 쿰란 공동체와 달리 선택받은 사람들이 아니라 일반인들에게 메시지를 전달한 것, 일정한 준비기간을 요구하지 않고 원하기만 하면 그 자리에서 세례를 베푼 것, 세례를 받은 사람들을 자신의 추종자로 간주하지 않은 게 달랐다. 그리고 무엇보다 세례자가 예수님을 하나님의 어린 양, 곧 그리스도로 인정했다는 것을 결정적인 차이점으로 간주한다.

이상의 두 가지 주장 가운데 어느 쪽을 따르더라도 세례 요한의 직설적이고 핵심을 찌르는 메시지의 능력을 부정하지 못한다. 당시 유대인들은 그런 세례 요한의 메시지에 완전히 매료되었다.

그들은 요단강에서 세례자의 메시지를 듣는 순간 7백 년 전에 아모스 예언자가 했던 말이 떠올랐다.

"사자가 부르짖은즉 누가 두려워하지 아니하겠느냐 주 여호와께서 말씀하신즉 누가 예언하지 아니하겠느냐" 암 3:8

세례 요한은 평안하고 화려한 삶을 포기한 채 사자와 같은 광야의 소리가 되어서 아모스처럼, 엘리야처럼 하나님의 말씀을 전하며 그리스도를 위한 길을 예비했다.

세례 요한의 먹을거리

성경은 세례 요한의 어린 시절을 언급하지 않는다. 성인이 되어 대중에게 모습을 드러낸 뒤부터 그에 관한 일화들이 소개된다. 이것은 아마 유년 시절을 인색하게 평가하던 옛사람들의 글쓰기 방식과 무관하지 않을 수 있다. 이처럼 세례 요한에 관해 접할 수 있는 성경의 내용이 제한적인 게 사실이지만, 그렇다고 해서 전혀 방법이 없는 것은 아니다.

천사가 아버지 사가랴에게 출생을 예고하면서 아이의 장래에 관해서 일러 주었기 때문이다. 천사에 따르면 요한은 구약성경에 등장하는 삼손처럼 나실인으로 성장해서 많은 사람을 하나님에게로 돌아오게 할 인물이었다.눅 1:15

익히 알고 있듯이 나실인은 외모나 식습관이 일반인들과는 전혀 달랐다. 구약성경의 규정에 의하면 나실인이 되기로 하나님에게 서원한 사람은 포도주와 독주를 마시거나 머리를 자르는 것은 불가능했다.민 6장

나실인의 이런 특징들은 세례 요한의 식습관을 비롯한 나머지 생활을 이해하는 데 중요한 열쇠 구실을 한다.

튀는 낙타털옷과 가죽허리띠 성경시대 이스라엘 사람들의 기본 복장은 튜닉이다. 그들은 계절과 관계없이 튜닉을 착용했다. 마치 우리가 아무 때나 티셔츠와 청바지를 입는 것과 비슷하다.

양털이나 염소털, 혹은 무명과 아마포로 제작된 튜닉이 잘 연상되지 않으면 긴 티셔츠 정도로 생각하면 된다. 부유한 경우에는 바빌로니아 등지에서 수입한 아마포나 자색 천으로, 그리고 생활이 여유롭지 않을 때는 가축의 털로 짠 거친 천으로 튜닉을 만들어 입었다.

튜닉의 길이는 무릎 정도였고, 대개 허리에 띠를 두르고 입었다. 이 튜닉의 사이즈는 한 가지뿐이었다. 때문에 상인들은 판매를 할 때 머리를 집어넣을 수 있는 부분을 따로 만들지 않았다. 구입한 사람이

직접 자신에게 알맞게 구멍을 뚫고 옆은 꿰매거나 그대로 둔 채 입었다.

남녀가 입는 튜닉은 약간 달랐다. 남자용 튜닉은 짧고 색상이 다양했지만, 여자들의 것은 길이가 발목에 닿았고 대체로 파란색이었다. 목 주변에 수를 놓아서 출신지나 거주지를 나타내기도 했다.

튜닉을 착용할 때는 대부분 허리띠를 맸는데 가죽이나 천으로 제작했다. 성경시대 사람들은 허리띠를 부의 상징물로 간주했다. 때문에 허리띠의 길이가 우리의 상상을 초월할 때도 있었다. 부자들 가운데는 5미터에 가까운 허리띠를 매고 다니며 자랑하기도 했다.

허리띠가 너무 길어서 매기가 쉽지 않을 때는 종을 시켜 한쪽을 잡게 하고 맞은 편 끝을 허리에 대고 감아 나갔다. 종을 둘 정도의 형편이 아니면 갈고리나 나뭇가지를 이용해서 직접 허리띠를 맸다.

허리띠는 다른 용도로 사용되기도 했다. 허리띠에 구멍을 내서 돈이나 귀중품을 넣고 다녔고,막 6:8 전쟁에 나갈 때는 무기를 착용하기도 했다. 남자들은 일할 때 튜닉의 옷단을 말아 올려서 허리띠 안으로 밀어 넣었다. 우리가 보면 상당히 우스꽝스러운 모습이지만, 치마 모양에서 반바지 차림으로 바꿀 수 있으니 당사자들로서는 상당히 편리했을 것이다. 그리고 잠자리에 들 때는 허리띠를 풀고 튜닉을 입은 채 곧장 잠자리에 들었다.

세례 요한의 복장은 낙타털옷과 가죽허리띠였다. 낙타털은 느낌이 아주 거칠어서 주로 가난한 사람들이 옷을 짓는 데 사용했다. 이것은 세례 요한에 대한 예수님의 평가에서도 확인할 수 있다.

"…너희가 무엇을 보려고 나갔더냐 부드러운 옷 입은 사람이냐 부

드러운 옷을 입은 사람들은 왕궁에 있느니라…선지자를 보기 위함이었더냐 옳다…" 마 11:8-9

일부는 엘리야가 낙타털옷을 입었기 때문에 요한이 의도적으로 동일한 옷차림을 했다고 해석한다. 이것은 지나치게 제한적인 해석이다.

엘리야를 비롯한 구약의 예언자들이 낙타털옷을 즐겨 입은 게 사실이지만, 왕하 1:8 그것은 유니폼이 아니었다. 예언자들은 그 옷을 통해서 빈민들과의 연대감을 표현했다. 세례 요한 역시 검소한 삶을 자청해서 빈민의 옷을 입었다고 해석하는 게 더 합리적이다. 예수님은 그런 세례 요한을 높게 평가하셨다.

"…여자가 낳은 자 중에 세례 요한보다 큰 이가 일어남이 없도다…" 마 11:11

그리고 누군가의 지적처럼 세례 때문에 옷이 물에 젖어도 수분이 쉽게 증발하기 때문에 편리하기도 했을 것이다.

정말 메뚜기를 먹었을까 세례 요한의 먹을거리는 무척 소박했다. 그가 물질이나 권력을 일체 초월할 수 있었던 것은 의복은 물론, 먹을거리까지 타인에게 신세를 지지 않았기 때문에 가능했다. 세례 요한은 "옷 두 벌 있는 자는 옷 없는 자에게 나눠 줄 것이요 먹을 것이 있는 자도 그렇게 할 것" 눅 3:11이라고 충고했다.

힘 있는 사람들에게는 "족한 줄로 알라" 14절고 말했다. 요한은 광야에서 직접 일용할 양식을 구했다. 그의 주식은 메뚜기와 야생꿀(석청)이었다. 메뚜기는 레위기에 기록된 먹을 수 있는 네 가지 곤충들

(메뚜기, 베짱이, 귀뚜라미, 팥중이) 가운데 하나였다.

"곧 그중에 메뚜기 종류와 베짱이…종류는 너희가 먹으려니와" 레 11:22

예수님 당시에 메뚜기는 가난한 사람들의 음식이었다. 사람들은 들에서 잡은 메뚜기를 한데 모아 머리와 날개, 다리를 잘라내고 각기 취향에 따라 찌거나 굽거나 끓여 먹었다. 그렇지 않을 때는 날로 먹거나 꿀을 묻혀 먹기도 했다. 요즈음에도 베두인족은 메뚜기를 먹고 있고, 예멘 지역 출신의 유대인들 역시 이를 즐긴다.

음식문화를 연구하는 학자들 가운데 일부는 메뚜기가 금기음식의 목록에서 빠지게 된 이유를 설명하는 데 관심을 가졌다.

유럽과 같은 지역에서 그토록 혐오하는 메뚜기를 팔레스타인 지역에서 즐겨 먹는 이유에 관해서 마빈 해리스 같은 인류학자는 생태학자들이 제안한 바 있는 '최적 먹이 찾기 원리'를 가지고서 설명한 바 있다. 이른바 '최적 이론'을 선호하는 해리스의 주장에 따르면 메뚜기처럼 작은 곤충을 잡아먹는 비용과 이익을 검토하면 해답을 곧장 얻을 수 있다.

즉, 곤충은 지구상 가장 많은 생물 가운데 하나이고 단백질과 지방이 풍부한 공급원이지만 수확된 단위당 시간과 에너지 비용의 측면에서 보면 가축과는 비교가 불가능할 만큼 효율성이 낮다. 그리고 곤충의 영양성분이 높아도 식량으로 삼을 정도의 양을 확보하기가 쉽지 않고, 조리하는 데 시간이 걸려 먹을거리로는 부적절하다.

그럼에도 불구하고 성경에서 메뚜기 같은 곤충을 먹어도 좋다고 허락한 것은 노력에 비해 상당히 많은 양과 높은 칼로리를 얻을 수 있기 때문이라는 것이다.

서아프리카 지역의 메뚜기떼

실제로 아프리카 지역에서는 메뚜기의 과도한 개체수의 출현 때문에 골치를 썩을 때가 많다. 서아프리카에서 서식하는 사막 메뚜기떼가 기류를 타고 인도와 파키스탄까지 날아가서 농작물에 정기적으로 피해를 입히기도 한다. 팔레스타인 지역에서도 메뚜기떼의 출현은 재앙 그 자체였다. 경우에 따라 하나님의 심판으로 간주했다.

"네가 많은 종자를 들에 뿌릴지라도 메뚜기가 먹으므로 거둘 것이 적을 것이며" 신 28:38

이런 메뚜기떼를 단기간에 퇴치하는 것은 결코 쉽지 않은 일이다. 지속적으로 메뚜기의 개체수를 줄이는 방법 가운데 한 가지로 거론되는 게 먹어서 없애는 것이다. 메뚜기는 매우 흔해서 큰 힘을 들이지 않더라도 많이 잡을 수 있어서 학자들이 주장하는 최적 이론에도 부합한다. 게다가 메뚜기는 동물성 단백질과 지방 성분이 비교적 높은 편에 속한다. 광야에서 홀로 생활하던 세례 요한 역시 메뚜기를 통해서 부족한 영양분을 공급받았을 것이다.

그런데 최근에는 세례 요한이 주식으로 삼았던 메뚜기는 곤충이 아니라 이스라엘에서 흔히 볼 수 있는 쥐엄나무locust tree의 열매였다는 주장이 제기되고 있다.

이런 주장은 얼마나 신빙성이 있을까? 실제로 중동 지역에서는 쥐엄나무열매를 '성 요한의 빵'이라는 별칭으로도 부른다. 커다란 콩깍지와 비슷하게 생긴 쥐엄나무열매는 말려두었다가 돼지 같은 가축이나 사람을 위한 식량으로 사용한다.

탕자의 비유에도 등장하는 쥐엄나무열매는 메뚜기와는 비교할 수 없을 만큼 영양가가 높다. 쥐엄나무열매는 아스파라거스나 딸기만큼 비타민 B_1이 풍부하고, 리마콩이나 렌즈콩처럼 니아신 성분이 높고, 가지열매나 아스파라거스, 사탕무보다 비타민 A가 많다. 뿐만 아니라 비타민 B_2가 높고, 칼슘과 마그네슘, 그리고 철 성분 역시 풍부하다.

한편 본디 쥐엄나무열매가 맞지만 성경을 필사하는 과정에서 필사자가 히브리어로 쥐엄나무에 해당하는 haruvim을 메뚜기를 뜻하는 hagavim으로 잘못 적어서 오해가 빚어졌다고 주장하기도 한다. 이들의 주장이 옳다면 성화에 대체로 깡마른 모습으로 등장하는 세례 요한의 모습은 건장하게 다시 그려져야 마땅하다.

요한이 먹은 꿀의 정체 세례 요한의 주요 식사메뉴였던 꿀 역시 메뚜기처럼 그 정체를 의심받고 있다. 성경은 요한이 광야에서 야생꿀을 먹었다고 전한다.마 3:4 꿀은 옛날부터 신들의 음식, 혹은 하늘의 이슬이라고 불릴 정도로 귀하고 소중한 음식이었다.

사울의 아들 요나단이 전투 중에 꿀을 먹고 원기를 회복한 것처럼 삼상 14:25-29 성경시대 사람들도 꿀이 위장에 부담을 주지 않고 신속하게 흡수되어 피로 회복에 좋다는 것을 알고 있었다. 그리고 꿀은 속이 불편할 때 먹으면 불쾌감이 완화되고 상처가 난 피부에 바르면 환부가 쉽게 낫기 때문에 구급약품으로 손색이 없었다.

구약성경은 하나님이 이스라엘 사람들에게 약속한 가나안 지역을 젖과 꿀이 흐르는 땅이라고 소개한다. 실제로 구약성경을 보면 꿀에 해당하는 히브리어debhash가 약 50회 정도 등장한다. 그런데 신약성경에는 꿀에 해당하는 그리스어meli가 겨우 4회 사용되어 있다.

신약성경에는 어째서 꿀이라는 말이 자주 등장하지 않는 것일까? 꿀에 대한 일반의 관심이 갑자기 줄어든 게 아니라면, 옛날 이스라엘 각지에서 쉽게 구할 수 있던 꿀의 생산량이 신약시대에 들어서면서 급속히 줄어든 것은 아닐까? 그게 아니라면, 성경에서 사용하는 꿀이라는 말이 우리가 흔히 생각하는 벌꿀이 아니라 다른 것을 가리키는 이름은 아니었을까? 벌꿀, 그것도 야생 벌꿀은 전통적으로 꿀을 즐겨 먹는 우리나라에서도 쉽게 채취하거나 맛볼 수 없는 자연의 귀한 선물이기 때문이다.

기록에 따르면 양봉은 주전 3천 년경에 이집트에서 시작되었다. 이집트에서 양봉이 시작된 것은 나일강 덕분에 수목이 늘 무성한 게 한 가지 이유가 되었다. 때마다 다양한 꽃이 피는 이집트에서는 꿀벌을 길러서 꿀을 따는 게 그렇게 어려운 일이 아니었다. 하지만 이스라엘은 사정이 달랐다.

대추야자열매

건기와 우기, 그리고 짧은 환절기로 이루어진 기후 때문에 양봉은 쉽지 않았다. 꽃과 나무가 많지 않다 보니 벌의 개체수가 적을 수밖에 없었고, 그만큼 야생꿀을 채취하거나 양봉을 하는 게 어려웠다. 그럼에도 불구하고 성경이 그곳을 젖과 꿀이 흐르는 땅이라고 부른 데는 그만한 이유가 있었다.

이스라엘 사람들이 생각하는 꿀의 종류는 다양했다. 벌이 생산하는 꿀뿐만이 아니라 대추야자열매처럼 당도가 높은 열매를 불로 가열해서 얻은 잼 역시 꿀로 간주했다. 이스라엘을 여행하다가 보면 중동 지역에서 대추야자나무를 흔하게 볼 수 있다. 따라서 그 열매를 이용한 잼 종류 역시 다양하다.

성경시대 사람들이 과일을 졸여 만든 잼을 꿀로 간주했다면, 팔레스타인 지역에는 지금도 여전히 꿀이 넘쳐난다고 볼 수 있다. 모르긴 해도 세례 요한 역시 성모 마리아의 산후식이라고 불리는 대추야자열매를 직접 가공해서 먹었을 가능성이 충분하다.

세례 요한과 함께 만드는 요리

세례 요한의 삶이 두드러지게 빛나는 것은 두 가지 이유 때문이다. 세례자는 예수님이 그리스도라는 사실을 대중에게 공개적으로 알렸다. 천사가 예고했고, 아버지 사가랴가 예언했듯이 세례 요한은 하나

허니 케이크

꿀은 설탕이나 포도당의 성분이나 성질과는 다르다. 꿀에는 과당과 포도당, 단백질과 무기질이 풍부하고 비타민, 개미산, 유산, 사과산 등이 포함되어 있으며, 강장, 강정, 체력을 강화시키고 위장의 기능을 돕고 피부의 노화를 방지한다. 꿀을 이용하여 케이크를 만들면 풍미가 뛰어나다.

재료 중력분 1과 3/4컵, 시나몬 1작은술, 베이킹소다 3/4작은술, 베이킹파우더 1/2작은술, 소금 3/4작은술, 꿀 1컵, 생강 1/2, 식물성기름 2/3컵, 커피 1/2컵, 달걀 2개, 갈색설탕1/4, 위스키 2큰술(선택)

만드는 과정

1. 오븐을 177도까지 미리 가열해둔다.
2. 중력분과 시나몬, 베이킹소다, 소금, 베이킹파우더, 생강을 함께 넣고 섞는다.
3. 다른 그릇에 꿀, 기름, 커피를 넣고 역시 섞는다.
4. 달걀과 갈색설탕을 다른 그릇에 넣고 전기믹서기로 3분간 빠른 속도로 섞다가 꿀 섞은 것과 위스키를 한꺼번에 넣고 1분간 다시 섞는다.
5. 중력분 섞은 것을 모두 넣어 섞고 나서 고무주걱으로 반죽을 한데 모은다.
6. 미리 기름을 두르고 밀가루를 살짝 뿌려 둔 용기에 반죽을 옮겨 담고 호일로 뚜껑을 덮어 30분간 굽고 1시간 정도 식힌다.

님의 아들 예수님을 위해서 충실하게 길을 예비했다. 이런 겸손한 모습 때문에 오히려 세례 요한의 삶이 더욱 빛났다.

세례 요한은, 종말의 순간에 다시 돌아온다고 사람들이 믿었던 예언자 엘리야의 심령과 능력으로 가난하고 어려운 이들과 함께했다. 그는 가난한 사람들의 옷차림을 즐겼고, 광야에서 쉽게 구할 수 있는 검소한 음식을 먹으면서 생활했다. 대중들은 그런 세례 요한의 모습에 매료되어 구약시대의 예언자가 다시 살아오기나 한 것처럼 열정적으로 환호했다.

세례 요한은 헤롯의 폭력 때문에 수명을 다하지 못했지만, 그의 영향력은 당대에서 끝나지 않았다. 광야에서 음식을 비롯한 기본적인 필요까지 금욕하면서 하나님의 말씀이 임하기를 기다리던 세례 요한의 영성 수련은 3세기경 이집트 출신의 수도사 안토니우스에게로까지 전달되었다.

안토니우스는 광야에 은둔하면서 영적 훈련을 거듭했고, 그 소문을 전해 들은 젊은이들이 점차 모여들게 되면서 초기 형태의 수도원을 시작하게 되었다. 그렇게 시작된 수도원이 전세계로 전파되었고, 오늘날 기독교가 존재하는 곳마다 수도원들 역시 확고하게 뿌리를 내리고 있다. 이는 광야에서 홀로 지내면서 검소하게 먹고 입었던 세례 요한의 삶 덕분에 가능한 일이다.

탕자를 위한 식사

"…내가 여러 해 아버지를 섬겨 명을 어김이 없거늘
내게는 염소 새끼라도 주어 나와 내 벗으로 즐기게 하신
일이 없더니…살림을 창녀들과 함께 삼켜 버린
이 아들이 돌아오매…살진 송아지를 잡으셨나이다" 눅 15:29-30

1986년 7월, 소련이 붕괴하기 다섯 해 전에 탁월한 영성의 작가 헨리 나우웬이 상트 페테르부르크를 방문했다. 에르미타주 미술관이 소장하고 있는 '탕자의 귀향'이라는 렘브란트 작품을 직접 보기 위함이었다. 나우웬은 그때의 강렬한 경험을 이렇게 글로 소개했다.

"실물보다 커 보이는 그림의 크기, 붉은색과 갈색…의 풍성한 조화…이 모든 게 생각했던 것 이상으로 나를 강력하게 사로잡았다.… 여기에 온 것은 진정으로 고향을 찾은 느낌 바로 그것이었다."

나우웬은 그날 오후부터 미술관 문을 닫을 때까지, 그로부터 나흘 뒤에는 이른 아침부터 몇 시간 지나도록 자리를 뜨지 않은 채 그림을 지켜보았다.

그리고 돌아와서 예수님의 탕자의 비유를 소재로 삼아서 렘브란트가 그린 그림에 관한 묵상집 『탕자의 귀향The Return of the Prodigal Son』을 집필했다. 나우웬이 그림에서 확인한 것은 어머니와 같은 아버지 하나님의 끝 모를 사랑, 집을 떠난 뒤에야 비로소 사랑을 깨달은 나우웬 자신의 진짜 모습이었다.

누가복음에서 양과 동전의 비유와 곧장 연결되는 탕자의 비유는 이처럼 접하는 사람마다 동일한, 그러면서 약간씩 달리 변주되는 특별한 경험을 제공한다.

탕자가 탕자가 된 사연

탕자의 비유는 잘 알려진 내용이라서 여기서 또다시 반복할 필요는 없다. 하지만 비유에 등장하는 둘째 아들이 사람들로부터 탕자로 불리게 된 사연은 비유에 담긴 예수님의 교훈을 이해하는 데 중요하다.

우리는 대개 두 번째 아들이 겪은 문제를 경제적인 측면에서 접근한다. 둘째 아들이 아버지의 재산을 미리 상속받고 잘못된 길에 빠져 죄 짓고 모든 소유를 탕진한 채 비참해졌지만, 결국 아버지의 용서를 받아 자식의 지위를 다시 회복하게 된 것으로 비유의 줄거리를 이해한다. 이와 같은 방식으로 탕자의 비유에 접근하면 본래 의미의 절반밖에 파악하지 못한 것이다.

탕자의 비유는 얼핏 보기에 고작 스물한 절눅 15:11-32로 구성된 짧고 간단한 이야기이지만 예수님 당시 사회의 상속법을 비롯해서 가족관계, 그리고 음식문화와 관련된 여러 가지 코드들이 다양하게 담겨 있는 비유의 백미이다. 때문에 이 비유를 읽을 때 대체적인 줄거리보다 마치 그림을 구경하듯이 여유를 갖고 세부적인 부분들까지 놓치지 않고 살펴보는 노력이 필요하다.

성경학자들은 비유에 등장하는 아버지를 예수님시대에서 만나는 것은 불가능한 일이었다고 평가한다. 성경을 보면 둘째 아들이 아버지에게 제 몫의 유산을 물려달라고 요구한다.

"…아버지여 재산 중에서 내게 돌아올 분깃을 내게 주소서…" 12절

이것은 부모에게 더할 수 없이 무례한 행위였다. 그런데도 아버지는 두말없이 자식의 요구대로 두 아들에게 법대로 유산을 분배해 주었다. 여기서 말하는 유산은 농사를 짓는 땅을 가리킨다.

유대인들의 상속법에 따르면 부친의 재산이 넉넉하면 딸들에게 약간의 몫이 돌아가고, 나머지는 아들들이 물려받았다. 이때 맏이의 경우는 나머지 형제들 몫의 두 배를 받을 수 있었다. 그리고 상속받

을 재산이 부족하면 일차적으로 딸들에게 최소한의 유산을 건네고, 그 나머지를 아들들이 챙겼다. 어떤 경우라도 딸들을 먼저 챙기는 것은 그들이 별다른 노동력을 갖고 있지 못해 법률적으로 생존권을 보장한 것이다.

유산을 상속할 경우 사후에 하는 게 일반적이었다. 이스라엘의 지혜로운 교사들 역시 부모들의 재산을 너무 일찍 자식들에게 넘기지 말라고 충고했다. 재산이 없으면 삶의 주도권까지 잃을 수 있었다. 그래서 자식들에게 재산을 넘기는 가장 좋은 순간은 "생애의 마지막 날을 맞이하여 죽을 때" 집회 33:24를 꼽았다.

사전에 상속할 때도 이스라엘의 상속법은 소유권과 처분권을 따로 구분했다. 자식은 아버지가 생존해 있을 동안에는 소유권만 물려받을 수 있었다. 소유권을 갖고 있어도 처분권이 없다 보니 재산권을 마음대로 행사할 수 없었다. 누군가 이 사실을 알지 못한 채 상속받은 토지를 구입하게 되면 땅 소유자의 아버지가 세상을 떠날 때까지 전혀 권리를 행사할 수 없었다.

그런데 비유에 등장하는 아버지는 자신을 이미 죽은 사람 취급을 하고 있는 버릇없는 둘째에게 소유권과 처분권을 동시에 넘겨주었다.

둘째는 자기 몫을 처분하고 돈을 마련해서 먼 나라로 떠났다. 예수님시대에 대박을 꿈꾸는 젊은이라면 지중해 연안의 페니키아 지방에 속한 신흥 도시들을 목적지로 삼았을 것이다. 당시 그곳은 경제적으로 한창 발전하고 있었다.

거친 세상살이에 익숙하지 않은 아들은 거기서 아버지에게서 물려받은 재산을 모두 날리고 말았다. 엎친 데 덮친 격으로 마침 그곳

콩깍지처럼 생긴 쥐엄나무열매

에는 큰 흉년이 찾아와서 잃은 것을 회복할 수 있는 방법이 아예 없었다. 결국 그는 유대인들이 세상에서 가장 천한 일로 간주하는 돼지치기가 되었다. 나중에 살펴보겠지만, 돼지는 이스라엘 사람들이 무엇보다 부정하게 여기는 가축이라서 만일 유대인이 그 일을 하게 되면 정상적인 사람으로 취급을 받지 못했다. 탈무드에는 이런 기록이 나온다.

"돼지를 치는 사람은 저주를 받는다."

배고픈 탕자는 돼지의 먹이로 사용되는 쥐엄나무열매를 먹고 싶었지만, 그마저 주는 사람이 없었다. 스스로 인간이기를 포기한 둘째 아들은 그 순간 떠나온 집과 아버지가 갑자기 떠올랐다. 아들이 아니라 종이 되기를 결심한 그는 빈털터리가 되어서 아버지의 집으로 향했다.

탕자를 위한 식사

아버지는 집 떠난 아들이 돌아오기를 늘 기다리고 있었다. 거리가 아직 멀었지만 걸어오는 게 아들이라는 것을 금세 알아차린 아버지가 그보다 먼저 달려갔다.

당시 이스라엘에서는 사람들과 마주할 때 반드시 피해야 할 금기가 한 가지 있었다. 누군가를 만날 때 상대방에게 발바닥을 보이는 것은 큰 실례였다. 그래서 걸음을 걸을 때나 마주 앉을 때 발바닥이 드러나지 않도록 조심해야 했다.

이것은 지금도 정통파 유대인들이 동일하게 지키고 있는 풍습 가운데 하나이다. 그래서 별다른 생각 없이 다리를 꼬고 앉았다가는 불쾌한 경험을 할 수도 있다.

평소라면 조용히 걸어 다녔겠지만 그리워 하던 자식을 만난 아버지는 체면을 따질 만한 여유가 없었다. 그는 급히 달려가서 아들의 목을 끌어안고 입을 맞추었다. 이는 화해와 용서의 표시였다. 그러자 아들이 말했다.

"…아버지 내가 하늘과 아버지께 죄를 지었사오니…아버지의 아들이라 일컬음을 감당하지 못하겠나이다…" 21절

한글 성경은 이 문장을 완결된 형태로 번역하지만, 원문에는 아들의 대사가 마무리 되지 않고 중간에 끊긴다. 아버지가 아들의 말을 가로막은 것이다.

탕자의 귀향 렘브란트의 작품 '탕자의 귀향 2.4m×1.8m'은 둘째 아들

과 아버지의 만남을 극적으로 포착하고 있다. 바로크시대를 대표하는 네덜란드 화가 렘브란트는 빛의 미술가라는 명성에 걸맞게 야경을 배경으로 아버지와 아들, 그리고 정체를 쉽게 파악할 수 없는 세 사람을 훌륭하게 그려 냈다.

렘브란트가 인생의 황혼기에 '탕자의 귀향'을 그린 것으로 알려져 있다. 만년에 그의 삶은 무척 혼란스럽고 괴로웠다. 렘브란트는 사람들로부터 자신의 작품 세계를 인정받았지만 거의 3년을 주기로 자식들과 아내를 차례로 잃어야 했다.

불행은 거기서 그치지 않았다. 재혼을 했지만 사랑하는 가족들의 죽음은 여전히 반복되었다. 일부 평론가는 '탕자의 귀향'에 그려진 아들을 렘브란트 자신으로 해석하기도 한다. 돈과 명예와 세속적 즐거움을 찾아서 헤매다가 고통스런 노년기에 인생의 허무함을 절감하고 그런 그림을 남겼다는 것이다. 렘브란트 스스로 자신의 삶을 반추하는 일종의 자화상인 셈이다.

헨리 나우웬은 에르미타주 미술관에서 '탕자의 귀향'을 보면서 깨달은 내용을 이렇게 소개한다. 렘브란트의 그림을 살펴보면 돈과 건강과 명예와 자신감을 모두 잃어버린 탕자가 무릎을 꿇은 채 왼쪽 머리를 아버지의 가슴에 파묻고 있다.

아버지는 여윈 몸을 가릴 정도의 얇은 속옷 차림이고, 아들은 고달픈 외지 생활 때문에 머리털은 모두 빠져 누더기에 가까운 옷을 걸치고 있다. 옆에서 그 모습을 지켜보고 있는 붉은색 겉옷 차림의 키 큰 사내와 무척 대조적이다. 신발이 벗겨진 이 둘째 아들의 왼쪽 발은 온통 상처투성이다. 찢어진 신발 사이로 드러난 오른쪽 발 역시 그의

렘브란트의 '탕자의 귀향'(에르미타주 미술관, 1662년)

여정이 얼마나 힘겨웠는지 생생하게 보여주고 있다.

둘째에게 남은 유일한 물건은 짧은 칼이었다. 허리춤에 차고 있는 칼은 그가 비록 비참한 처지에 놓여 있기는 하지만 귀족의 자제라는 것을 보여주는 상징이었다. 그마저 없었더라면 누구도 그가 사랑받는 귀한 가문 출신이라는 사실을 알아차리지 못했을 것이다.

그런데 그림에 등장하는 아버지의 시선 처리가 불분명하다. 하루도 거르지 않고 아들이 돌아올 길을 뚫어지게 바라보다가 눈이 짓무르고 멀어서 초점마저 잃어버리고 말았을 것이라는 게 헨리 나우웬의 해석이다.

그는 또 둘째 아들의 깡마르고 좁은 어깨를 감싸 쥐고 있는 아버지의 두 손으로부터 그 그림이 전하고자 하는 의도를 찾아냈다. 배경이 되는 어둠과 대조를 이루고 있는 빛 때문에 부자의 모습이 환하게 드러나 있고, 주변 사람들의 모든 시선을 하나로 모으고 있는 아버지의 두 손은 크기와 표현 방식에 있어서 서로 다르다.

아들의 어깨를 어루만지는 아버지의 왼손은 강하고 힘이 넘친다. 아버지는 왼쪽 손을 완전히 펴서 탕자의 어깨와 등을 덮고 있다. 반면에 오른손은 아들을 붙잡기보다는 어루만지는 것처럼 보인다. 아버지는 부드러운 오른손으로 아들의 앙상한 어깨를 부드럽게 쓰다듬고 있다.

나우웬은 크고 강해 보이는 왼손은 남성적이고, 오른손은 부드럽고 다정해 보여서 여성적이라고 정리한다. 근육질의 왼손은 붙잡아주는 아버지를, 그리고 여성적인 오른손은 위로를 베푸는 어머니의 모습을 상징한다는 것이다.

아버지의 이름으로 자기를 낮추는 아들의 발언을 급하게 가로막은 아버지는 종들에게 몇 가지를 지시했다. 먼저, 말할 수 없이 허름한 차림으로 나타난 둘째에게 가장 좋은 옷을 꺼내서 입히도록 했다. 고대 세계에서 옷은 특별한 의미를 가졌다. 고대 세계에서 좋은 옷은 임금이 특별한 공을 세운 신하에게 상으로 내리는 일종의 훈장이었고, 옷은 입는 사람의 신분을 상징했다.

일반인들은 대개 색깔이 따로 없는, 염색하지 않은 천으로 만든 옷을 착용했다. 귀족이나 부유한 사람들의 복장은 그들과 달랐다. 상대적으로 여유가 있는 사람들은 염료로 염색한 옷감을 주로 이용했다.

염료는 곤충이나 식물, 혹은 조개가 주원료였다. 노란색 물감은 석류 껍질, 파란색 물감은 쪽나무에서 채취했다. 특히 지중해 연안과 중동 지역에서는 자주색 물감을 들인 천을 가장 고급으로 여겼다. 짙은 보랏빛을 내는 이 자주색 천으로 제작한 의상은 특별한 계층의 사람들만 입을 수 있었다. 따라서 그런 옷을 입고 다니는 것 자체가 자신이 높은 지위에 있거나 부유한 사람이라는 사실을 암묵적으로 나타내는 것이었다.

자주색 염료는 지중해 일대에서만 구할 수 있는 뿔고동 조개에서 나왔다. 이 자주색 염료 1.4그램을 얻으려면 무려 1만 2천 개의 뿔고동 조개가 필요했기 때문에 값은 당연히 비쌀 수밖에 없었다. 성경시대에는 이 염료가 사람들 사이에서 무척 인기가 높았고, 중국에까지 수출이 되기도 했다. 자주색 천 가운데는 이스라엘과 가까운 두로에서 제작된 천을 으뜸으로 쳤다.

계속해서 아버지는 부정한 짐승인 돼지를 치던 아들의 손에 가락지를 끼우게 했다. 팔레스타인 지역에서도 우리 문화처럼 도장이 자주 사용되었다. 중요한 문서를 작성하거나 인봉할 때마다 반드시 도장을 사용해서 일을 마무리했다.

이때 사용되는 도장 종류는 두 가지로 크게 나눌 수 있다. 가락지처럼 손에 끼고 다니는 것과 일반적으로 우리가 알고 있는 도장이다. 일반적인 도장은 둥근 원통형으로 도자기나 돌, 혹은 상아 같은 보석에 소유자의 이름과 신분을 가리키는 상징을 새겼다. 창세기 38장에 등장하는 유다의 경우처럼 도장에 구멍을 뚫고 줄에 꿰어 목에 차고 다닌 것으로 보인다.

법률문서를 진흙판에 만들던 시대에는 도장을 젖은 상태의 진흙판 위에 굴려서 이름이나 상징을 찍었다. 그리고 나중에 파피루스 두루마리가 사용될 때는 불라bullah라고 부르는 둥근 진흙덩이에 도장을 눌러서 두루마리의 끈에 붙였다.

인장반지는 장신구이면서 동시에 도장의 구실을 했다. 원통형 도장과 달리 보관하는 데 편리했지만 가격이 더 비쌌다. 인장반지 역시 값비싼 보석으로 만들었고, 주인의 이름이나 지위를 새겼다. 탕자의 아버지는 인장반지를 끼우게 해서 못난 아들의 신분과 권리를 회복시킨 것이다.

그리고 신을 가져다 신게 하라고 지시했다. 우리말 성경은 그저 '신'이라고 지칭하기 때문에 구체적으로 어떤 신발을 가리키는지 알기 어렵다. 렘브란트가 자신의 그림에서 묘사한 둘째 아들의 신발은 성경시대의 그것과 전혀 무관하다. 복장 역시 마찬가지이지만, 신발은 렘브란트 당시 사람들이 즐겨 신는 것이었다.

고대
이집트에서
사용된
인장반지

성경에서 아버지가 아들에게 신겨 준 신발은 샌들이다. 예수님이 열두 제자에게 '신만 신고 두 벌 옷'을 가지지 말라고 지시하신 것막 6:9이나, 베드로가 감옥에 갇혔을 때 천사가 신을 신으라고 한 것행 12:8 역시 샌들이었다.

샌들은 단순한 구조이지만, 지역에 따라서 조금씩 형태가 달랐다. 아시리아 사람들이나 로마인들이 즐겨 신는 샌들은 발의 뒤꿈치와 양옆을 가리는 것이었다. 그런데 이런 모양의 샌들은 부드러운 가죽을 이용해서 제작해야 했기 때문에 일반인들이 구입하기에는 그 가격이 만만치 않았다.

예수님시대의 유대인들이 착용하던 샌들은 나무나 나무줄기, 혹은 야자나무 껍질이나 질긴 가죽을 이용해서 바닥을 만들고 거기에 가죽끈을 고정시킨 형태가 대부분이었다. 과거에 우리나라에서도 생활이 어려울 때는 그랬지만 신발은 사치품에 가까웠다. 웬만해서는 신을 신지 않고 손에 들고서 맨발로 돌아다닐 때가 많았다. 사람들을 만나야 할 때만 가려서 신을 신기도 했었다.

탕자를 위한 만찬 그러고 나서 아버지는 사람을 시켜 음식을 준비하게 했다. 음식은 돌아온 자식만을 위한 게 아니었다. 아버지는 집을 떠났던 자식이 무사히 돌아온 것을 마을 사람들에게 공개적으로 알릴 작정이었다. 고대 이스라엘에서는 귀한 집 아들이 성인이 되었거나 자녀가 결혼할 때 마을 사람들을 모두 초대해서 잔치를 벌였다.

이때 고기는 늙은 소가 아니라 살진 송아지를 잡아 얻게 했다. 앞에서 살펴보았지만 성경시대 사람들이 소를 잡아 고기를 얻어서 요리하는 것은 드문 일이었다. 대개 염소나 양을 잡아 식탁에 올리는 게 일반적이었다. 따라서 밭에서 일을 끝내고 돌아온 첫째 아들이 그것을 보고 화를 낸 것도 무리는 아니었다.

"…내가 여러 해 아버지를 섬겨 명을 어김이 없거늘 내게는 염소 새끼라도 주어 나와 내 벗으로 즐기게 하신 일이 없더니…살림을 창녀들과 함께 삼켜 버린 이 아들이 돌아오매…살진 송아지를 잡으셨나이다" 눅 15:29-30

게다가 아버지는 식사의 흥을 돋우기 위해서 악기까지 연주하게 했다.

예수님은 탕자가 한동안 지내던 타지 주민들의 행동과 아버지의 모습을 비교하고 싶어 하신 것 같다. 그곳에서 빈털터리가 된 둘째 아들이 일자리를 청하자 사람으로서는 할 수 없는 돼지치기를 맡겼고, 허기진 둘째가 돼지 먹이로 사용되는 쥐엄나무열매라도 먹기를 청했지만 사람들은 그마저도 제대로 주지 않았다. 이스라엘에서는 상상할 수 없는 일이었고, 사실 둘째가 정신을 차리게 된 것도 그처럼 비참한 일을 겪었기 때문에 가능했다.

하지만 아버지는 달랐다. 먹을 것을 구하기 전에 아들을 위해 살진 송아지를 잡아 식사를 준비하게 했다.

송아지 고기를 어떻게 요리했는지 성경에는 구체적으로 언급되어 있지 않다. 하지만 기존의 자료를 종합하면 불가능한 것도 아니다.

맏아들이 밭에서 돌아와서 잔치가 벌어진 것을 보고 사연을 묻자 누군가 동생의 귀환을 알리면서 그 덕분에 아버지가 "살진 송아지를 잡았나이다" 27절라고 말했다.

'송아지를 잡았다'는 이 표현을 문자 그대로 옮기면 '송아지를 죽였다'는 것인데, 유진 피터슨은 자신의 성경(『The Message』)을 번역하면서 이렇게 의역을 했다.

"당신의 아우가 집에 당도했습니다. 그래서 당신 아버지께서 소고기 바비큐로 잔치를 베푸셨습니다."

피터슨은 아마 요즈음 독자들의 식습관을 고려해서 이해를 도우려고 그런 식으로 번역했을 것이다. 하지만 이것은 전혀 사실과 다르다.

송아지를 그 자리에서 잡아 곧장 잔치를 벌이려면 적잖은 시간이 걸릴 수밖에 없다. 아버지의 정서를 고려하면 시간적으로 그리 여유가 많지 않았을 것이다. 그렇다면 바비큐보다 고기를 얇게 저미고 조각을 내서 꼬챙이에 꿰어 불에 굽는 케밥이 잔치에 훨씬 더 적합한 요리였을 것이다.

탕자와 함께 만드는 요리

헨리 나우웬은 그렇게 보고 싶어 하던 렘브란트의 작품을 처음 대할 때는 자신이 돌아온 탕자처럼 생각되었다. 하지만 시간이 지날수록 오히려 맏아들처럼 느껴지기 시작했다고 한다. 아버지에게 더할 수 없는 잘못을 범하고 아무렇지 않은 듯 아버지의 집으로 다시 돌아온 동생, 그리고 그런 그를 별일 없었다는 듯이 대할 뿐 아니라 성대하게 잔치까지 베풀어 축하하는 아버지에 대한 적개심과 분노가 지나온 자신의 과거 기억 속에서 또렷이 되살아났기 때문이다. 그러면서 우리 안에는 맏아들의 원망과 불평이 자리하고 있다고 말한다.

성경을 보면 맏이는 그런 감정을 숨기지 않고 아버지에게 그대로 표출했다. 예수님 당시의 사회적 분위기를 감안하면 이 역시 엄청난 일이었다. 가족은 예외 없이 아버지의 권위에 순종하고 따라야 하는 것이 불문율이었다. 만일 가족의 일원이 가문의 명예를 훼손했다는 게 밝혀지면 가장이 공개적으로 사형에 처할 수 있었다. 맏이가 그런 아버지의 권위에 도전한 것이다. 나우웬은 이것을 맏이의 가출로 본다.

아버지는 맏이의 불평에 반응하지 않았다. 밖으로까지 직접 나와서 맏아들을 설득했다. "얘 너는 항상 나와 함께 있으니 내 것이 다 네 것" 31절이라고 말한다. 우리말 성경은 아버지의 진심 어린 표현을 제대로 옮겨 놓지 못했다.

아버지가 '얘'라고 부른 것은 그리스어로 테크논teknon이다. 문자 그대로 번역하자면 '아가'라는 뜻이다. 불평에 대한 꾸중이나 심판이 아니라 그것 역시 사랑으로 감싸는 것이다. 맏이는 아버지의 편애를 의심했지만, 아버지는 자신이 가진 것이 본디 맏이의 몫이라는 것을 상기시킨다. 편애의 가능성을 완벽하게 제거한 것이다.

초대교회는 예수님의 비유에 담겨 있는 아버지 하나님의 순수하고 무한한 사랑을 충분히 깨닫고 있었다. 때문에 그들은 하나님은 누구도 차별하시지 않는다는 예수님의 메시지를 근거로 상대를 가리지 않고 누구든지 잔치에 초대했다. 그들이 1세기에 유대교의 영향력을 벗어나서 그리스도인이라는 이름을 갖게 된 것도 바로 그 때문이었다.

소고기 퐁듀

탕자를 위한 메뉴에 스위스 전통 음식 퐁듀를 추가해 보았다. 퐁듀는 대개 고기와 빵을 각이 지게 썰어 소스에 찍어서 먹는다. 소스는 종류가 일정하지 않고 취향에 따라 다양하게 만들 수 있다. 퐁듀는 공동으로 먹는 음식이라서 에티켓을 잘 지켜야 한다. 퐁듀용 포크로 찍은 음식은 이로 살짝 물어 포크를 뺀 다음 음식을 입속으로 넣어야 한다. 입속으로 포크를 넣는 것은 실례이다.

재료 **소고기 1킬로그램, 겨자 1큰술, 레드와인 1컵, 마늘분말 1큰술, 꿀 1큰술, 땅콩기름이나 참기름 3컵**

만드는 과정

1. 소고기를 한 입에 먹을 수 있게 각이 지게 썰고, 기름을 모두 제거한다.
2. 작은 소스냄비에 레드와인, 꿀, 겨자, 마늘분말을 모두 넣고 간단히 끓인다.
3. 소스를 달궈진 볼에 담아서 널찍한 접시 중앙에 놓는다.
4. 퐁듀 냄비에 땅콩이나 참기름을 넣고 뭉근한 불로 서서히 끓인다.
5. 기름이 끓기 시작하면 소고기를 포크에 찍어서 1-2분간 담가 먹는다.

갈릴리에서의 아침식사

예수님은 제 할 일을 잊고, 고기잡이에 나섰다가 지쳐 버린 제자들이 원기를 회복할 수 있도록 식사를 준비했다. 허기진 제자들에게 영양을 공급해서 괴로움이 즐거움으로, 배고픔이 풍만함으로 바뀌게 해 주었다.

예수님에게는 사람들과 더불어서 먹고 마시는 것 역시 중요한 사역이었다. 세례 요한과 달리 예수님은 상대를 불문하고 함께 어울려 식사하기를 즐겼다. 식탁을 함께하는 자리에서 상대의 신분이나 직업은 문제되지 않았다.

종교지도자들은 그런 그의 모습을 마뜩지 않게 여기고 비난했다. 세례 요한은 빵도 먹지 않고 포도주도 마시지 않았는데 예수님은 다르다는 것이었다.

"보라 먹기를 탐하고 포도주를 즐기는 사람이요 세리와 죄인의 친구로다" 마 11:19

한 주에 두 차례씩 정기적으로 무더위 속에서도 물 한 방울 입에 대지 않은 채 금식하는 그들의 논리대로라면 예수님은 영락없는 죄인이다.

그들은 식탁을 함께 하는 게 예수님의 계산된 전략이라는 것을 이해하지 못했다. 식탁에서 가난하고 힘든 이들과 함께 울고 웃는 것이 예수님이 기대하는 삶 그 자체임을 파악하지 못한 것이다. 이미 하나님 나라의 혼인잔치가 시작되었고, 예식의 주인공인 예수님이 기쁨에 겨워서 함께 먹고 마셔야 할 이유를 짐작조차 할 수 없었다.

그런 측면에서 볼 때 예수님의 첫 이적을 가나의 혼인잔치에서 행한 것이나 부활 이후 제자들이 고기를 잡고 있는 갈릴리 호수를 찾아와서 그들을 위해 아침식사를 준비한 것은 특별한 의미를 갖는다.

갈릴리를 찾아온 예수님

갈릴리의 눈이라고 불리는 갈릴리 호수는 예로부터 어부들과 농민들에게는 목숨처럼 소중한 곳이다. 어부들은 호수의 풍부한 물고기를 잡아서 생계를 꾸렸고, 농민들은 수량이 풍부한 호수로부터 농수를 공급받아서 농사를 지었다.

갈릴리 호수는 구약성경에서는 '긴네렛 바다'라고 불렀다. 그 이름의 기원은 호수의 전체적인 형태가 하프와 비슷하기 때문이라는 의견과 호수 북서쪽에 위치하던 긴네렛이라는 도시의 이름에서 유래했다는 의견으로 서로 엇갈린다. 수 19:35

신약성경에서는 이 명칭이 변형되어서 게네사렛 바다라는 이름으로 한 차례, 갈릴리 바다라는 이름으로는 다섯 차례 등장한다. 그리고 대부분은 갈릴리 호수 서남쪽에 있던 갈릴리 수도 디베랴의 이름을 따서 디베랴 바다, 혹은 그저 호수라고 불렀다.

지명과 관련해서 한 가지 재미있는 사실은, 의사 출신인 누가만이 디베랴 바다를 호수라고 부른 것이다. 눅 5:1 여행을 자주 해서 지중해처럼 넓은 바다를 익히 알고 있었기 때문에 누가는 굳이 바다라는 명칭을 사용하지 않은 것으로 보인다.

갈릴리 호수는 세계에서 가장 낮은 곳에 위치한 호수이다. 해수면보다 약 210미터나 낮은 지형의 영향으로 강풍이 불 때가 많다. 여름에 뜨거운 햇볕을 받아서 물이 증발하면서 형성된 수직 기류가 일정 지점에 도달하면 지중해 쪽에서 불어오는 찬 기류와 만나게 되는데, 그 덕분에 거대한 소용돌이가 일면서 호수에 갑자기 폭풍이 발생하

성경시대부터 다양한 이름으로 불리는 갈릴리 호수

는 것이다. 어부로 잔뼈가 굵은 예수님의 제자들이 갑작스런 폭풍 때문에 자신들이 탄 배를 다루는데 어려움을 겪은 것도 바로 그런 이유 때문이었다.막 4:35-41 바람이 잦아들면 갈릴리 호수 역시 곧장 평온을 되찾는다.

호수의 물은 민물인데, 주로 북쪽 헤르몬산(2,814미터)에 내린 눈이 녹아서 흐르는 물이 지하에 스며들었다가 분출하면서 생겨난 샘들이 수원을 형성하고 있다.

예수님시대에는 갈릴리 호수에서 어업이 활발해서 330여 척의 작은 배들이 물고기를 잡으러 나섰을 정도였다. 이것을 반영하듯 갈릴리 호수의 동쪽과 서쪽에는 벳새다(물고기의 집)라는 이름을 가진 마을이 두 곳이나 있었다.

어부들은 밤새 잡은 물고기들을 소금에 절이거나 말려서 가까운 시장이나 예루살렘과 같은 큰 도시에 내다 팔거나 외국에 수출을 하기도 했다. 예루살렘에는 생선을 전문적으로 거래하는 시장이 따로 있어서 사람들은 그 근처의 성문을 '물고기의 문'대하 33:14, 느 3:3이라고 불렀다.

예수님의 제자들 가운데 일부가 갈릴리 호수 부근에서 머물고 있었다. 베드로가 물고기를 잡으러 가겠다고 하자 나머지 제자들도 함께 따라나섰다. 요한은 그들이 모두 일곱이었다고 소개한다.요 21:2 일곱이라는 숫자는 충만함을 상징하는 것으로 해석되기도 하지만, 갈릴리 호수에서 주로 사용되던 배의 정원이 일곱 명이었다는 게 1985년에 발굴된 1세기 당시의 배를 통해서 실제로 확인된 바 있다.

제자들은 늘 그렇듯이 밤에 정원을 채운 배를 타고서 물고기를 잡았다. 낮에는 물고기들이 호수 바닥에서 쉬고 있다가 밤중에 활동하는 것으로 알려졌기 때문이다. 제자들은 밤새도록 그물질을 했지만 단 한 마리의 고기도 잡지 못했다.

이른 아침에 예수님이 그곳을 찾아왔다. 호숫가에 선 채 "고기가 있느냐"요 21:5고 물었다. 아무 것도 잡지 못했다는 제자들의 대답에 예수님은 배의 오른편으로 그물을 던지라고 말씀했다. 결과는 우리가 알고 있는 그대로였다. 그때까지 자신들과 대화하는 사람이 누군지 미처 알지 못하던 제자들은 그제야 예수님이라는 것을 알아차렸다.

1985년에 갈릴리 호수에서 발굴된 예수님시대의 배

예수님은 그리 높지 않은 파도가 뭍을 향해서 밀려드는 호숫가에서 이미 식사를 준비하고 있었다. 갈릴리 호수는 하루에 두 차례씩 바람의 방향이 바뀐다. 아침에는 호수에서 뭍으로, 그리고 밤에는 뭍에서 호수로 바람이 분다.

베드로는 평소 급한 성격 그대로 겉옷을 걸치자마자 곧장 물로 뛰어들었다. 나머지 역시 그물에 걸려든 물고기를 끌고서 급히 뭍으로 나왔다. 제자들이 예수님이 있는 곳으로 와 보니 그곳에는 숯불이 피워져 있었다. 그 위에서는 이미 생선이 구워지고 있었고, 빵도 함께 준비되어 있었다.

예수님은 제자들에게 갈릴리 호수에서 갓 잡아 올린 물고기를 몇 마리 가져오게 했다. 그러고는 제자들을 식탁으로 초대했다.

"…와서 조반을 먹으라…" 요 21:12

예수님은 제자들에게 빵과 생선을 건넸다.

예수님의 아침메뉴

부활한 예수님이 갈릴리 호숫가에서 손수 차린 아침식사 메뉴는 무척이나 소박했다. 주님이 밤새도록 고기를 잡느라고 고생한 일곱 명의 제자들을 위해서 준비한 음식은 생선과 빵이었다. 생선이 잘 사용되지 않는 서양식 아침식단과는 어느 정도 거리가 있는 메뉴였다. 미국과 유럽에서는 식성에 따라 연어나 흰 살 생선을 이용한 스프레드, 혹은 훈제 연어와 양파 슬라이스를 넣어서 햄버거처럼 먹는 베이글이 아침식탁에 오르기도 하지만 대체로 생선은 식재료로 자주 사용되지 않는다.

하지만 점심과 저녁은 다르다. 점심시간에는 참치 샐러드나 생선살에 튀김옷을 입혀서 만든 피시 스틱, 혹은 감자와 생선을 함께 튀기는 영국식 피시 앤 칩, 그리고 저녁에는 살짝 구운 연어 스테이크를 즐겨 먹는다. 생선은 육류에서 얻은 고기와 달리 대부분 고단백질을 포함하고 있고, 아연이나 구리, 마그네슘과 비타민B를 비롯해서 미네랄 같은 다양한 영양소들을 공급해 준다는 것을 잘 알고 있기 때문이다.

아침메뉴, 피시 앤 브레드 이스라엘 사람들은 식탁에서 주로 무엇을 먹었는지에 대해 의견이 분분하다. 그런 의견 가운데 대체로 일치하는 식단은 곡물, 죽, 올리브, 대추야자, 무화과 등이다. 그리고 음료 가운데는 주로 포도주였다. 하지만 식탁에서 생선이 어느 정도 비중을 차지했는지 여전히 논란거리가 되고 있다.

일각에서는 성경시대 유대인들이 생선을 좋아하지 않았거나 거의 먹지 않았다고 주장한다. 이스라엘은 초창기에 산악지대에서 주로 생활했고, 나중에 해안지대까지 세력을 넓혔을 때도 주요 항구들을 소유하지 못해서 어업이 활발하지 못했다는 것이다. 그리고 하나님에게 바치는 제물의 목록에서 생선이 빠진 것 역시 그런 주장을 뒷받침하는 증거로 간주되었다.

하지만 최근 고고학적 발굴 결과는 이를 뒤집는다. 오히려 성경시대 사람들은 야르콘강이나 요단강, 그리고 갈릴리 호수에서 잡은 다양한 민물고기나 바다고기를 먹었고, 경우에 따라서 이스라엘에서는 흔히 맛볼 수 없는 생선까지 직접 수입해 먹었다는 사실이 밝혀졌다.

특히 갈릴리 호수를 끼고 있는 이스라엘의 북부 지역은 생선요리에 익숙했다. 갈릴리 지역 사람들은 아침에 빵을 먹을 때는 반드시 생선을 추가했다. 일종의 반찬처럼 생각했다. 이것은 우리나라 사람들이 식사를 할 때마다 언제나 김치와 같은 반찬을 찾는 것과 그리 다르지 않다.

우리말 성경에서는 예수님이 갈릴리 호숫가에 처음 나타나서 그물질을 하는 제자들을 향해서 "고기가 있느냐" 요 21:5 고 물었는데, 일부 영어 성경은 그 구절을 "먹을 것 좀 가지고 있느냐"라고 옮겼다. 이것은 성경시대 사람들이 생선을 마치 우리의 밥처럼 받아들였다는 것을 전제로 한 번역이라고 볼 수 있다.

당시 사람들이 생선을 즐겨 먹은 데는 영양학적인 이유도 있었다. 성경시대에는 육류를 섭취하는 게 쉽지 않아서 사람들은 필수지방산을 공급받을 수 있는 대체 음식을 구해야 했는데, 생선이 거기에 적합했다. 생선에는 건강에 나쁜 포화지방산이 아주 낮고 필수지방산이 높아서 큰돈을 들이지 않더라도 비싼 육류를 대신할 수 있었다.

예수님의 가르침이나, 직접 관련된 사건에서도 생선은 빠지지 않고 주요 소재로 자주 등장한다. 누가복음에 기록된 좋은 선물에 관한 예수님의 말씀이 대표적인 경우이다. 주님은 생선을 좋은 선물로 간주했다.

"구하는 이마다 받을 것이요 찾는 이가 찾아낼 것이요 두드리는 이에게는 열릴 것이니라 너희 중에 아버지 된 자로서 누가 아들이 생선을 달라 하는데 생선 대신에 뱀을 주며" 눅 11:10-11

그리고 광야에서 예수님이 음식으로 기적을 일으켰을 때도 생선은 중요한 구실을 했다. 보리빵 다섯 개와 생선 두 마리로 여자와 어린이를 제외하고도 5천 명이나 배불리 먹였고, 또 다른 때는 빵 일곱 개와 생선 두어 마리로 4천 명을 먹이는 일이 있었다. 또 언젠가는 성전세를 내기 위해 예수님이 베드로를 시켜 물고기를 직접 낚아서 동전을 구하게 하기도 했다.

"…네가 바다(갈릴리 호수)에 가서 낚시를 던져 먼저 오르는 고기를 가져 입을 열면 돈 한 세겔을 얻을 것이니…" 마 17:27

물고기잡이 예수님 당시 어부들이 물고기를 잡는 방법은 다양했다. 먼저, 후릿그물을 이용해서 물고기를 잡았다. 사람들은 두 패로 각각 나눠져서 후릿그물을 다뤘다. 길이와 폭이 비교적 크고 넓은 후릿그물 양쪽 끝에는 각각 밧줄이 달려 있고, 그물 아래쪽에는 추를 여러 개 매달아서 물고기들이 빠져나가지 못하게 했다.

한쪽에 있는 사람들이 뭍에서 줄지어 선 채 밧줄을 잡으면 배가 그물을 싣고 호수로 나가서 넓고 둥글게 그물을 펼쳤다. 그리고 다시 돌아와서 뭍에 있는 나머지 사람들에게 그물에 달려 있는 또 다른 밧줄을 건네주면 그물질이 시작되었다. 사람들은 양쪽에서 그물을 뭍을 향해 잡아당겨서 그물에 갇힌 물고기를 밖으로 끌어냈다.마 13:47-48

물고기를 잡는 두 번째 방법은 삼중망을 사용하는 것이다. 후릿그물과 달리 배를 탄 채 그물질을 하는 삼중망은 말 그대로 세 개의 그물을 하나로 만들어서 활용하는 그물이다. 어부들은 그물코가 성긴 두 개의 그물 사이에 다시 그물코가 촘촘한 그물을 추가해서 만들어진 삼중망을 배에 싣고 가면서 물에 풀었다. 그물이 전체적으로 둥글게 펼쳐지면 그 안에 갇히게 된 물고기들은 벗어나려고 촘촘한 그물코를 피해서 성긴 쪽으로 빠져나가려다가 그물에 걸리게 된다.

밤에 그물을 치기 전, 그리고 그물질이 모두 끝나고 난 뒤에 어부들은 그물을 전체적으로 수리했다. 갈릴리 호수에서 고기를 잡던 야고보와 요한이 예수님의 제자로 부름을 받은 것도 그렇게 그물을 수리할 때였다.마 4:21

그리고 투망 역시 물고기를 잡는 대표적인 방법 가운데 한 가지였다. 투망은 원추형 모양으로 그물 끝에 추를 매달아서 물에 던지면 한꺼번에 펼쳐진다. 투망은 배나 물가에서 모두 시도할 수 있는데, 쉽게 펴지도록 어부의 한쪽 팔에 올려서 접었다가 던졌다.

어부가 투망을 사용할 때는 몸이 물에 젖을 수 있어서 상의를 입지 않을 때가 많았다. 앞에서 설명한 것처럼 예수님이 갈릴리 호숫가에 찾아왔다는 것을 알게 된 베드로가 급히 겉옷을 걸치고 물에 뛰어든 것도 바로 그 때문이라고 할 수 있다. 요 21:7

투망 이외에도 생선이나 동물 뼈, 혹은 금속을 가지고서 바늘을 만들어 낚시를 하거나 작은 그물이나 나무를 엮어서 만든 용기로 물고기를 잡기도 했다.

소똥으로 구운 생선구이 잡은 물고기들은 요즈음처럼 신선도를 유지하기가 어려웠다. 따라서 어부들은 고기를 잡자마자 소금을 치거나 소금물에 담갔고, 일반인들은 오래 두고 먹을 수 있도록 직접 말리기도 했다.

어부들이 생선에 소금을 치는 방법은 고대 이집트 어부들이 사용하는 것과 크게 다르지 않았다. 먼저 물고기의 내장을 제거하고 나서 주둥이에 소금을 채워 넣고 비볐다. 그런 다음에 물고기와 소금으로 번갈아 가면서 켜켜이 쌓고 마지막으로 거적을 덮었다. 사나흘 동안 생선의 한쪽 면을 햇볕에 말리고 나서 다시 뒤집어서 나머지 한쪽도 그만큼 말렸다.

그러는 사이에 수분이 빠져나가면서 소금기가 충분히 배어들었고, 그런 뒤에야 시장에 내다 팔았다. 시장에서 물고기를 구입한 사람들은 그것을 물에 담가 두었다가 소금기가 완전히 빠지면 요리를 시작했다. 소금에 절인 생선 알 역시 당시 사람들에게는 별미였다.

이스라엘 사람들은 물고기를 잡을 때나 요리할 때마다 음식법(코서)을 어기지 않으려고 애썼다. 성경에 규정된 대로 먹을 수 없는 부정한 물고기는 아예 식재료에서 배제했고, 너무 작은 물고기도 그리 썩 좋아하지는 않았다.

유대인들은 생선의 영양분을 충분히 파악하고 있었다. 고대의 유대 교사는 사람들에게 이렇게 권했다.

"몸을 건강하게 하려면 작은 물고기를 열 마리씩 먹어라."

아기를 가진 임신부에게도 역시 생선을 적극 권장했다. 생선을 담갔던 소금물은 조미료로 사용했고, 물고기 기름은 연료로 썼고, 물고기 가죽은 말려두었다가 몇 가지 과정을 거쳐서 파피루스 대신 글을 쓰는 데 사용하기도 했다.

팔레스타인 지역에서는 나무가 귀하다 보니 생선을 굽거나 요리할 때는 다양한 땔감들이 사용되었다. 갈릴리 호숫가에서 예수님이 사용한 숯불은 우리가 흔히 생각하는 것과는 전혀 달랐다. 가장 흔히 사용되는 땔감은 주부들이 평소에 말려 둔 가축의 똥이었다.

그것이 충분하지 않을 때는 크고 작은 나뭇가지나 가시나무나 가시덤불처럼 목재로 사용할 수 없는 것들을 땔감으로 사용했다. 가시나무나 덤불은 불이 빨리 붙지만 금세 사그라져서 기대하는 화력을 쉽게 얻을 수 없었다. 그래서 시편 기자는 이렇게 노래하기도 했다.

"가시나무 불이 가마를 뜨겁게 하기 전에 생나무든지 불 붙는 나무든지 강한 바람으로 휩쓸려가게 하소서" 시 58:9

성경시대 주부들에게 있어서 최악의 상황은 아궁이 불을 꺼뜨리는 것이었다. 인심이 사나운 이웃들은 밑불을 잘 빌려주지 않았고, 성미 나쁜 남편들은 그것을 빌미로 이혼을 강요하기도 했기 때문이

다. 그리고 기근이 들면 인분을 말려서 요리를 하기도 했는데, 그것은 저주로 간주되었다. 겔 4:12

성경시대에는 하루 몇 끼를 그러면 성경시대 사람들은 하루에 몇 끼를 먹는 게 일반적이었을까? 동일한 시기의 로마인들의 아침메뉴부터 확인해 보자.

일 세기 당시 로마인들은 제국의 시민답게 풍성한 식탁을 즐겼다. 로마인들은 하루 세끼를 꼬박 먹었다. 아침메뉴는 비교적 간단한 편이었다. 학교에 가기 위해서 아침에 일찍 집을 나서야 하는 어린이들은 새벽, 그리고 어른들은 9시경에 아침을 먹었다. 어린이들은 일종의 팬케이크를 먹었고, 어른들은 빵에 꿀을 바르거나 포도주를 묻혀서 먹었다. 그리고 가끔 대추야자와 올리브를 곁들여서 빵과 치즈를 먹기도 했다.

12시에 먹는 점심은 생선부터 고기와 야채, 그리고 과일에 이르기까지 아주 다양했다. 육체노동을 하는 사람들은 중간에 간식을 따로 한 번 더 했고, 밤 9시가 되면 저녁을 먹었다. 저녁식사는 시민들이 새의 깃털을 이용해서 먹은 것을 토해 냈다는 일부 작가들의 과장 정도는 아니더라도 제국의 세력이 확장되는 만큼 화려하고 풍성해졌다.

올리브, 건포도 그리고 말린 무화과와 빵을 담은 성경시대 도시락 바구니

반면에 유대인들의 식사 패턴은 로마인들

의 그것과 상당히 달랐다. 그들이 하루에 몇 끼를 먹었는지에 관한 공식적인 기록은 남아 있지 않다. 하지만 성경의 내용을 통해서 어느 정도 추정은 가능하다. 예수님은 자신을 식사에 초대한 바리새인에게 말했다.

"…네가 점심이나 저녁이나 베풀거든 벗이나 형제나 친척이나 부한 이웃을 청하지 말라…" 눅 14:12

이 말씀 앞부분을 문자 그대로 옮기면 "아침이나 저녁을 준비할 때…"가 된다. 이 구절을 통해서 요즈음 우리와 로마인들에게 익숙한 하루 세끼 식사는 일 세기 당시 유대인들에게 낯선 일이었다는 것을 짐작할 수 있다. 그들에게는 하루 두 번의 식사가 일상적이었다. 아침식사는 건너뛰거나 대강 때우는 경우가 많았다. 아침식사 시간도 일정하지 않았다. 일터로 가면서 간단히 요기를 하거나 가축을 이끌고 목초지를 찾아다니면서 여유가 생길 때마다 식사를 했다. 그리고 저녁이 되면 아침보다 여유 있게 가족들과 식사를 함께했다.

예수님과 함께 만드는 요리

예수님은 결코 엄격한 금욕주의자가 아니었다. 상대를 가리지 않고 즐겁게 함께 먹고 마셨다. 예수님과 함께하는 식탁은 앞으로 도래할 영원한 하나님의 나라를 미리 맛보는 자리였다. 하나님 나라 혼인잔치를 축하하는 시간이었다.

그런데 갈릴리 호숫가에서 예수님이 마련한 아침식사는 거기에 또 다른 의미들을 덧붙인다. 갈릴리 아침식사의 메뉴였던 빵과 생선

흰살 생선 스튜

스튜와 수프는 성격이 다르다. 수프에 비해서 스튜에 들어가는 재료는 다양하다. 재료의 크기 역시 크게 잘라 넣기 때문에 다양한 맛과 향을 즐길 수 있다. 스튜는 질감이 걸쭉해서 에피타이저보다 주메뉴로 먹는 게 일반적이다. 예로부터 이스라엘에서는 갈릴리 호수에서 잡은 물고기로 만든 스튜를 식탁에 자주 올렸다.

재료 살이 단단한 흰살 생선(다금바리나 방어) 1킬로그램, 올리브기름 1/3컵, 으깬 마늘 10쪽, 파프리카 2큰술, 카옌고추 1큰술, 캐러웨이가루 1작은술, 커민 1작은술(선택)

만드는 과정

1. 넓은 소스냄비에 기름을 두르고, 마늘과 파프리카와 고춧가루를 넣고 기름 냄새가 날 때까지 저으면서 온도를 높인다.
2. 적당한 크기로 자른 생선을 소스에 넣고 불을 줄여서 끓인다. 소스에 생선이 잠기지 않으면 중간에 뒤집는다.
3. 생선 육즙이 빠져나가지 않도록 주의하면서 10분간 조리한다. 생선과 밥과 소스를 함께 담아낸다.

은 먹는 음식이라는 단순한 의미를 초월하는 무엇인가를 제자들에게 상기시켰다. 예수님의 빵과 생선은 예수님이 십자가에 달리기 전에 함께 먹었던 마지막 만찬과는 성격이 달랐다.

마지막 만찬은 그리스도 예수가 인류의 구속을 위해서 흘리게 될 피와 깨어질 몸을 상징했다면 갈릴리의 소박한 만찬은 '사랑의 계약'을 갱신하는 순간이 되었다. 사랑의 계약 당사자는 예수님과 베드로처럼 보이지만, 사실 그 자리에 함께 있던 제자들과 그 장면을 어떤 식으로든지 접하게 될 모든 사람들이 당사자이다. 예수님은 베드로에게 사랑을 고백 받고 새로운 계약을 맺었다. 그렇게 빵과 생선의 의미에 사랑의 고백이 추가되었다.

이렇게 본다면 예수님이 준비한 빵과 생선의 식탁은 현실과 초월, 그리고 물질과 영성을 연결하는 끈이라고 할 수 있다. 예수님은 제 할 일을 잊고, 고기잡이에 나섰다가 지쳐 버린 제자들이 원기를 회복할 수 있도록 식사를 준비했다. 제자들은 미리 준비된 따끈한 음식을 먹고 영적인 원기를 되찾았다. 이처럼 빵과 생선은 물질을 부정하는 영지주의자들의 주장과 달리 악하거나 추한 게 아니다.

허기진 제자들에게 영양을 공급해서 괴로움이 즐거움으로, 배고픔이 풍만함으로 바뀌게 해 주었다. 음식은 뜻밖에 자신들을 방문한 부활한 예수님과 만나는 기쁨을 배가시켰다. 제자들의 '현실'과 예수님의 '초월', 그리고 빵과 생선이라는 '물질'과 그리스도에 대한 사랑이라는 '영성'이 갈릴리에서의 아침식사를 통해서 하나로 연결되었다.

덮어놓고 먹지마라

피를 먹지 않으려는 피나는 노력

약이 되는 음식들

재미있는 양념 이야기

금기식품, 땀샘이 없어 슬픈 짐승

채식은 성경적일까

제2부

달콤 살벌한 먹을거리 이야기

A Dinner Table with Jesus

덮어놓고 먹지 마라

지금도 유대인들에게 음식과 관련된 정결법을
어째서 그렇게 철저히 지키는지 물어보면
그리 속 시원한 대답을 들을 수 없다.
그들의 대답은 역시 한결같이
하나님의 명령 때문에 그렇다는 것이다.

유대인들처럼 복잡하고 까다로운 음식법을 지키는 민족은 세계적으로 드물다. 우리들이 볼 때 잘 이해가 되지 않을 정도로 철저한 음식 문화는 최근에 다소 유연하게 해석해야 한다는 의견이 제기되기도 하지만, 그런 식습관이 유대인들의 정체성을 규정하는 결정적 요인이라는 데 누구도 이견을 달지 않는다.

유대인들의 식사와 관계된 법규를 '카슈룻'Kashrut이라고 부른다. 유대인 사회에서는 이런 식사법을 기준으로 삼아 먹기에 적합한 음식과 그렇지 않은 음식을 따로 구분하는 것을 철칙으로 알고 있다. 이스라엘에서는 수입하는 식품에 이 법규를 엄격히 적용한다. 식품은 미리 현지의 제조 단계부터 철저한 검사를 거쳐 식사법을 통과해야 비로소 수입허가증을 획득할 수 있다.

우리에게 익숙한 맥도날드 같은 패스트푸드점 역시 이스라엘에서는 카슈룻을 따르는 것을 당연하게 생각할 정도이다. 그래서 고기와 치즈를 함께 넣은 햄버거를 판매하지 않고 현지인들이 좋아하는 버거를 따로 개발했다. 치즈버거는 이스라엘 사람들이 금기시하는 음식이기 때문이다. 유대인들은 식사법을 지켜 스스로를 규제하고 식욕을 통제하는 것이 결국에는 하나님이 요구하는 거룩함에 도달하는 데 도움이 된다고 생각한다.

유대 랍비가 코셔법에 따라서 채소를 검사하는 모습

코셔냐, 트라이프냐

성경시대부터 이스라엘 사람들이 먹을 수 있는 음식과 그렇지 않은 것을 구분하려고 애쓰는 것은, 그것이 바로 하나님의 명령이라는 믿음 때문이다. 지금도 유대인들에게 음식과 관련된 정결법을 어째서 그렇게 철저히 지키는지 물어보면 그리 속 시원한 대답을 들을 수 없다. 그들의 대답은 역시 한결같이 하나님의 명령 때문에 그렇다는 것이다.

실제로 음식과 관련된 모세의 법이 기록되어 있는 레위기는 먹을 수 있는 음식과 그렇지 않은 것을 일일이 구분하고 나서 이렇게 결론을 맺는다.

"나는 여호와 너희의 하나님이라 내가 거룩하니 너희도 몸을 구별하여 거룩하게 하고…스스로 더럽히지 말라…내가 거룩하니 너희도 거룩할지어다" 레 11:44-45

유대인들은 이런 하나님의 명령을 근거로 삼아서 자신들이 먹을 수 있는 음식 코셔Kosher와 먹는 것은 물론이고 가까이 하는 것조차 용납되지 않는 트라이프Trife로 철저하게 구분했다.

예수님이 즐긴 생선 요리는? 예수님과 베드로가 성전세를 내는 데 필요한 한 세겔을 입에 물고 있던 물고기의 본디 이름은 '틸라피아'이고, 지금은 '성 베드로 고기'라는 그럴듯한 별명으로도 함께 불리고 있다.마 17:24-27 우리말로 역돔인 틸라피아는 다른 물고기들과 함께 수조에 넣어 두면 달려들어 물어 죽일 정도로 성질이 몹시 사납다.

갈릴리 호수에서 잡은 '베드로 고기 (틸라피아)' 요리

하지만 틸라피아의 새끼 사랑은 예상 밖으로 아주 지극하다. 틸라피아는 대개 보름 정도 알을 입으로 품고 다닌다. 날이 차서 알이 모두 부화하면 8백 마리 정도의 치어들이 어미의 입에서 한꺼번에 쏟아져 나온다. 덩치가 작은 새끼들은 먹이를 구하러 밖으로 나갔다가 몸을 숨겨야 할 때는 재빨리 어미에게로 돌아온다. 어미 틸라피아는 새끼들이 어느 정도 클 때까지 계속해서 보호한다.

마태복음에 등장하는 틸라피아는 어쩐 일인지 알이나 새끼 대신 동전 한 세겔을 입안에 물고 있었다. 이 물고기는 요즈음 갈릴리 호수를 방문하는 사람들이 큰돈을 들이지 않고 쉽게 맛볼 수 있는 생선 튀김 요리로 자주 식탁에 오른다.

갈릴리 호수 주변에는 예로부터 항구들이 상당히 많아서 어부들은 틸라피아를 비롯해 아주 다양한 물고기를 잡아 생계를 유지했다. 고기를 잡는 방법들은 앞 장에서 이미 살펴본 것처럼 다양했다.

어부들은 그렇게 잡은 물고기들 가운데 먹을 수 있는 고기는 바구니에 담고 먹을 수 없는 부정한 것들은 새의 먹이가 되거나 말라 죽도록 물가에 내버렸다. 먹을 수 있는 생선에는 반드시 지느러미와 비늘이 있어야 했다. 그래서 바다에서 잡히는 연어, 도미, 조기 등은 지느러미와 비늘을 함께 지니고 있어서 코셔에 해당하는 것으로 분류되었다.

반면에 상어나 고래, 미꾸라지, 메기, 뱀장어, 칠성장어 등은 지느러미는 있지만 비늘이 없기 때문에 코셔가 될 수 없었다. 오징어, 낙지, 꼴뚜기, 문어는 지느러미는 물론이고 비늘이 없으니 당연히 트라이프였다. 우리나라 사람들이 각별히 좋아하는 게, 가재, 새우, 굴 역시 먹을 수 없는 것으로 분류되었다. 이런 어종들은 잡아도 즉시 내버려야 했다.

갈릴리 호수에서 잡은 물고기를 옮겨 싣는 어부들

그렇다면 성경시대 이스라엘 사람들은 어떤 생선을 골라서 요리를 했을까? 저녁 찬거리를 사

러 시장을 찾는 유대 여인들에게는 넉넉하지 않은 경제 사정과 정결법 때문에 생선의 선택폭이 그리 넓지 않았다.

흔히 볼 수 있는 생선으로는 틸라피아와 정어리가 있었다. 특히 갈릴리 정어리는 그 지역의 특산물인데, 다른 생선에 비해서 크기가 작았다. 마태복음에 기록된 오병이어의 기적 사건에서 예수님이 사용한 물고기가 바로 이 갈릴리 정어리이다. 주로 겨울에 잡히는 정어리는 지금도 갈릴리 호수에서 해마다 1천 톤 이상씩 잡힐 만큼 흔하다.

'비니'라는 물고기도 있다. 비니는 잉어과에 속하는 물고기로서 그 이름의 뜻은 '머리털'이다. 입 부근에 머리카락 같은 수염이 붙어 있다고 해서 붙여진 이름이다. 코셔에 해당하기 때문에 지금도 유대인들은 안식일이나 명절에 비니를 자주 먹는다.

성경시대 주부들이 물고기를 요리하는 방식은 예수님처럼 주로 숯불에 굽거나요 21:9 끓였고, 그렇지 않을 경우에는 우유를 넣어서 요리하거나 달걀과 함께 기름에 튀겨 냈다. 『유대 음식의 사회사』를 쓴 존 쿠퍼에 따르면 생선 위에 달걀을 얹은 요리가 예수님 당시 유대인들 사이에서 무척 인기가 높았다고 한다. 예수님의 취향 역시 예외는 아니었을 것이다.

조류부터 벌레까지 성경에서 코셔로 인정하는 조류는 대부분 가금류이다. 닭이나 칠면조, 집오리, 집비둘기 등이 거기에 해당한다. 맹금류나 야생조류는 먹을 수 없는 식재료, 즉 트라이프로 분류되었다. 물론 예외는 있다. 출애굽 당시 이스라엘 사람들은 광야에서 늘 반복되는 음식에 질려서 고기를 먹고 싶어했다. 하나님은 모세의 요구에

응답해서 메추라기를 보내주었다. 민 11:31

메추라기는 가을이면 북쪽에서 아프리카 쪽으로 내려갔다가 겨울을 지내고 봄에 다시 그 길을 거슬러 올라가는 철새이다. 지중해를 건너면서 대부분 기운을 소진한 메추라기들은 시나이반도 지역에서 쉽게 잡혔다. 실제로 1930년대와 40년대에는 수백만 마리의 메추라기떼가 엉성한 새그물에 잡혀서 화제가 되기도 했다. 덕분에 그 이후 수효가 크게 줄었다.

중세시대의 뛰어난 유대학자인 마이모니데스는 메추라기가 주로 독성이 있는 식물의 씨앗을 먹이로 삼기 때문에 많이 먹으면 근육경련이 일어날 수 있다고 경고했다. 옛날 이스라엘 사람들이 광야에서 메추라기를 먹다가 어떤 이유로 목숨을 잃었는데, 일부 학자들은 그 원인을 마이모니데스의 의견처럼 메추라기의 먹이에서 찾기도 한다.

조금 장황하지만 성경에서 부정한 것으로 규정하고 있는 조류들의 목록을 살펴보면 이렇다.

"…독수리와 솔개와 물수리와 말똥가리와 말똥가리 종류와 까마귀 종류와 타조와 타흐마스와 갈매기와 새매 종류와 올빼미와 가마우지와 부엉이와 흰올빼미와 사다새와 너새와 황새와 백로 종류와 오디새와 박쥐니라" 레 11:13-19

목록에 기록된 새들은 대체로 육식을 하거나 사체를 먹는 특성을 지니고 있다. 코셔에 해당하는 가금류 역시 안심하고 무작정 먹을 수는 없었다. 정결법의 도축규정을 지켜야 하고, 만일 자연사하거나 도축을 잘못했을 때는 트라이프로 바뀌어서 먹을 수 없다. 새알은 코셔로 분류되는 조류의 알만 먹을 수 있는 것으로 간주되었는데, 이때도 알에 피가 비치면 먹지 못했다.

앞에서도 잠시 살펴보았듯이 곤충 가운데 오직 네 종류만 먹을 수 있었다.

"날개가 있고 네 발로 기어 다니는 곤충은 너희가 혐오할 것이로되 다만 날개가 있고 네 발로 기어 다니는 모든 곤충 중에 그 발에 뛰는 다리가 있어서 땅에서 뛰는 것은 너희가 먹을지니 곧 그 중에 메뚜기 종류와 베짱이 종류와 귀뚜라미 종류와 팥중이 종류는 너희가 먹으려니와" 레 11:20-22

요즈음의 정서로는 곤충을 먹는 게 내키는 일이 아니지만 성경시대에는 곤충을 먹는다는 게 그리 새삼스럽지 않았다. 그 이유는 중국을 비롯한 아시아 국가에서 가난한 사람들이 벌레를 즐겨 먹은 것과 크게 다르지 않다. 아시아에서는 가난한 농민들이 지주나 귀족이 누리는 식탁을 경험할 수 있는 기회가 전혀 없었다. 때문에 농민들은 벌레를 통해서 동물성 단백질과 지방을 섭취해야 했다. 명주실을 얻기 위해서 누에고치를 삶거나 소금물에 절여서 번데기라고 즐겨 먹은 것도 그 때문이었다.

하지만 곤충들의 경우에는 종류를 구분하는 게 쉽지 않아서 성경과 유대법을 가르치고 해석하는 랍비들은 아예 곤충 전부를 먹을 수 없는 음식, 곧 트라이프로 분류할 때도 있었다.

홍수 이후에 주어진 음식, 육류 인류가 육류를 음식으로 섭취한 역사는 헤아릴 수 없을 만큼 오래되었다. 성경은 보다 구체적으로 그 시기를 '노아의 홍수 이후'라고 규정한다. 노아와 가족들이 번제를 바치자 하나님은 그들을 축복하면서 중요한 지시를 덧붙였다. 이후로는 채소처럼 산 동물을 먹을 수 있다는 것이었다.창 9:3 그렇지만 모든 육류를 먹을 수는 없었다. 동물들 역시 다른 먹을거리처럼 코셔와 트라이프로 구분되었다.

성경에 따르면 먹을 수 있는 동물은 반추동물, 즉 되새김질하는 동물뿐이다. 그리고 이때는 발굽이 둘로 갈라져 있어야 한다는 조건이 추가된다. 소와 양과 염소, 그리고 사슴 등은 각각 위가 네 개, 혹은 세 개로 이루어진 반추동물이라서 그 고기는 당연히 코셔였다.

하지만 우리나라 사람들이 즐겨 먹는 돼지는 먹을 수 없는 금기식품이었다. 돼지는 발굽이 둘로 갈라지긴 했어도 위의 구조가 달라서 반추동물로 분류되지 않기 때문이다. 낙타는 돼지와 달리 반추위를 가지고 있지만 굽이 둘로 갈라지지 않아서 코셔가 될 수 없는데, 오소리나 토끼 역시 마찬가지이다.

그러면 성경시대 유대인들은 아무 때나 내키는 대로 육식을 할 수 있었을까? 예수님시대만 놓고 보자면 유대인들은 결혼식이나 명절처럼 특별한 날에만 육류를 먹을 수 있었다. 보통 때는 채소류가 고작이었다. 우유 역시 중요한 메뉴 가운데 하나였지만, 장기간 보관할 수 없었기 때문에 요구르트(케피르)처럼 발효시켜서 먹었다.

70년에 로마군에 의해 예루살렘 성전이 파괴되고 난 이후 그나마 고기를 먹을 수 있는 기회가 사라질 위기를 겪기도 했다. 성전이 사라지자 금욕을 강조하던 에세네파나 사독파 같은 유대교의 소 종파들은 성전과 제사장직이 사라져서 더 이상 육류를 확보할 수 없으니 파괴된 성전을 애도하는 심정으로 채소 위주의 식사를 해야 한다고 강력하게 주장했다. 하지만 나중에 랍비들이 개입하는 바람에 없던 일이 되었지만, 덕분에 일정 기간(아브 달 초하루부터 아흐레까지)에는 반드시 육식을 피해야 한다는 규정이 따로 만들어졌다.

우유와 고기를 섞지 말라

성경은 반복해서 이스라엘을 "젖과 꿀이 흐르는 땅"이라고 불렀다. 출 3:8, 3:17, 레 20:24, 민 13:27 하나님이 이스라엘 사람들에게 허락한 축복에는 고운 밀가루와 꿀과 기름이 포함되었지만 겔 16:13 우유나 염소젖이 풍성하거나 "꿀을 먹고…우유를" 아 5:1 마시는 것을 진정한 축복의 상징으로 간주했다.

아이들은 물론이고 어른들까지 우유를 즐겨 마셨다. 포도주와 우유를 섞어서 마시거나 값을 치르지 않고 마시기도 했다. 창세기를 보면 야곱이 숨을 거두기 전에 마지막으로 자식들을 축복하는 장면이 나온다. 그때 야곱은 유다를 이렇게 축복했다.

"그의 이는 우유로 말미암아 희리라" 창 49:12

성경 이외에도 유대인들의 탈무드나 미드라시 같은 유대교 성경 주석에서도 우유와 관련된 교훈은 자주 등장한다. 이스라엘에는 목축 때문에 우유가 풍부했지만, 그렇다고 해서 마냥 좋은 것만은 아니었다. 조리하거나 먹을 때 반드시 조심해야 했기 때문이다.

육류와 유제품은 상극 유대 여인들이 식사를 준비하면서 특히 신경 쓴 것은 우유와 고기가 서로 섞이거나 닿지 않게 하는 일이었다. 우

갈릴리 에인 카모님 농장에서 사육되는 염소들

유와 고기를 한꺼번에 조리하지 말라는 하나님의 금지 명령은 성경에 세 차례 등장한다.

"…너는 염소 새끼를 그 어미의 젖으로 삶지 말지니라" 출 23:19, 34:26, 신 14:21

하나님이 이렇게 지시한 배경에 관해서 지금껏 서로 의견이 분분하다. 생명을 주는 것(우유)과 생명이 없는 것(고기)을 함께 섞는 것은 잘못으로 간주하기 때문이라는 것에서부터 새끼를 어미의 젖으로 삶았던 가나안 지역의 우상숭배 의식을 배격하기 위한 것이라는 고고학적 가설까지 무척 다양하다.

필로나 알렉산드리아 출신의 클레멘트와 같은 초대교회의 학자들은 새끼를 어미젖으로 삶는 것은 비록 짐승이라 하더라도 너무 잔인해서 하나님이 금지시킨 것이라고 주장하기도 했다. 요즈음에는 대개 '염소 새끼'를 육류, '어미젖'은 유제품, 그리고 '삶지 말라'는 먹지 말라는 의미로 해석한다. 즉, 부모와 자식 사이로 여겨지는 음식을 한꺼번에 먹지 말라는 말씀이라는 것이다.

물론, 우유와 고기의 조리법에도 약간의 예외는 존재했다. 전통적인 유대인들의 음식법을 해석한 랍비들은 조류의 고기와 우유를 한꺼번에 사용하는 것은 문제 삼지 않았다. 생선이나 메뚜기도 고기와 우유 금지 조항에 포함되지 않았다. 이런 식재료들은 언제든지 우유나 고기와 함께 사용할 수 있었다.

하지만 고기와 생선을 함께 담아낼 때는 우유 소스를 일절 사용할 수 없었다. 닭과 같은 가금류의 알 역시 우유나 고기와 함께 조리할 수 있었다. 그렇지만 이 경우에도 알이 어미의 몸 안에 붙어있을 때는 고기로 간주해서 반드시 우유를 빼고 조리해야 했다. 유대 주부들은 음식을 만들다가 우유와 고기가 섞이면 땅에 묻거나, 아니면 다른 방식으로 폐기해야 하는 것을 당연하게 여겼으며, 무슨 일이 있더라도 다시 사용하는 것은 불가능했다.

식탁에는 고기와 치즈 같은 유제품을 함께 올릴 수 없었다. 이것은 지금도 마찬가지이다. 이스라엘을 방문했다가 육즙이 풍부한 패티 위에 치즈를 올린 맛있는 치즈버거가 생각나서 패스트푸드점을 찾더라도 맛을 볼 수 없다. 바삭한 도우에 고기와 치즈를 올린 모차렐라 피자도 사정은 마찬가지이다. 굳이 먹고 싶다면 유대 음식법을 따

육류와 유제품을 따로 취급하는 예루살렘의 맥도날드

르지 않아서 사람들 사이에 원성을 사고 있는 가게(non-kosher)를 수소문해서 찾아가야 한다.

그렇다면 한 식탁에서 마주 앉은 두 사람이 어쩔 수 없이 각각 고기와 유제품을 선택해야 할 때는 어떻게 해야 할까? 같은 자리에서 서로 다른 사람이 고기와 우유를 동시에 먹는 문제 때문에 실제로 랍비들끼리 치열한 논쟁을 벌인 적이 있었다. 고기와 우유가 함께 섞이는 경우가 아니라면 이론상으로는 조금도 문제되지 않는다는 게 그들의 최종적인 결론이었다.

고기와 유제품의 상극 관계는 식사시간에도 고스란히 적용되었다. 유대인들은 예나 지금이나 고기와 우유로 만든 음식을 동시에 먹는 법이 없다. 고기를 먹고 난 뒤에 우유를 마시더라도 반드시 어느 정도는 시간적으로 간격을 두는 게 일반적이다. 뱃속에서 우유와 고기가 함께 섞이기 때문이다.

예수님 당시의 사정은 분명하지 않지만, 동유럽 출신의 유대인들은 고기가 완전히 소화 흡수되는 시간을 대개 6시간 정도로 간주한다. 독일의 유대인들은 3시간, 그리고 네덜란드 지역 유대인들은 그보다 훨씬 짧은 72분을 기준으로 삼고 있다.

굳이 정확한 시간을 규정하지 않는 경우라고 해도 고기와 우유를 분리해서 먹어야 하는 규정은 반드시 지켜야 했다. 그래서 고기를 먹기 전에 치즈를 먹었다면 물로 입을 헹궈 내고, 치즈나 고기를 먹고 난 뒤에는 손을 씻었다. 그것은 선택이 아니라 의무였다.

그렇다면 우유와 고기 가운데 어느 쪽을 먼저 먹는 게 바람직할까? 유대인들은 우유를 꼽는다. 우유가 고기보다 몸 안에서 더 빨리 소화되기 때문이다.

코셔 부엌용기 주부들이 음식을 준비하는 주방에서 유제품과 고기를 같이 조리할 때는 각별히 신경을 썼다. 음식을 만들 때마다 어쩔 수 없이 자주 사용해야 하는 우유와 고기의 접촉을 막으려면 고기용 그릇과 우유를 담아 두는 그릇을 따로 장만해야 했다.

설거지를 할 때 역시 그릇들이 서로 섞이지 않도록 조심했으며, 그럼에도 불구하고 실수로 주방용기가 더러워질 때는 관례대로 신속하게 뒤처리를 했다. 가정주부들은 더러워진 주방기구에 뜨거운 물을 뿌려서 닦거나 아니면 끓는 물에 삶고 불에 지져 사용했다. 옛날에는 흙으로 빚어 만든 항아리나 단지가 오염되면 모두 깨뜨려서 내버렸다. 레 11:33, 35

붐업, 코셔Kosher

웰빙 식품의 붐을 타고 유대인들의 코셔 식품 인기가 치솟고 있다. 코셔는 음식이 아니라 식재료를 선택하고 취급하는 규정이라서 어느 나라 음식이건 유대인 법에 따라 만들면 코셔가 되고 베이글처럼 전형적인 유대인 먹을거리도 법을 따르지 않으면 당연히 코셔 식품이 될 수 없다.

물론 유대인들이 모두 코셔를 지키는 것은 아니다. 대략 30퍼센트 정도의 유대인만이 철저하게 코셔를 지키는 것으로 보고되지만, 코셔 식품을 안전한 먹을거리로 간주하는 사람들이 세계적으로 늘어나는 추세이다. 보도에 따르면, 세계 다국적 식품 기업들은 예외 없이 자사 제품에 대해 100퍼센트 코셔 인증을 받는다. 유대계 사회에는 코셔 검사관이 따로 있어서 식자재부터 시작하여 생산시설, 조리 과정 등이 일정한 수준에 도달해야 코셔 인증 마크를 붙여 준다. 업체들은 이 코셔 인증을 받기 위해 총력을 기울이고 있다.

현재 미국에서 통용되는 코셔 마크는 정통파 유대인 단체에서 인증해주는 것(OU)을 포함해서 8백 개 정도이다. 이 OU 마크는 전세계적으로 27만여 개 제품에 사용되고 68개국 6천여 개 제조업체가 인증을 받았다. 이처럼 너도나도 코셔를 찾다보니 코셔 식품 판매는 해마다 10-15퍼센트씩 증가해서 시장 규모가 1,650억 달러로 확대되었다. 우리나라에서도 최근에 일부 업체가 코셔 인증 식품을 수입해서 판매하고 있다.

U TZEDEK

유약을 발라서 굽는 요즈음의 사기그릇과 달리 과거에는 흙으로 그릇을 빚자마자 사용해서 그 안에 액체를 담아 두면 어느 정도 스며들 수밖에 없었다. 그래서 일단 오염된 토기는 어쩔 수 없이 파기했다. 금속으로 만든 기구들은 뜨거운 물로 닦거나 일일이 불로 지졌다.

식탁에서 사용하는 식사도구 역시 조심스럽기는 마찬가지였다. 만일 식탁에서 사용하는 도구들이 불결한 것에 오염될 경우에는 철저하게 삶고 말렸다. 요즈음 유대 주부들은 주방에 아예 싱크대를 두 군데 설치하여 식재료의 오용을 원천적으로 예방한다.

식사할 때 사용하는 포크와 나이프 역시 마찬가지이다. 주부들은 가족을 위해 그릇이나 포크와 나이프를 각각 두 벌씩 준비하는 것을 당연하게 생각한다. 유제품과 고기를 먹을 때 각각 달리 사용해서 서로 섞이는 일을 피하기 위함이다. 이런 노력에도 불구하고 포크나 나이프가 오염되면 식사도구들을 끓는 물에 완전히 잠기도록 넣어서 삶아야 했다. 식기의 어느 한 부분이라도 끓는 물에 닿지 않으면 의미가 없었다.

피를 먹지 않으려는 피나는 노력

도축을 전적으로 담당해야 하는 쇼헷에게 요구되는
일차적인 덕목은 생명에 대한 경외감과
하나님에 대한 믿음이었다.
지금도 정통파 유대인들은 고기 생산을
축산업으로 분류하지 않는다.
그들에게 있어서 고기의 생산 과정은 종교의식이다.

창세기를 보면 처음에 하나님은 인간에게 채식만 허락했다.

"…내가 온 지면의 씨 맺는 모든 채소와 씨 가진 열매 맺는 모든 나무를 너희에게 주노니 너희의 먹을거리가 되리라" 창 1:29

그런데 특이하게 『흠정역KJV 성경』은 하나님의 마지막 말씀을 "너희에게 고기가 되리라"고 번역했다. 히브리어 성경의 본문에는 당연히 먹을거리(akhlab)라고 기록되어 있다. 『흠정역』은 어째서 먹을거리를 고기로 번역했을까? 이것은 시대적 배경과 관계가 있다. 성경의 원문과는 무관했다.

『흠정역』을 번역하도록 지시한 영국의 제임스 왕 시대에는 고기를 '음료와 구별되는 고체 형태의 일반적인 음식'으로 정의했기 때문에 그렇게 번역할 수밖에 없었다. 『옥스퍼드 영어사전』을 보면 여전히 그렇게 정의되어 있다. 인간이 육식을 하기 시작한 것은 홍수 심판 이후의 일이었다. 창 9:3

그런데 채식만 하던 때와는 달리 육식을 하면서 금지사항이 새롭게 추가되었다. 고기는 먹되 피는 절대 먹을 수 없었다. 피는 생명을 형성하는 중요한 요소였기 때문이다. 유대인들은 하나님의 지시를 따르기 위해서 피를 먹지 않으려고 무던히 노력했는데, 이것은 지금껏 변함이 없다.

육식의 역사

유대인들은 성전에서 하나님에게 제물로 바친 고기만 먹을 수 있었다. 동물을 도축하는 것은 하나님에게 제사를 지내기 위함이었고,

일상의 삶을 위한 식재료를 확보하는 것은 부차적인 목적이었다. 오늘날과 달리 성경시대, 특히 예루살렘에 성전이 존재하던 시기에는 동물의 도축은 당연히 제사장의 몫이었다. 성전의 제사장들은 하나님에게 영광을 돌리려고 동물을 잡았고, 예배하는 이들의 입맛이나 허기를 채우는 것은 제사장들의 일차적인 관심사항이 아니었다.

도축을 하기에 앞서 제사장들은 제물로 바치는 동물의 머리 위에 손을 얹었는데, 레1:4 죄가 그 동물에게 전가되었다는 상징이었다. 그리고는 도축된 고기의 일부나 전체를 불타는 제단에 올려서 하나님에게 바쳤다. 생명의 본질로 간주된 피는 일정한 의식을 거쳐서 생명을 허락한 분에게 다시 돌아가야 할 것으로 간주되었다. 생명이 제거된 고기는 포도주와 빵과 음악을 곁들인 감사의 자리에서 음식으로 제공되었다. 하지만 이런 의식은 예루살렘의 멸망과 함께 자취를 감추고 말았다.

슬픔의 음식, 고기 유대인들과 로마 당국 사이에 빚어진 적대적 갈등은 마침내 이스라엘에 엄청난 피바람을 몰고 왔다. 네로의 뒤를 이어서 황제가 된 베스파시아누스는 자신의 아들 디도에게 병력을 주어서 유대인들의 반란을 진압하게 했다. 변변한 무기조차 제대로 갖추지 못했던 유대인들은 로마제국의 압도적인 병력을 감당하지 못한 채 결국 무릎을 꿇고 말았다. 그때가 70년 8월이었다.

예루살렘의 시가지는 폐허로 변했고, 학살을 피해서 겨우 목숨을 부지하던 사람들은 노예로 팔려 갔다. 예수님이 출생하기 이전에 헤롯 대왕이 공들여서 증축한 예루살렘 성전은 불에 타서 무너져 내렸고 오직 서쪽 벽만 남아 있게 되었다. 오늘날 이스라엘 사람들이 '통곡의 벽'이라고 부르는 게 바로 그것이다. 이스라엘 사람들은 정치적으로나 종교적으로 공황상태를 벗어날 수 없었다. 조상 때부터 간직해 온 전통이 뿌리부터 흔들리고 있었다.

성전과 제사장들이 사라지고 동물의 도축에서 거룩한 의식으로 이어지는 종교의식을 더 이상 지켜볼 수 없게 된 사람들은 말할 수 없는 슬픔에 사로잡혔다. 나라와 친척과 가족과 일상의 삶을 송두리째 잃어버린 그들은 평화로울 때 당연한 것으로 간주하던 여러 가지 것들을 근본부터 다시 살펴보게 되었다.

이때 문제가 된 게 고기에 대한 식습관이었다. 나라와 가족을 잃은 이들에게 입맛이 남아 있을 리 없었다. 기존의 금욕주의자들은 당연히 자신들의 식습관을 강화하는 쪽으로 흘러갔다. 그런데 평소에 그들의 주장에 관심을 보이지 않던 사람들이 동조하기 시작했다. 일부는 성전과 제사장이 사라진 마당에 육식을 하는 것은 의미 없는 행동이라며 금욕주의자들의 주장을 반복했다.

한동안 고기를 먹는 문제 때문에 논란이 지속되자 랍비들이 진화에 나섰다. 하지만 고기와 포도주를 금해야 한다고 주장하는 측과 기존의 관습을 그대로 존중해야 한다는 주장이 격렬하게 대립했다. 토론이 진행되고, 시간이 흘러갈수록 강경한 주장을 피력하는 랍비들보다는 기존의 관례를 인정하자는 랍비들이 여론의 지지를 받게 되었다. 그들의 논리는 이랬다.

즉, 예루살렘의 멸망을 슬퍼하는 것은 당연한 일이지만 그렇다고 해서 그것이 모든 삶을 규제할 수는 없다. 결국 유대인들의 지도자였던 랍비들은 금욕주의를 배격하기로 결의했다. 성전의 파괴를 애도하면서 일정 기간 육류나 포도주의 섭취를 피하는 것은 가능하지만, 제사장의 역할이 끝났다고 해서 육식까지 완전히 금할 수는 없다는 데 의견을 모았다. 그리고 동물의 도축은 사라진 제사장을 대신해서 쇼헷shochet이 담당하기로 결정했다.

쇼헷과 셰히타 제사장 역할 가운데 도축 부분을 대신하는 쇼헷은 누구나 될 수 없었고 나름의 엄격한 자격이 요구되었다. 과거 우리나라에서 도축을 전문적으로 담당하던 사람들과는 사회적 위치가 전혀 달랐다.

쇼헷은 신앙이 좋고, 직업의식이 투철하고, 작업을 시작하기에 앞서 언제나 잊지 않고 하나님에게 기도할 수 있어야 했다. 위험한 도구를 자주 사용해야 하고, 동물을 도축해야 하는 탓에 사회적으로 일정한 수준의 공동체 의식을 갖추고 있어야 했다. 직업을 구하지 못했다고 해서 쇼헷을 직업으로 삼을 수 없었다. 정서적으로 예민하고 겸손한 훈련을 마친 일종의 학자여야 한다는 게 쇼헷에 대한 일반적인 요구였다.

그리고 충분히 훈련을 받아서 시장에서 활동해야 할 뿐 아니라 상당한 윤리의식까지 갖추고 있어야 했다. 도축은 고기를 얻기 위한 상업 활동이 아니라 중요한 신앙적 행위였기 때문이다. 쇼헷은 유대교의 성직자들처럼 유대 법률을 자세히 공부하는 한편, 소와 닭의 해부 기술까지 철저하게 익혀서 건강한 동물과 그렇지 못한 동물을 구분할 수 있는 능력이 있어야 했다.

중세 동부 유럽 지역의 쇼헷들이 가축을 도축하는 모습

쇼헷이 동물을 도축할 때는 내키는 대로 처리할 수 없었다. 일차적으로는 도축의 대상이 되는 동물의 고통이 지속되지 않도록 각별히 신경을 써야 했다. 이를 위해서는 부드러우면서도 신속하게 칼이나 다른 도구들을 구사할 수 있는 세밀한 기술과 능력을 갖추고 있어야 했다.

유대계 학자인 로이스 버먼에 의하면, 쇼헷은 규정된 도축 의식, 즉 셰히타를 범하지 않도록 다섯 가지 사항들을 조심해야 했다. 조금 길기는 하지만 그 내용을 잠시 살펴보면 다음과 같다.

> 먼저, 쇼헷은 도축하는 시간이 지연되지 않도록 주의를 기울여야 한다. 도축 대상이 되는 동물의 경정맥(목정맥)을 자를 때는 망설임 없이 정확한 지점에 칼을 사용할 수 있어야 한다. 의식적으로든, 아니면 무의식적으로든 도축 시간을 지연시켜서 얻은 고기는 먹을 수 없는 트라이프가 된다.

둘째, 도축을 할 때는 과도한 힘을 가해서는 안 된다. 경정맥은 물론이고 식도와 기도까지 깔끔하게 잘라야 한다. 하지만 척추 부분을 건드려서 동물에게 불필요한 고통을 주는 것은 유대인들의 정결법을 어기는 행위가 된다. 동물을 모욕하고 고통을 안겨 주는 행위이기 때문이다.

셋째, 시야를 확보해야 한다. 쇼헷은 도축하는 과정에서 자신이 무엇을 하고 있는지 충분히 파악할 수 있어야 한다. 때문에 언제든지 도축을 할 때는 작업장의 조명을 밝게 하고 허술한 옷차림을 해서는 안 된다.

넷째, 오차를 줄여야 한다. 쇼헷은 동물의 식도에 있는 분비선과 연골성 돌기의 구조에 관해서 자세히 공부해야 한다. 그렇게 해야 칼을 사용하게 될 부위를 제대로 확인할 수 있다. 정확한 절단선을 맞추지 못하면 정상적인 도축이 될 수 없고, 고기는 먹을 수 없게 된다.

다섯째, 도축을 마친 뒤에는 반드시 동물의 식도와 기도의 절단 상태를 확인해야 한다. 그때 주변의 근육이 찢어지거나 제대로 잘리지 않으면 먹을 수 없는 고기가 된다. 쇼헷은 실수를 범하지 않도록 칼을 예리하게 갈아 두어야 한다. 그리고 정기적으로 랍비에게 칼과 도구를 점검받아야 한다.

코셔와 미친 소 이야기 쇼헷에 대한 이런 세밀한 규정은 우리에게도 중요한 의미를 갖고 있다. 요즈음 우리 식탁은 건강에 나쁜 여러 식품들의 집중적인 공격을 받고 있다. 유해한 먹을거리는 농산물부터 축산물에 이르기까지 분야를 가리지 않는다.

한동안 우리나라 전체를 떠들썩하게 만들었던 광우병 문제는 먹을거리를 제대로 선택한다는 게 얼마나 중요하고 힘든지 새삼 깨닫게 만든 계기가 되었다. 그 이후 주부들은 식품 진열대에 놓인 고기를 있는 그대로가 아니라 이력부터 따진다. 가축의 사육과 관리 상태까지 최대한 확인하고 싶어한다. 가족들, 특히 자라나는 자녀들에게 무엇보다 안전한 먹을거리를 제공하려고 한다. 하지만 소고기나 돼지고기의 생산과정을 일일이 확인한다고 해서 우리 식탁이 안전해질 수 있을까?

오로지 경제적인 이익 때문에 초식동물에게 고기를 먹여서 억지로 몸집을 불리고, 동물의 기본적인 생존권마저 외면하는 인간의 탐욕은 광우병 이상의 전염병을 초래할 수도 있다. 하나님은 인간에게 '모든 생물'을 다스릴 수 있는 권리를 허락했다. 그러니 우리는 하나님의 피조물인 생명체를 아끼고 사랑해야 한다. 이게 바로 쇼헷이 수행하는 셰히타의 핵심이다.

도축을 전적으로 담당해야 하는 쇼헷에게 요구되는 일차적인 덕목은 생명에 대한 경외감과 하나님에 대한 믿음이었다. 지금도 정통파 유대인들은 고기 생산을 축산업으로 분류하지 않는다. 그들에게 있어서 고기의 생산 과정은 종교의식이다. 과거 우리나라에서는 동물의 고기를 공급하는 사람들을 백정이라고 낮춰 부르고 거주지까지 제한하기도 했지만, 전통적으로 이스라엘에서는 쇼헷이 교사이자 선도자였고, 랍비였다.

그들은 동물을 식재료로 간주하지 않았다. 유대인들은 동물의 생명은 거룩함과 관계가 있다는 믿음을 오랫동안 유지해 왔다. 또 고기를 얻을 때는 종교적으로 재가를 얻은 특별한 사람만 가능하다고 믿었다. 동물의 생명을 다룰 수 있는 전적인 권리와 의무를 가진 쇼헷은 동물에게 품위 있게 죽을 수 있는 권리를 보장했다.

일차적으로 그들은 도축할 수 있는 동물과 그렇지 못한 동물을 철저히 구별했고, 도축을 할 때는 동물의 고통을 최소한으로 줄여 주기 위해서 칼과 도구를 사용하는 기량을 언제나 연마했다.

쇼헷의 이상적인 모습을 소개하는 일화가 있다.

어느 마을에서는 오랫동안 존경을 받아오던 쇼헷이 늙어서 세상을 뜨는 바람에 새로운 후보자를 물색해야 했다. 대상자를 면담하고 온 마을의 장로에게 다른 장로가 평가 결과를 물었다.

"그 사람의 솜씨는 어떻습니까? 제대로 일을 하던가요?"

면담을 하고 온 장로가 길게 한숨을 쉬었다. 그러자 다른 장로가 다시 물었다.

"무슨 문제라도 있는 겁니까? 그 사람이 제대로 일을 처리하지 못하던가요? 기도를 암송하지 못했나요? 칼은 제대로 갈고, 날에는 물을 뿌렸습니까?"

그러자 장로가 대답했다.

"우리가 모실 쇼헷이 자신의 눈물로 칼날을 적시더군요."

유대인들의 먹을거리를 책임지는 사람들은 장사치가 아니라 동물의 생명에 예민한 쇼헷이었다.

피를 먹지 말라

쇼헷이 도축을 할 때마다 주의해야 할 게 한 가지 더 있었다. 고기에서 피를 제거하는 일이었다. 이것은 고기를 구입해서 요리하는 주부들 역시 조심해야 할 내용이었다. 요즘도 이스라엘을 방문하는 사람들 가운데는 정육점을 찾아가서 코셔 고기를 구입했다가 짠맛이 나서 어리둥절해 하기도 한다.

고기 역시 우리나라에서 흔히 대하는 것과는 달리 그다지 붉은 기운이 돌지 않는다. 이스라엘 정육점은 어째서 그런 고기를 파는 것일까? 유대인들이 먹는 고기와 우리의 그것이 아예 다르기 때문이 아닐까?

사실, 유대인들은 예로부터 피를 먹지 않기 위해서 적잖이 노력했다. 성경에 기록된 식사법에 따르면, 아무리 깨끗한 동물의 것일지라도 피를 먹는 것은 철저하게 금지되었다.

"너희가 사는 모든 곳에서 새나 짐승의 피나 무슨 피든지 먹지 말라 무슨 피든지 먹는 사람이 있으면 그 사람은 다 자기 백성 중에서 끊어지리라" 레 7:26-27

유대인들이 우리의 입맛과 다른 고기를 파는 것도 그 때문이다.

생명을 담고 있는 피 이스라엘 사람들이 피 먹는 것을 금기로 간주한 이유는 생명에 대한 나름의 독특한 믿음 때문이었다. 그들은 피 안에 실제로 생명이 머물고 있다고 생각했다. 이것은 하나님의 말씀과 크게 다르지 않았다.

"…내가 그 피를 먹는 그 사람에게는 내 얼굴을 대하여 그를 백성 중에서 끊으리니 육체의 생명은 피에 있음이라…" 레 17:10-11

가인에게 죽임을 당한 아벨의 피가 소리를 지른 것도 바로 그 때문이었다. 아무도 몰래 아벨을 죽여서 땅에 묻었다고 생각한 가인은 하나님으로부터 예상하지 못한 힐난을 듣고서 당황했다. 아벨은 죽어서 더 이상 입을 열 수 없었지만, 바로 그 순간에 또 다른 증인이 그를 대신해서 나섰다. 바로 아벨의 피였다.

가인이 아벨을 파묻었을 때 땅에 묻히지 않았던 피가 그대로 땅바닥에서 하나님에게 소리를 질러 피의 복수를 호소한 것이다.창 4:10 성경에 따르면 사람이 만일 누군가로부터 죽임을 당하면 핏속에 있는 생명이 밖으로 나온다. 이때 남아 있는 피가 하나님에게 호소한다. 이것은 사람이나 동물이나 마찬가지였다.

이처럼 피에는 생명이 담겨 있어서 고기를 먹기에 앞서 그것을 하나님에게 바쳐야 한다는 게 성경시대 사람들의 믿음이었다. 이것을 어기는 바람에 낭패를 본 사람이 있었다. 이스라엘의 국왕 사울이었다.

해양 민족의 후예라는 것 정도만 알려진 수수께끼 같은 블레셋은 이스라엘과 가까운 곳에 자리 잡고 있어서 그들에게 적잖은 고통을 안겨 주었다. 사울은 재위 기간 내내 이들 블레셋 사람들을 상대로 크고 작은 전투를 계속해서 치러야 했다. 언젠가 아들 요나단과 함께 블레셋 군대와의 전투에 나섰던 사울은 요나단이 발휘한 기지 때문에 상당한 전과를 올렸다.

하지만 그 다음이 문제였다. 블레셋과의 전투에서 승리하고 나자 이스라엘 사람들은 평소의 자제력을 상실했다. 전투를 치르느라 피곤해 하던 그들은 노획한 양과 소와 송아지고기는 물론이고 피까지 함께 먹었다. 그것을 목격한 사람들이 사울을 찾아가서 그들의 범죄를 고발했고, 사울은 자신과 함께 목숨을 걸고 싸워준 이스라엘 사람들을 책망하지 않을 수 없었다.삼상 14:31-33

피를 제거하는 요리법 이스라엘 사람들은 지금도 피를 고기와 함께 먹는 잘못을 저지르지 않기 위해서 가축의 도축 과정부터 상당한 주의를 기울인다. 고기에서 피를 제거하는 가장 손쉬운 방법은 일정 기간 매달아 두는 것이다. 압력 때문에 피가 상당 부분 빠져나가면 고기에 소금을 뿌린다. 유대인들이 운영하는 정육점에서 판매하는 고기에서 짠맛이 나는 것은 이처럼 도축된 고기에 소금을 뿌려서 피를 제거한 뒤에 판매를 하기 때문이다.

가령, 쇼헷은 닭의 목을 자를 때 경정맥을 제거하고 나서 물에 씻고 소금을 뿌린다. 소금은 구석구석 잘 스며들도록 촘촘히 계속 뿌린다. 소금은 식탁에 올려놓는 고운 소금이 아니라 중간 정도의 굵은

코셔법에 따라 제대로 도축되었는지 확인하는 랍비들

소금을 사용한다. 그 상태로 피가 다 빠져나올 때까지 한 시간 반 정도 찬물에 담가 두면 고기가 부드러워지면서 소금기까지 쉽게 빠져나오게 된다. 이런 과정을 세 차례 정도 반복하고 나서 일반인들에게 판매한다. 따라서 일단 쇼헷의 손을 거친 고기, 즉 코셔 미트를 가게에서 구입한 사람들은 집에서 또다시 피를 제거할 필요가 없다.

피를 제거하는 또 다른 방법은 불을 이용하는 것이다. 피치 못할 이유로 피를 제거하지 않은 고기를 구입했을 경우 쇼헷이 하는 역할을 직접 수행해야 한다.

대개 그렇듯이 고기를 차갑고 깨끗한 물에 씻어내고 나서 소금을 뿌린다. 그런 다음 한껏 불에 달궈진 그릴에 올려놓고 계속해서 고기를 굽는다. 고기가 충분히 익으면 반대쪽으로 뒤집어서 굽는다. 어느 정도 시간이 지나서 고기가 양쪽 모두 제대로 익고 나면 밖으로 빠져나온 피를 찬물로 씻어 낸다.

유대인들은 이런 과정을 반복하게 되면 피를 고기와 함께 먹는 잘못을 피할 수 있다고 생각한다. 그러면 간처럼 피가 많은 가축의 부산물을 요리할 때는 어떻게 해야 할까? 간과 같은 부위를 요리할 경우 칼집을 낸 뒤 굵은 소금을 뿌리고 피가 완전히 빠져 나올 때까지 불에 구워 먹는 게 일반적이다.

유전자 조작, 재앙 vs 선물?

찬반 논란이 여전히 진행되고 있지만 유전자 변형식품Genetically Modified Organism, GMO은 이미 광범위하게 사용되고 있다. 언론 보도에 따르면 두부나 콩나물, 그리고 식용유 등은 하루도 먹지 않을 수 없는 먹을거리지만, 이들의 원료로 사용되는 콩은 전체 수입량의 86퍼센트 정도가 유전자를 변형시킨 작물이라고 한다.

이 유전자 변형작물이란 생물체의 유전자 가운데 필수적인 유전자를 인위적으로 분리하고 결합해서 개발자가 의도한 특성을 갖게 만든 농산물을 가리킨다. 그런 특성들 가운데는 제초제의 저항성, 병과 해충에 대한 저항성, 장기간 무리 없이 보존할 수 있는 향상된 저장성, 고영양성분 등이 함유되어 있다. 즉, 생산성 향상과 상품의 질을 강화하기 위해서 본래의 유전자를 변형시켜 생산한 농산물이 유전자 변형작물이고, 그것으로 만든 제품이 유전자 변형식품이다.

유전자 변형식품의 유해성 여부는 아직까지 충분히 밝혀지지 않았지만, 그렇다고 해서 안정성이 보장된 것도 아니다. 그리스도인들이 먹을거리를 고르는 기준은 확실하다. 그것을 하나님이 주었는지, 그리고 행복한 삶에 도움이 되는지.

약이 되는 음식들

병의 회복을 구하는 히스기야의 간절한 기도는 효험이 있었다.
예언자 이사야의 처방에 따라서 사람들이 무화과 반죽을
가져다가 그의 상처에 바르자 곧장 회복이 되었고,
이후로도 15년을 더 살았다.
히스기야의 경우에서 볼 수 있듯이 성경에는
다양한 먹을거리를 약처럼 활용한 치유 사례들이
자주 등장한다.

다윗의 후손이며 아하스의 아들 히스기야는 25세에 유다 국왕의 자리에 올랐다. 그는 선왕들과 달리 하나님에 대한 신앙을 일차적으로 강조했고, 유다 왕국의 종교적 타락이 아시리아와의 오래된 종속관계에서 비롯된 것으로 간주하고서 정치와 외교 관계를 단절했다. 그리고 내부적으로는 과감한 종교개혁을 단행했다. 전국에 있는 우상들을 파괴하고 성전을 수리해 제사장들에게 직무 수행을 위해서 스스로 성결케 하도록 했다.

이 과정에서 유다는 아시리아의 침공을 받아서 국가 운명까지 위협을 받기도 했지만 하나님의 도움을 받아서 기적적으로 위기를 극복할 수 있었다. 이처럼 개혁의 중심에 있던 히스기야가 중병에 걸려서 사경을 헤매게 되었다. 병명은 성경에 기록되지 않아서 정확하게 파악할 수 없지만, 일부에서는 종양이나 문둥병으로 간주한다.

병의 회복을 구하는 히스기야의 간절한 기도는 효험이 있었다. 예언자 이사야의 처방에 따라서 사람들이 무화과 반죽을 가져다가 그의 상처에 바르자 곧장 회복이 되었고, 이후로도 15년을 더 살았다. 히스기야의 경우에서 볼 수 있듯이 성경에는 다양한 먹을거리를 약처럼 활용한 치유 사례들이 자주 등장한다.

내 영혼의 닭고기 수프

우리나라 사람들이 감기에 걸리면 민간요법으로 얼큰하고 뒷맛이 시원한 음식을 주로 찾는데, 이런 사정은 외국도 다르지 않다. 미국 서민들이 좋아하는 닭고기 수프 역시 감기나 몸살을 앓거나 몸 상태가 좋지 않을 때 자주 권하는 전통적인 음식이다. 일종의 미국식 민간요법인 셈이다. 그래서 사람들은 닭고기 수프를 먹을 때는 어린 시절 고향에서 어머니가 가족을 위해서 끓여 주던 기억을 떠올리면서 즐거워하기도 한다.

닭고기 수프의 효능이 과학적으로 밝혀진 것은 아니지만 의사들조차 감기 환자가 병원을 찾아오면 약을 주는 대신에 다량의 비타민과 닭고기 수프를 처방한다. 닭고기 수프가 수분과 영양을 보충하는 데 좋다는 속설 때문이다. 우리가 감기를 이겨내기 위해서 얼큰한 콩나물국을 찾는 것과 비슷하다. 그러면 성경시대는 어떤 음식을 민간요법처럼 사용했을까?

고기 대신 닭고기 수프 요즈음과 마찬가지로 성경시대에도 닭 요리를 즐겨 먹었다. 살림이 어려워서 고기를 먹을 수 없을 때는 닭고기를 대신 이용했는데, 굽거나 찌거나 끓이는 식이었다. 이스라엘 사람들이 닭고기를 먹었다는 사실은 구약성경에서 확인이 가능하지만, 느 5:18 아쉽게도 예수님이 실제로 즐겼다는 기록은 남아 있지 않다. 다만 일 세기 당시 유대인들이 닭과 거위, 비둘기, 자고, 오리, 메추라기 같은 가금류를 자주 먹었다는 성경 이외의 역사적 기록을 감안하면 예수님 역시 예외가 아니었을 것으로 추정할 수 있다.

실제로 예수님은 공적 사역을 마무리하는 시점에서 예루살렘에 깃들인 불안한 미래를 암탉과 병아리를 소재로 삼아서 염려하기도 했었다.

"예루살렘아 예루살렘아 선지자들을 죽이고 네게 파송된 자들을

유대인들이
즐겨 먹는
닭고기 수프

돌로 치는 자여 암탉이 그 새끼를 날개 아래에 모음 같이 내가 네 자녀를 모으려 한 일이 몇 번이더냐 그러나 너희가 원하지 아니하였도다" 마 23:37

이 구절을 통해서 예수님이 평소 암탉과 병아리를 가까이에서 지켜보았다는 것을 알 수 있다.

유대인들의 문헌에는 닭이나 기타 가금류의 수프로 환자를 치료하는 데 사용했다는 기록이 나온다. 12세기의 유명한 랍비이자 의사였던 마이모니데스는 자신의 책에서 닭고기 수프를 환자에게 적극적으로 사용하도록 권했다. 그의 주장에 따르면, 암탉이나 수탉의 고기는 체액이 손상되거나 문둥병에 걸린 환자 치료에 효과적이다.

이때 사용하는 닭은 규정대로 선택해야 했다. 가령, 2년 이상이 된 것으로 몸집이 너무 크거나 너무 작은 것은 배제해야 했다. 지나치게 마르거나 살이 찐 것 역시 금물이었다. 먹이와 무관하게 처음부터 통통한 게 적당했다.

겨울에는 고수풀이나 회향을 수프에 추가했고, 여름에는 레몬이나 시트론 주스나 슬라이스 한 과육을 추가하기도 했다. 마이모니데스는 환자에게 닭고기 수프를 처방하는 것은 자신이 직접 효과를 보았기 때문이라고 주장했다. 그는 닭고기 수프가 인체의 체질을 바꿔주기 때문에 환자에게는 좋은 약이, 그리고 일반인들에게는 좋은 음식이 될 수 있다고 보았는데, 최근에는 과학적으로 닭고기 수프의 효과를 규명하려는 연구가 진행되고 있다.

맛없는 달걀의 흰자위 유대인들의 전통적인 식습관에 관한 규정(코셔)은 사람들이 먹을 수 있는 조류들과 그렇지 않은 것들을 명확하게 구분했다. 앞에서 이미 살펴본 것처럼 식용이 불가능한 조류는 까마귀와 독수리처럼 날카로운 부리와 발톱을 갖고 있는 육식성 맹금류가 대부분인데, 대략 20종류였다. 레 11:13-19

반면에 식탁에 올려도 괜찮은 것들은 모두 24종류였다. 거기에는 닭과 거위, 칠면조, 오리, 비둘기 같은 가금류가 포함되었다. 성경은 이것들을 "정한 새"라고 따로 분류했다. 신 14:20 그래서 사람들은 집에서 직접 기르는 다른 가축들과 함께 가금류를 통해서 고기나 부산물을 얻었다.

그 가운데 특히 닭과 달걀은 구약과 신약 성경에 이름이 자주 거론될 정도로 사람들에게 친숙했다. 목초지가 충분하지 않은 팔레스타인 지역에서 쉽게 기를 수 있는 가축이기 때문이다. 지금도 이스라엘 사람들은 닭을 즐겨 먹는데, 다른 음식과 함께 요리를 하거나 육수 등을 얻는 데 사용한다.

욥기를 보면 닭과 관련된 성경시대 사람들의 식습관을 파악할 수 있는 또 다른 단서가 등장한다. 욥에게 갑자기 불행이 닥쳤다. 조금도 예상하지 못한 일이었다. 자식들과 재산은 물론이고 건강까지 모두 잃어버린 욥에게 친구들이 문안을 왔다. 욥은 자신의 어려움을 전해 듣고서 먼 걸음을 한 친구들로부터 따뜻한 위로를 기대했다. 하지만 막상 그에게 돌아온 것은 힐난뿐이었다. 욥은 친구 엘리바스의 비난을 듣고서 이렇게 대답했다.

"싱거운 것이 소금 없이 먹히겠느냐 닭의 알 흰자위가 맛이 있겠느냐 내 마음이 이런 것을 만지기도 싫어하나니 꺼리는 음식물 같이 여김이니라" 욥 6:6-7

욥이 달걀의 흰자위를 예로 들어서 자신의 처지를 설명한 것이지만, 그것을 통해서 당시 사람들이 흰자위를 그다지 좋아하지 않는다는 것을 알 수 있다.

예수님 역시 직접 거론할 정도로 달걀을 좋아했던 것으로 보인다.

"…누가 아들이…알을 달라 하는데 전갈을 주겠느냐" 눅 11:11-12

당시에는 달걀을 삶거나 부쳐서 먹었고, 생선과 함께 요리하기도 했다.

염소젖은 천연약품

성경시대 사람들은 모유나 가축의 젖에는 특별한 효능을 발휘하는 영양분이 포함되어 있다고 믿었다. 그래서 대개 식재료로 이용하는 동물 젖은 경우에 따라 마치 약품처럼 환자를 치료하는 데 사용하기도 했다. 탈무드에 사람이 피 없이 살 수 있어도 우유 없이 불가능하다고 기록된 것 역시 우유의 다양한 효과를 고려했기 때문이라고 볼 수 있다.

팔레스타인 지역의 유대인들은 소는 물론이고 양과 염소, 그리고 낙타로부터 젖을 얻었다. 가축의 젖을 먹을 때는 물처럼 그냥 마시기도 했지만 주로 버터나 치즈, 혹은 요구르트 형태로 소비했다. 기온이 높다 보니 동물에게서 얻은 젖을 계속해서 신선하게 보관할 방법이 없었을 뿐 아니라 젖을 담는 가죽부대를 씻지 않고 계속 사용해서 저절로 발효가 진행되었기 때문이다. 그래서 환자들에게 젖을 약품으로 사용할 때는 발효가 일어나지 않도록 신선도를 유지하느라 조심해야 했다.

염소젖의 약효 성경시대 사람들은 주로 소보다 염소나 양에게서 젖을 얻었다. 팔레스타인 지역에서는 양이나 염소를 상당히 많이 길렀

공식적으로 인증된 코셔 치즈

다. 욥은 양이 1만 4천 마리였고, 솔로몬이 예루살렘 성전 봉헌식에 바친 양은 무려 12만 마리였다. 염소 역시 그에 못지않게 사육되었다. 이렇게 양과 염소를 많이 사육한 데는 나름의 이유가 있었다.

소는 가격이 비싸고 귀해서 고기보다 농사나 짐을 나르는 데 이용했지만, 양과 염소는 털과 가죽, 고기, 젖 등을 다양하게 얻을 수 있었다. 그리고 소는 방목하거나 사육을 할 때 무엇보다 넓은 목초지나, 혹은 상당한 양의 사료가 필요한 데 비해서 염소나 양은 상대적으로 비용이 적게 들었다.

그리고 양과 염소는 팔레스타인 지형에 적합했다. 양은 들판이나 기슭을 좋아하고 염소는 험준한 산지를 좋아하는데, 이스라엘의 지형이 그에 적합하다. 특히 염소의 경우에는 다른 가축에 비해서 물을 적게 마시는 특성이 있어서 사육을 고려하는 데 유리했다.

이스라엘 사람들은 초반에 양과 염소로부터 모두 젖을 얻었지만, 세월이 흐르면서 따로 구분하기 시작했다. 양은 대개 양털과 가죽, 고기를 얻는 데 소비했고, 젖은 주로 염소로부터 얻었다. 이것은 잠언서의 내용과도 다르지 않다.

"어린 양의 털은 네 옷이 되며 염소는 밭을 사는 값이 되며 염소의 젖은 넉넉하여 너와 네 집의 음식이 되며…" 잠 27:26-27

지금은 항노화anti-aging 성분을 함유하고 있는 장수식품으로 유명한 염소젖은 양이나 소에 비해서 단백질이나 지방의 함유량이 부족해도 매우 특별한 성분이 있다는 믿음 때문에 성경시대 사람들이 좋아했다. 그들은 눈에 문제가 생기면 염소젖으로 씻어 냈고, 위장이 좋지 않은 사람들에게 염소젖을 권했다. 탈무드 역시 염소젖이 심장병을 치료하는 데 탁월한 효과가 있다고 소개한다. 그래서 안식일에는 염소젖을 짜는 게 원칙적으로 금지되지만, 환자 치료가 목적일 때는 노동을 금지하는 안식일의 규정을 어기는 것으로 간주하지 않았다.

약물로 사용되는 가축의 젖이라고 해도 마시면 안 될 때가 있었다. 성전에서 진행되는 의식을 담당하는 제사장들은 가축의 젖과 일정한 음식을 함께 먹을 수 없었다. 가령, 순서에 따라 의식을 담당하게 된 제사장이 저장된 무화과와 발효된 꿀을 가축의 젖과 함께 먹으면 정결례를 범한 것으로 간주되었다. 분명한 이유를 알 수 없지만 무화과와 꿀을 가축의 젖에 섞은 것을 독주로 분류했기 때문이다. 이 경우에는 비난을 듣거나 심하면 제명을 당하기도 했다.

우리가 알고 있는 것처럼 곡물가루에 젖을 넣어서 만든 빵은 고기와 함께 먹을 수 없었다. 하지만 여러 가지 식재료를 빵으로 싸서 먹지 않고, 한 입에 넣을 정도로 작게 만든 빵은 허용되었다. 그리고 가축의 젖과 관련해서 다소 황당한 규정이 있었다. 젖은 치즈처럼 정자의 양을 증가시킨다는 속설이 있어서 욤 키푸르Yom Kippur처럼 죄를 고백하는 엄숙한 절기에는 절대 먹을 수 없었다.

엄마의 힘, 모유 유대인들이 가축의 젖만 중요하게 생각하지는 않았다. 산모의 젖 역시 그 효과를 잘 알고 있었다. 사실 현대 의학계에서는 탁월한 효능이 밝혀진 모유를 '하나님이 내린 선물'이라고 부른다.

모유에는 면역성분이 풍부해서 면역력이 약한 아기가 세균이나 바이러스에 대항해서 잘 싸울 수 있도록 도와주는 것으로 밝혀졌다. 이외에 임파구, 대식세포 등에는 핵심적인 면역성분이 있어서 모유를 먹는 아기가 호흡기 감염이나 중이염과 장염에 잘 걸리지 않는다. 그리고 임신 7개월부터 산후 첫 주까지 나오는 초유는 뇌세포 발달에 영향을 미치는 비타민A와 DHA, 그리고 철분과 유당, 단백질 및 지방 등 각종 영양소가 풍부하다.

성경시대 사람들 역시 이처럼 구체적인 수준은 아니지만, 개략적으로 모유의 중요성을 역시 파악하고 있었다. 유대 랍비들은 모유의 성분이 피와 별반 다르지 않다는 사실이 과학적으로 입증되기 훨씬 전부터 이미 그 내용을 대충 알고 있었다. 산모의 가슴에서 모유가 형성될 때 혈구 때문에 젖이 나오게 된다는 게 그들의 생각이었다.

성경과 탈무드의 내용을 종합해 보면, 유대 여인들은 대부분 24개월까지, 경우에 따라 네 살 혹은 다섯 살 때까지 계속해서 수유를 했다. 수유 기간에는 남편이 세상을 떠나더라도 재혼할 수 없었다. 전통적으로 유대인들은 아기가 생존하기 위해서는 기본적으로 24개월 동안 수유를 받아야 한다고 생각했기 때문이다. 그리고 또다시 임신

골란 고원에서 생산되는 카르멜 와인

을 하게 되더라도 수유 기간과 동일한 시차를 유지하는 것을 무엇보다 이상적으로 간주했다.

탈무드는 수유 기간을 조절하는 민간요법 가운데 하나로 포도주를 제안한다. 근거 있는 주장이라고 볼 수 없지만, 생존을 위해서 모유에 의지할 수밖에 없는 신생아를 배려하기 위한 기대 섞인 처방으로 평가할 수 있다. 산모에게서 충분한 모유를 얻을 수 없거나, 혹은 산모가 세상을 떠난 경우에는 따로 젖소를 구입하기도 했다. 하지만 젖소 역시 자신의 새끼를 먹이려고 할 때는 그 의사를 존중해 주었다.

와인은 만병통치약

유대인들은 예로부터 안식일이 시작되는 금요일 저녁식사에는 무슨 일이 있더라도 절대 세 가지 음식을 빠뜨리는 법이 없었다. 포도주, 빵, 그리고 생선 요리가 그것들인데, 지금도 유대인들의 가정은 변함없이 그 관습을 따르고 있다.

유대인들이 포도주와 빵을 소중하게 생각하기 시작한 것은 성경 시대로까지 거슬러 올라간다. 살렘의 왕 멜기세덱은 전투에서 승리하고 돌아온 아브라함을 빵과 포도주로 대접하면서 축복을 빌어주었다. 창 14:17-19 유대인들은 이 사건을 근거로, 그리고 구약의 족장들이 자손들을 축복한 것을 본받아서 매주 안식일이 돌아오면 가장이 금요일 저녁식사 시간에 가족들을 일일이 축복하는 것을 당연한 일로 간주하고 있다.

이처럼 오랫동안 이스라엘 사람들의 식탁을 차지해 온 포도주는 빵이나 물처럼 매우 일상적이고 평범한 음식이었을 뿐 아니라 가축의 젖이나 닭고기 수프처럼 경우에 따라 약품으로도 사용되었다.

프렌치 패러독스와 와인 최근 포도주를 언급할 때마다 한번쯤 거론되는 게 프렌치 패러독스이다. 1991년 미국 CBS 시사 프로그램 '60분'에서 처음으로 사용되었는데, 프랑스가 미국에 비해 지방이 훨씬 많은 식사를 주로 하면서 심근경색과 같은 심혈관계 질환이 적고 비만율이 낮다는 것을 가리키는 신조어였다. 그 이유는 분명하지 않으나 프랑스 사람들이 많이 마시는 적포도주에 특별한 물질이 들어 있기 때문이라는 게 결론이었다.

이후로 전세계적으로 레드 와인이 선풍적인 인기를 끌게 되었고, 포도주의 알 수 없는 성분들 역시 과학적으로 속속 규명되고 있다. 가령, 레드 와인에는 혈액의 응고를 예방하고 항암과 항산화 작용에 효과적인 레스베라트롤을 비롯해서 다양한 성분과 영양소가 풍부하다는 것이다. 프랑스 사람들이 각종 지방을 많이 섭취하고 흡연과 음주를 자주 하면서도 심장질환율이 낮은 것도 꾸준히 레드 와인을 마시기 때문이라는 연구 결과 역시 발표되었다.

그런데 포도주에 관한 이런 보도가 있기 훨씬 전부터 사람들은 포도주의 약효를 파악하고 있었다. 성경시대 사람들도 마찬가지였다. 성경에는 포도주를 음료만이 아니라 환자를 치료하는 약품으로 사용하도록 권하거나 효과를 거둔 사례가 많이 기록되어 있다. 가령, 잠언서는 마음의 병을 다스리는 데 포도주를 사용하라고 권한다.

"독주는 죽게 된 자에게, 포도주는 마음에 근심하는 자에게 줄지어

다" 잠 31:6

바울은 오랫동안 위장병에 시달리는 자신의 제자 디모데에게 포도주를 마셔 보라고 조언하기도 했다.

"이제부터는 물만 마시지 말고 네 위장과 자주 나는 병을 위하여는 포도주를 조금씩 쓰라" 딤전 5:23

적당한 양의 포도주가 손상된 소화기관의 회복에 도움이 된다는 것을 바울이 알고 있었기 때문이다. 포도주는 피부에 난 상처를 치료하는 데도 사용되었다. 예수님의 비유에도 사마리아인이 강도 만난 사람을 기름과 포도주를 가지고 치료했다는 내용이 나온다. 눅 10:34 기름은 상처를 부드럽게 만들고, 포도주는 알코올 성분이 있어서 상처 부위를 소독하는 데 도움이 되었기 때문이다.

포도주냐, 포도즙이냐 전통적으로 금주를 미덕으로 여기는 우리나라 그리스도인들 가운데는 예수님이 포도주가 아니라 발효되지 않은 포도즙을 마셨다고 주장하는 이들이 있다. 때문에 성찬식에서 포도주를 사용하는 것은 성경적이 아니라고 주장한다. 이런 주장은 어느 정도 신빙성이 있을까? 성경을 전체적으로 살펴보면 그들의 의견이 사실과 다르다는 것을 바로 알 수 있다.

이스라엘은 옛날부터 질 좋은 포도와 포도주의 생산지로 유명했다. 유대인들은 포도주를 하나님 안에서 경험하는 삶의 신비와 기쁨 그리고 사랑의 상징으로 간주할 정도로 특별하게 대했고, 포도주를 즐겨 마시면서 노래했다. 시 104:15 예수님의 경우도 마찬가지였다.

바리새인과 율법주의자들은 그런 예수님을 "먹기를 탐하고 포도주를 즐기는 사람"이라고 불렀다.눅 7:34 예수님은 그런 표현을 굳이 마다한 것 같지는 않다. 그리고 예수님은 제자들과 지상에서 마지막으로 식사를 함께 하면서 포도주 잔을 들고 축복하기도 했다.

"또 잔을 가지사 감사기도 하시고 그들에게 주시며 이르시되 너희가 다 이것을 마시라"마 26:27

이처럼 이스라엘 사람들이 생각하는 포도주는 우리의 생각과 전혀 달랐다. 그들에게 있어서 포도주는 술이라기보다 음료수에 가까웠다. 이스라엘은 평균 강우량이 우리나라에 비해 턱없이 부족해서 양질의 식수를 확보하는 게 언제나 고민거리였다. 그래서 사람들은 어디를 가든지 가장 먼저 우물을 파야 했고, 비가 올 때를 예상해서 우수를 모아 두는 탱크를 준비하기도 했다.

포도주를 만드는 것 역시 식수 부족에 대비하려는 의도가 포함되어 있었다. 석회질이 대부분인 토양에서 포도를 발효시켜서 얻은 포도주는 팔레스타인 지역에 사는 주민들에게는 철분과 미네랄을 공급하는 매우 괜찮은 식수였다.

예수님 당시에 이스라엘에서 생산된 포도주는 대부분 레드 와인이었다. 청포도의 즙과 껍질을 분리해서 만드는 화이트 와인과 달리 레드 와인은 붉은 포도의 껍질과 알맹이, 줄기, 씨를 한꺼번에 으깬 뒤 용기에 담아 발효과정을 거치면 주조가 끝났다. 이스라엘 사람들은 레드 와인을 일상생활에서, 그리고 특별한 절기를 치를 때마다 자주 사용했기 때문에 상당히 친숙하게 받아들였다.

예수님이 가나의 혼인 잔치에서 처음으로 기적을 일으킨 포도주나 여러 사람들과 함께 어울릴 때 식탁에서 접한 포도주,눅 7:34 그리

상사병 치료, 건포도가 특효?

유대인들은 건포도를 그냥 먹거나 빵에 넣어서 먹었다. 그리고 경우에 따라서는 비상식량이나 약품으로도 사용했다. 아비가일은 부하들을 이끌고 떠돌아다녀야 하는 다윗에게 건포도 1백 송이를 주었고, 나중에 이스라엘 국왕의 자리를 노리는 아들 압살롬의 공세를 피해서 식량을 준비하지 못한 채 급히 피신한 다윗 역시 건포도를 아랫사람으로부터 비상식량으로 공급받기도 했다. 성경 시대 사람들은 사랑 때문에 병을 앓을 때도 건포도와 사과를 먹었다.

"너희는 건포도로 내 힘을 돕고 사과로 나를 시원하게 하라 내가 사랑하므로 병이 생겼음이라" 아 2:5

이른바 상사병에 걸린 사람이 건포도와 사과를 찾는 데는 그만한 이유가 있었다. 건포도는 비타민A, 티아민, 리보플라빈, 칼슘, 철분, 칼륨이 풍부할 뿐 아니라 당분이 많아서 에너지를 얻는 데 도움이 된다. 이처럼 건포도는 사랑앓이를 하느라 음식을 제대로 먹지 못해서 기운을 잃어버린 사람의 회복을 돕는 데 꼭 필요한 처방이었다.

정결한 포도주는 따로 있다?
–코셔 와인

유대인들은 정결법에 따라 만든 음식에는 반드시 코셔라는 이름을 붙인다. 코셔 푸드나 코셔 레스토랑이 대표적이다. 이것은 포도주에도 적용된다. 코셔 와인의 상표가 붙은 것은 어떤 지역이나 포도 품종의 이름이 아니라 다음의 네 가지 정결법을 따라서 제조한 와인을 가리킨다.

첫째, 포도나무를 심은 지 4년이 지난 후부터 수확한 포도로 와인을 만든다. 둘째, 포도원은 7년에 한 번 1년씩 땅을 놀린다. 셋째, 포도원에서는 반드시 포도나무만 재배한다. 넷째, 안식일을 철저히 지키는 유대인이 100퍼센트 코셔 재료를 사용해 와인을 만들고 숙성시키고 포도주를 병에 담는 것까지 담당한다.

와이너리들은 이런 규칙을 지키는 게 얼마나 어려운 일인지 잘 안다. 우선 포도나무를 심고 나서 4년이 지난 후에 열린 열매로 와인을 만들라는 규정부터 그렇다. 대개 포도나무는 심은 지 3년째부터 좋은 열매를 맺기 때문에 1년 더 기다리는 것은 그만큼 경제적으로 손해를 감수해야 하는 것이다. 그리고 7년마다 포도농사를 그치고 땅을 놀리는 것 역시 보통 사람으로서는 지키기 힘든 규정이다. 하지만 유대인들은 전통적인 방식을 고수하고 있고, 최근에는 고가의 와인으로 인정받고 있다.

코셔 마크가 부착된 포도주,
안식일을 지키는 유대인이 주조하고
이스트나 젤라틴을 사용하지 않는다

고 지상에서 제자들과 마지막으로 식사를 함께 나누던 자리에서 새로운 계약의 상징으로 활용한 포도주 역시 모두 레드 와인이었다.

포도주를 치료 목적이 아니라 음료로 이용할 때는 포도주보다 오히려 음주벽의 위험성이 강조되었다. 성경에서 독주와 포도주를 굳이 구분하는 것도 바로 그 때문이다. 잠언서의 기자는 취하려고 포도주를 마시는 사람을 지혜가 없다고 비난한다.

"포도주는 거만하게 하는 것이요 독주는 떠들게 하는 것이라 이에 미혹되는 자마다 지혜가 없느니라" 잠 20:1

바울은 에베소 교인들에게 편지로 소식을 전하면서 음주의 역효과를 경고했다.

"술 취하지 말라 이는 방탕한 것이니 오직 성령으로 충만함을 받으라" 엡 5:18

베드로 역시 초대교회에 같은 뜻의 교훈을 남겼다.

"너희가 음란과 정욕과 술취함과 방탕과 향락과 무법한 우상숭배를 하여 이방인의 뜻을 따라 행한 것은 지나간 때로 족하도다" 벧전 4:3

이런 경고를 무시하는 주정뱅이에게 돌아오는 것은 말할 수 없는 수치와 회한뿐이었다. 인류 최초로 포도를 키웠던 노아,창 9:21 그리고 아브라함의 조카 롯이 그랬다.창 19: 그것을 잘 알고 있는 유대인들은 알코올의 농도를 낮추기 위해서 포도주를 물로 희석해서 마셨다.

재미있는 양념 이야기

그들이 특히 부추를 거론한 것은 배고픔이나
입맛의 충족보다는 말 그대로 탐욕이 배어 있다는 것이다.
부추는 일종의 보양식품으로서
남성에게 필요한 스태미나 식품으로 분류되기 때문이다.
성경에는 부추 이외에도 여러 가지 양념과 얽힌 일화들이 다양하다.

출애굽 이후 광야를 떠돌면서 생활하던 이스라엘 사람들은 언제든지 먹을 수 있는 만나에 대해서 싫증을 느꼈다. 그래서 그들은 모세의 귀에까지 들어갈 정도로 불평을 늘어놓았다. 하루도 거르지 않고 만나만 먹다 보니 기력이 떨어지고 입맛을 잃게 되었다는 것이었다. 그러면서 그들은 그전에도 그랬지만, 또다시 이집트에서 자주 먹었던 음식들의 목록을 늘어놓기 시작했다.

이스라엘 사람들이 기대하는 음식은 생선, 오이, 참외, 그리고 부추와 파와 마늘이었다.민 11:4-5 부추와 파와 마늘은 오늘날에도 아랍 음식에서 빠질 수 없는 양념으로 사용되고 있는 것들이다. 사람들의 불평을 전해 들은 모세는 하나님에게 자신의 고민을 절절히 토로했다.

"…그들이 나를 향하여 울며 이르되 우리에게 고기를 주어 먹게 하라 하온즉…나 혼자는 이 모든 백성을 감당할 수 없나이다" 민 11:13-14

하나님은 모세의 기도를 듣고서 엄청난 양의 메추라기떼를 보내주는 것으로 응답했다. 그런데 일부 학자들은 이스라엘 사람들의 불평으로부터 그들의 또 다른 욕심을 읽어내기도 한다. 그들이 특히 부추를 거론한 것은 배고픔이나 입맛의 충족보다는 말 그대로 탐욕이 배어 있다는 것이다. 부추는 일종의 보양식품으로서 남성에게 필요한 스태미나 식품으로 분류되기 때문이다. 성경에는 부추 이외에도 여러 가지 양념과 얽힌 일화들이 다양하다.

짠맛을 잃은 소금

히브리 요리에는 과거나 지금이나 향신료와 양념이 많이 사용된다. 양념들 가운데 희생 제물마다 예외 없이 의무적으로 넣어야 하고, 또 요리를 만드는 데 빠뜨릴 수 없었던 소금은 대표적인 향신료이다. 고대 사람들은 소금을 하나님이 허락한 선물로 생각했고, 일부에서는 소금을 인간의 가장 중요한 발견 가운데 하나로 꼽을 정도로 높게 평가한다.

소금은 식용 외에 약품을 만들거나 가죽의 무두질, 고기와 생선의 보관이나 올리브의 조리, 기타 식품을 보관하는 데 사용되었다. 이스라엘 사람들은 언약을 맺을 때 소금을 먹었다.민 18:19 상대방이 소금을 먹는 행위를 신실함과 우정의 상징으로 받아들였기 때문이다. 그들은 또 불 때는 데 소금을 사용했다. 동물의 똥을 말려 연료로 사용하면 잘 타지 않아 각 가정에서는 빵을 굽는 가마 밑에 소금판을 대서 촉매 역할을 하게 했다.

이처럼 다양한 기능을 하는 소금은 인체의 기능을 건강하게 유지시키는 데 없어서는 안 되는 필수적인 성분이다. 소금은 우리 몸의 신진대사를 촉진해서 노폐물을 배출시키고 인체의 항상성을 유지시키기 때문이다.

소금의 중요성을 누구보다 잘 알고 있던 예수님은 자신을 따르는 이들을 일컬어 '세상의 소금'이라고 불렀다.마 5:13 소금이 음식의 풍미를 더하고 몸의 기능을 유지시키고 썩는 것을 막아주는 역할을 하듯이 세상이 정상적으로 기능할 수 있도록 꼭 필요한 소금과 같은 존재가 되라는 말씀이다. 그런데 예수님은 계속해서 이렇게 덧붙였다.

"…소금이 만일 그 맛을 잃으면 무엇으로 짜게 하리요 후에는 아무 쓸 데 없어 다만 밖에 버려져 사람에게 밟힐 뿐이니라" 마 5:13

소금이 어떻게 짠맛을 잃어버릴 수 있을까? 그리고 맛을 잃어버린 소금을 어느 곳에 버렸기에 사람들에게 밟힌다는 것일까? 이미 여러 책에서 이 문제를 다루고 있기 때문에 어느 정도 익숙한 내용이지만 여기서 다시 설명하면 이렇다.

성경시대 사람들이 음식에 사용한 소금은 우리에게 익숙한 천일염이 아니었다. "소금은 하늘과 부지런한 사람들이 함께 만드는 보물"이라는 말이 있다. 이것은 천일염의 제조과정을 간단하게 요약한 말이다. 해수를 막아 한동안 햇볕에 증발하여 소금꽃이 피면 수확하는 게 천일염의 제조 방식이다. 그래서 양질의 천일염을 얻으려면 부지런해야 하고 날씨가 도와주어야 한다.

이스라엘 사람들이 식염으로 사용하는 것은 짠맛을 잃는 게 불가능한 천일염이 아니라 암염이었다. 암염이란 염전이 아니라 사해 인근에 있는 물이 증발한 웅덩이나 바위 등지에서 채취하는 소금을 말한다. 이스라엘 남부 지역에 위치한 사해는 말 그대로 죽음의 바다이다. 주변에는 나무를 찾아볼 수 없고, 공중에는 새 한 마리 날아다니지 않는다. 사해는 일반 바닷물보다 염도가 열 배나 높아서 예부터 염해라도 불렀다. 창 14:3 사람들은 소금이 필요하면 이 사해에서 소금덩어리를 채취해서 사용했다.

소금 바위나 웅덩이, 혹은 사해 부근의 소금 언덕에서 얻은 소금덩이는 우리가 흔히 접하는 순수한 소금의 결정체와는 거리가 멀었다.

채취한 소금덩어리에는 염분 이외에도 마그네슘이나 석회, 혹은 풀 찌끼 같은 것들이 함께 뒤섞여 있었다. 이런 소금덩어리를 일정 기간 그대로 두면 습기 때문에 염분이 서서히 녹아서 빠져나가게 되고, 쓸데없는 찌꺼기들만 남게 되었다. 예수님은 이것을 '맛을 잃어버린 소금'이라고 불렀다.

사해 주변에
형성된 소금바위

짠맛을 잃어버린 소금은 어디에도 쓸모가 없었다. 밭에 버리면 땅을 망치기 때문에 잘 모아 두었다가 길거리에 뿌렸다. 그리고 예루살렘처럼 건물이 많은 도시에서는 우기에 자주 사용했다. 겨울이 되어 비가 내리기 시작하면 대리석으로 만들어진 길이 상당히 미끄러웠다. 그때 따로 모아 둔 소금을 그 위에 뿌려서 사람들이 안전하게 통행할 수 있게 했다. 이처럼 소금이 일단 짠맛을 잃으면 예수님의 말씀처럼 사람들의 발에 밟히는 신세가 되고 말았다.

입냄새 제거제, 올리브

올리브는 빵과 포도주와 더불어 지중해 지역을 대표하는 세 가지 음식Mediterranean triad 가운데 하나로 꼽힌다. 올리브는 옛날 이스라엘 경제를 떠받쳤고, 일상에서도 결코 빠뜨릴 수 없는 소중한 존재였다. 사사기를 보면 올리브의 중요성을 새삼 확인할 수 있다.

이스라엘의 사사 기드온은 미디안의 공격을 물리친 영웅이었지만 왕이 되기를 거절했다. 하나님의 직접적인 통치를 이상적으로 간주했기 때문이었다.

하지만 아들 아비멜렉의 생각은 달랐다. 아비멜렉은 왕을 자처하고 형제 칠십 명을 모두 죽이려고 했다. 학살을 피해서 달아난 막내 요담이 그리심산에 올라가서 비유를 들어가면서 그 상황을 사람들에게 설명했다. 나무들이 여러 나무를 찾아다니면서 왕으로 모시려고 했지만 모두 거절했고, 못나고 사나운 가시나무만이 왕이 되고자 했다는 내용이었다. 물론, 가시나무는 왕위 때문에 형제까지 모두 살해한 아비멜렉을 가리켰다.

요담의 비유에서, 나무들이 가장 먼저 찾아간 나무는 올리브였다. 올리브 나무의 대답은 이랬다.

"…내게 있는 나의 기름은 하나님과 사람을 영화롭게 하나니 내가 어찌 그것을 버리고 가서 나무들 위에 우쭐대리요…" 삿 9:9

올리브는 열매와 기름, 나무까지 무엇 하나 버릴 게 없는 나무 중에 나무였다.

올리브 효과 올리브나무는 레바논부터 카스피해 남단 지역에 이르기까지 골고루 분포한다. 올리브가 지중해와 인접한 지역에서 주로 재배되는 이유는 기후와 토양이 올리브나무의 성장에 적합하기 때문이다. 올리브나무는 모래와 돌이 많아서 물이 쉽게 빠지는 척박한 땅을 좋아하고 수명은 6백 년 정도인데, 잘 관리하면 1천 년 이상을 사는 것으로 알려져 있다.

가버나움에 있는 올리브 압착기

여름에는 덥고 겨울에는 서늘하고, 바위로 이루어진 경사지가 대부분인 이스라엘은 올리브나무를 재배하는 데 아주 적합한 환경으로 꼽히는 것도 바로 그 때문이다. 성경시대에는 요즈음보다 올리브나무의 개체수가 훨씬 더 많았다. 정원마다 대부분 올리브나무로 채워졌고, 빈자리가 생겨야 비로소 무화과나무와 다른 과실수를 심을 정도로 사람들 사이에 무척 인기가 높았다.

올리브산 서쪽 기슭에 있는 겟세마네 동산 역시 사실은 올리브나무를 대규모로 재배하는 농장이었다. '기름 짜는 틀이 있는 정원'이라는 이름의 뜻에서 알 수 있는 것처럼 예수님 당시 사람들은 해마다

10월이 돌아오면 올리브나무에서 털어 낸 열매를 가져다가 그곳에 있는 압착기를 이용해서 기름을 짜곤 했다. 신 24:30

올리브기름은 불을 밝히는 데는 물론이고 약용과 식용으로도 자주 사용했고, 솔로몬이 성전을 짓는 데 필요한 목재 구입비용을 올리브기름으로 지불할 정도로 성경시대부터 지중해 지역 국가들 간의 주요한 교역물품이었다.

올리브열매는 시간이 지나면서 색깔이 초록색에서 자주색 그리고 다시 검은색으로 변하게 된다. 초록색 열매를 짜면 초록색, 그리고 자주나 검은색을 짜면 노란색 기름이 추출된다. 초록색이 진할수록 떫거나 아려 톡 쏘는 맛이 강하고, 노란색일수록 부드럽다. 올리브열매 가운데 90퍼센트를 기름을 얻는 데 사용하고, 나머지는 통째로 소금이나 오일에 절여서 피클로 만드는 게 일반적이다. 열매를 식용하는 것보다 기름으로 만드는 게 경제적 이익이 크기 때문이다.

올리브기름은 옛날부터 다양하게 사용되었다. 첫 번째 수확한 기름을 요즈음에는 버진 오일, 혹은 엑스트라 버진 오일이라고 부르는데 이스라엘 사람들에게는 특별한 의미가 있었다. 제일 먼저 짠 기름은 대부분 성전에서 사용했는데, 제사장을 임명할 때나 번제물을 바칠 때 이 기름을 썼다. 그리고 성전의 내부를 밝히는 등잔에도 역시 사용되었다.

나머지 기름은 요즈음처럼 음식을 만들거나 귀한 향료를 섞어서 만든 향유처럼 일상생활에 다양하게 쓰였다. 유대인들에게는 귀한 손님이 찾아오면 그 머리에 향유를 바르는 풍습이 있었다. 눅 7:46

예수님이 베다니에 사는 문둥병자 시몬의 집에서 식사할 때 어느 여인이 옥합을 깨서 값비싼 향유를 머리에 부었다는 기록이 있다.막 14:3 여름에 습도가 높은 지역에 살고 있는 우리로서는 잘 이해되지 않는 풍습이라고 할 수 있다. 하지만 고온 건조한 지역에서 생활하는 이스라엘 사람들로서는 그보다 고마운 일이 없었을 것이다.

경우에 따라 액체 향유 대신 고체로 만든 원뿔형 향유를 귀한 손님의 머리 위에 올려놓기도 했다. 그러면 몸의 열과 더운 날씨 때문에 향유가 서서히 녹으면서 얼굴과 옷을 타고 흘러내려 몸 전체에 그 향이 번져 나갔다. 이것 역시 우리에게는 잘 이해되지 않는 풍습이지만 성경시대 사람들은 그것을 무척 즐긴 것으로 알려져 있다.

"머리에 있는 보배로운 기름이 수염 곧 아론의 수염에 흘러서 그의 옷깃까지 내림 같고" 시 133:2

올리브로 입냄새 없애기 올리브기름과 관련해서 한 가지 재미있는 사실은 과거에 이스라엘 사람들이 그것을 구강세정제로 사용했다는 것이다. 탈무드를 보면 입냄새를 제거할 수 있는 몇 가지 방법들이 구체적으로 소개되어 있다.

먼저, 후추를 이 사이에 끼고 다니는 것이다. 입을 열 때마다 우스꽝스러울 수 있겠지만 값비싼 향신료를 사용하는 것이니 만큼 효과가 좋았다고 한다. 두 번째는 우리말 성경이 '비자'라고 번역한, 열매를 맺는 피스타치오 렌티스쿠스(유향수)의 나뭇진을 마치 껌처럼 씹는 것이다. 이것은 그리스 사람들이 지금까지 전통적으로 애용하는 방법 가운데 하나인데, 나뭇진과 밀랍을 섞어 씹는다.

그리고 소위 구강세정제를 사용하는 방법이 있었다. 구강세정제는 물과 소금, 그리고 올리브기름을 함께 섞어서 만들었다고 한다. 치약이나 치실, 혹은 구강세정제를 사용해도 입냄새가 제대로 가시지 않으면 치과를 찾아가서 치료를 받는 우리들이 보기에는 상당히 허접할 수 있다. 하지만 이스라엘 사람들에게는 어쩔 수 없이 선택해야 하는 방법이었다.

기름을 짜지 않고 따로 남겨 둔 올리브열매는 절여서 피클로 만들어 먹었다. 본디 팔레스타인 지역에서는 열매를 식용하지 않았지만, 헬라와 로마제국의 통치를 받으면서 그곳의 식습관이 유대인들에게까지 전해진 것으로 알려져 있다.

올리브열매는 날로 먹으면 말로 쉽게 표현하기 어려울 정도로 쓰고, 아리고, 떫은 묘한 맛을 경험하게 된다. 때문에 올리브기름과 식초, 소금을 열매와 함께 넣어 절인 후 저장해서 맛을 들인다. 이스라엘의 전통 시장이나 마트, 그리고 음식점에서 흔히 볼 수 있는 올리브피클은 양고기 요리를 즐겨 먹는 유대인들이나 아랍인들에게는 우리네 김치처럼 빼놓을 수 없는 존재라고 할 수 있다.

맨드레이크는 최음제

야곱의 첫째 부인 레아의 아들 르우벤이 들에 나가서 합환채를 발견하자 곧장 그녀에게 가져다 주었다. 어떻게 그 소식을 들었는지 둘째 부인 라헬이 레아를 찾아와서 졸라 댔다. 우리말 『개역개정 성경』은 그 발언의 내용을 상당히 딱딱하게 번역한다.

"…언니의 아들의 합환채를 청구하노라" 창 30:14

반면에 『표준새번역』의 번역은 더 부드럽다.

"…언니 아들이 가져온 자귀나무를 나에게 주어요.…"

합환채가 자귀나무로, 그리고 요구에 가깝던 말투가 사정으로 바뀌었다는 것을 알 수 있다. 성경의 배경에 익숙한 이들은 『표준새번역』이 본래의 의미에 더 가깝다는 것을 잘 알고 있다. 라헬이 사정할 만한 이유가 있었기 때문이다.

그러자 레아가 대답했다.

"…네가 내 남편을 빼앗은 것이 작은 일이냐 그런데 네가 내 아들의 합환채도 빼앗고자 하느냐…" 창 30:15 상

라헬은 합환채를 얻어 내려고 나름의 타협안을 제시할 수밖에 없었다.

"…그러면 언니의 아들의 합환채 대신에 오늘 밤에 내 남편이 언니와 동침하리라…" 창 30:15 하

라헬이 합환채를 구한 까닭 우리말로는 자귀나무, 영어로는 맨드레이크로 번역되는 이 합환채의 일화를 제대로 이해하려면 일차적으로 맨드레이크에 관한 정보가 필요하다. 우리말 성경에 등장하는 합환채나 자귀나무는 맨드레이크(히브리어의 '두아임')와 무관하다. 맨드레이크는 남부 유럽과 북아프리카가 원산지로서 옛날부터 특별한 식물로 취급되었다.

일부에서는 자귀나무의 뿌리가 인삼처럼 사람의 하반신을 연상시키는 탓에 맨드레이크(man+drake, 혹은 dragon)라는 이름이 붙었다고 주장하기도 한다. 중세 유럽에서는 맨드레이크를 미신의 소재로

맨드레이크와 열매

이용하기도 했다. 맨드레이크를 『흠정역KJV 성경』은 '사랑의 사과'라고 번역했고, 다른 영어 성경은 '5월의 사과'나 '악마의 사과'라고 번역했다.

맨드레이크는 히아신이라는 마취 성분이 있어서 중세시대 산파들이 산모의 출산을 용이하게 하려고 이 식물을 사용했다가 마녀로 몰리는 일도 있었다. 그리고 뿌리에 집중된 알칼로이드는 최음 효과를 발휘한다.

평소 맨드레이크의 약효를 알고 있는 라헬이 르우벤이 합환채를 찾아왔다는 말을 듣고 가만히 있지 못한 것도 바로 그 때문이었다. 라헬은 야곱으로부터 사랑을 받고 있었지만 어쩐 일인지 아기가 들어서지 않았다. 그녀의 고통은 말할 수 없을 정도였다. 남편에게 공연히 트집을 잡기도 했었다.

"…언니를 시기하여 야곱에게 이르되 내게 자식을 낳게 하라 그렇지 아니하면 내가 죽겠노라" 창 30:1

결국 라헬은 맨드레이크를 이용하려고 했지만, 언니는 그렇게 호락호락하지 않았다. 자신의 맏아들 르우벤이 맨드레이크를 찾아온 이유를 알고 있었기 때문이었다. 성경에는 그 이유를 제대로 밝히지 않고 있지만 충분히 짐작할 수 있다.

야곱은 라반의 계략에 넘어가서 어쩔 수 없이 부인으로 맞게 된 레아보다는 라헬을 진심으로 사랑했는데, 그것은 자식에게까지 눈에 뛸 정도였을 것이다. 르우벤은 맨드레이크가 아버지의 편향된 사랑을 돌려놓을 수 있는 효과적인 수단이 될 수 있다는 것을 알고서 그것을 가져다가 어머니 손에 쥐어 주었다. 맨드레이크는 아가서의 기록처럼 연인들의 사랑을 돕는 식물이기 때문이다.

"이른 아침에 포도원으로 함께 가요.…거기에서 나의 사랑을 임에게 드리겠어요. 자귀나무가 향기를 내뿜어요.…내가 임께 드리려고 고이 아껴 둔 것들이라오" 아 7:12–13, 『표준새번역』

엉긴 우유와 석류의 비밀 유대 문헌에는 맨드레이크 이외에 최음제로 간주되는 음식들이 등장한다. 대표적인 게 엉긴 우유였다.

"시스라가 물을 구하매 우유를 주되 곧 엉긴 우유를 귀한 그릇에 담아 주었고" 삿 5:25

일부 랍비들은 드보라의 노래에 등장하는 이 엉긴 우유를 일반적인 것과 다르게 해석한다. 병력을 이끌고 이스라엘을 침공한 시스라는 드보라와 바락이 지휘하는 전투에서 패배하고 홀로 피신하는 신세가 되었다. 이리저리 헤매던 시스라는 야엘이 있는 천막을 찾아갔다. 우연히 자신의 천막을 찾아온 시스라에게 야엘은 엉긴 우유와 잠자리를 제공했다. 그리고 시스라가 곤히 잠든 틈을 타서 야엘은 그를 살해했다. 일개 여인이 전쟁 영웅이 되는 순간이었다.

여자 사사 드보라는 직접 노래를 불러 그녀의 공을 칭찬했다. 그런데 나중에 유대교 랍비들은 야엘이 시스라에게 건넨 엉긴 우유를 최음제로 해석하면서 둘의 대화에서 성적인 코드를 찾아낼 수 있다고 주장했다. 시스라가 죽음을 의식하지도 못한 채 깊은 잠에 빠진 것도 석류를 쪼갠 모습.
겉질과 과육으로
구성돼 있다

바로 그런 이유 때문이라는 것이다.

석류 역시 최음제의 성분을 가지고 있는 것으로 보았다. 석류는 가나안 땅을 대표하는 일곱 가지 식물 가운데 포함될 정도로 중요한 식물이었다.

예수님 식탁은 장수 음식?

인터넷 잡지 『WebMD http://www.webmd.com』는 대표적인 항노화 식품들을 다음과 같이 발표한 바 있다. 그것들은 일 세기에 예수님의 식탁에 오르던 메뉴와 크게 다르지 않다.

견과류 콜레스테롤이 없는 단백질로 기름진 고기를 대신할 수 있다. 아몬드는 비타민E, 호두는 오메가3이 많다.

어류 미국 심장학회에 따르면 어류에 있는 오메가3지방이 동맥경화의 위험을 크게 낮춰 줄 수 있다고 한다.

올리브기름 올리브기름은 불포화지방으로 이루어졌다. 트랜스지방이 없어서 건강에 좋다. 엑스트라 버진 오일을 복용하면 좋은 콜레스테롤 수치high-density lipoprotein level, HDL가 상승한다.

과일과 야채 비타민과 미네랄과 함께 노화를 예방하는 다양한 영양분이 들어있다. 혈액의 항산화 수치를 높여주고 마그네슘과 포타슘 등을 제공해서 뼈를 튼튼하게 한다.

콩류 탄수화물과 섬유질이 풍부하고 콜레스테롤 없는 단백질을 제공한다.

곡류 곡물에는 비타민E와 섬유질 비타민B 등이 풍부하고 항산화 효과도 좋다.

저지방 우유 유제품은 뼈를 튼튼하게 해주는 칼슘이 풍부하며 근골격계에 특히 좋다. 또한 저지방 우유에 있는 비타민D는 전립선암, 대장암, 유방암 발생을 줄여 준다.

"네 하나님 여호와께서 너를 아름다운 땅에 이르게 하시나니…밀과 보리의 소산지요 포도와 무화과와 석류와 감람나무와 꿀의 소산지라" 신 8:7-8

석류는 씨가 많아 주로 다산이나 풍요를 가리키는 상징으로 사용되었다. 유대인들의 전통에 따르면, 완전히 익은 석류에는 모두 613개의 씨앗이 들어 있는데, 이 숫자는 하나님이 이스라엘에게 허락한 율법의 개수와 정확하게 일치했다. 초대교회 역시 석류나무를 에덴동산에 있던 '생명의 나무'로 간주해서 기독교 미술의 소재로 자주 활용했다.

그런데 유대 여성들에게 석류는 또 다른 의미가 있었다. 석류를 짜서 그 즙을 마시면 아기를 가질 수 있다는 속설 때문에 최음제로 간주했다. 그래서 남편과 잠자리를 하기 전에 석류즙을 즐겨 마셨다.

최근에는 석류의 껍질에 타닌, 씨앗에는 에스트로겐이 다량 함유되어 있어서 여성에게 특히 좋다는 연구결과들이 속속 제시되고 있어서 기존의 속설을 근거 없는 것으로 보기 어렵게 되었다. 흔히 알려진 것처럼 에스트로겐은 여성의 갱년기 장애나 골다공증의 치료에 쓰이는 여성호르몬이다.

클레오파트라가 미용을 위해 하루에 석류 반쪽씩 먹었다고 전해지는 것이 석류이다. 석류에 있는 풍부한 여성호르몬과 비타민C는 노화를 늦추고 피부를 아름답게 해 준다는 것이다. 따라서 여성들을 위한 보약이라고 불리고 있으며 요즈음 상당히 인기가 높다.

금기식품, 땀샘이 없어 슬픈 짐승

공식적으로는 유대 정결법의 규정대로 돼지고기를
판매하지 않는 것으로 알려져 있지만,
또 어느 곳에서는 돼지고기를 독일 양고기라는 이름으로
판매하기도 한다.
우리나라에서 한동안 보신탕을 영양탕이라고
이름을 바꿔서 판매한 것과 비슷하다.

유대인들은 전통적으로, 되새김질하는 반추동물에서 얻은 고기만 식탁에 올리는 것을 당연하게 여겨왔다. 이런 식습관은 개인적인 취향과 전혀 무관했다. 양이나 염소나 소를 비롯한 몇 가지 가축들 이외에는 모두 부정한 것으로 간주해서 입에 대거나 식탁에 올릴 수 없었다.

우리나라 사람들이 유별나게 좋아하는 돼지고기나 그것을 재료로 하는 다양한 부산물은 유대인들에게는 대표적인 금기식품이다. 유대인들은 돼지를 만지는 것은 물론이고 돼지를 가리키는 말조차 입에 담지 않고 '그것' 혹은 '그 짐승'이라고 불렀다. 그들이 돼지고기를 기피하는 것은 그것이 성경에 금기식품으로 명시되어 있기 때문이다.

"돼지는 굽은 갈라졌으나 새김질을 못하므로 너희에게 부정하니 너희는 이런 것의 고기를 먹지 말 것이며 그 사체도 만지지 말 것이니라" 신 14:8

성경이 돼지를 부정한 동물로 분류하면서도 돼지고기의 섭취를 어째서 금지해야 하는지에 관해서 구체적인 이유를 제시하지 않기 때문에 상당히 다양한 해석들이 존재한다.

가장 흔히 거론되는 게 위생상의 문제이다. 돼지가 불결하고 지저분하다 보니 하나님이 먹는 것을 금했다는 것이다. 정치적인 동기 역시 또 다른 이유로 거론되고 있다. 이스라엘 사람들의 질곡의 역사 때문에 돼지고기를 피하게 되었다는 것이다. 그리고 최근 들어서는 돼지의 생태적 측면을 고려해야 한다는 주장이 제기되고 있다.

돼지고기가 초래한 전쟁

유대인들의 돼지고기에 대한 혐오를 정치적으로 해석하는 사람들은 그 원인을 외세에 대한 반발에서 찾는다. 그들은 주전 3세기 당시의 복잡한 정치적 상황에 주목한다. 이스라엘은 전통적으로 강대국을 연결하는 일종의 교량land between 구실을 했다. 때문에 국제적인 힘의 역학에 변동이 발생하면 덩달아 몸살을 앓아야 했다. 주전 3세기 중반 무렵에도 동일한 일이 반복되었다.

마케도니아의 젊은 국왕 알렉산더의 원정은 무수한 일화를 만들어 냈고, 그렇게 해서 형성된 알렉산더 제국은 남부 유럽부터 인도 직전까지, 그리고 바빌로니아를 거쳐서 북아프리카까지 포함했다. 이처럼 거대한 알렉산더 제국은 '헬레니즘의 세계화'라는 이념에 따라 완성되었는데, 이스라엘 역시 그 흐름을 거스르기 어려웠다.

알렉산더 군대가 지중해 일대를 휩쓸자 이스라엘 사람들은 공포에 떨었다. 마케도니아의 가공할 만한 병력을 제대로 감당한 나라가 없다는 소문은 그 공포심을 한껏 부추겼다. 결국 이스라엘과 시리아 지역은 별다른 반발 없이 투항했고, 그로부터 얼마 지나지 않아서 알렉산더는 동방원정을 성공리에 마무리했다.

알렉산더의 꿈은 동서세계의 완벽한 통합에 있었다. 정치는 물론이고 문화를 통합해서 새로운 세계와 문명을 건설할 수 있다고 생각했다. 그런 세계관을 헬레니즘이라고 불렀다. 알렉산더와 후계자들은 헬레니즘을 전파하기 위해서 도시를 건설하고, 정치체계를 새롭게 구축했으며, 그리스어를 적극적으로 보급했다.

팔레스타인 지역 유대인 역시 강력한 헬라화 정책에 영향을 받았다. 곳곳에 헬라식 건물이 건축되었고 헬라어가 보급되었다. 학교 교육과정에 그리스의 운동시합이 포함되었고, 그리스인들의 복장과 이름을 갖는 게 마치 유행병처럼 번졌다. 유대교 역시 헬라의 영향으로 보다 개방적으로 바뀌어 갔다. '알렉산더의 도시'라는 뜻을 가진 알렉산드리아에 거주하는 유대인들을 위해서 히브리어로 쓰인 성경을 그리스어로 번역한 게(『칠십인역』) 대표적인 사례였다. 이와 같은 급격한 변화는 유대인들 사이에 헬레니즘을 지지하는 세력과 그렇지 않은 세력 간의 갈등을 초래했다.

주전 323년 알렉산더가 바빌로니아에서 갑자기 세상을 떠났다. 당연히 후계자들 사이에서는 치열한 권력 투쟁이 빚어졌다. 이집트를 근거지로 삼은 프톨레미Ptolemy, 그리고 시리아와 팔레스타인과 페르시아를 근거지로 삼은 셀류커스Seleucus가 서로 대제국을 양분하는 쪽으로 가닥을 잡아 나갔다.

초반에는 프톨레미 왕조가 비교적 여유로운 이집트를 기반으로 세력을 확대해서 팔레스타인과 시리아 지역까지 통

알렉산더 대왕(주전 356-주전 323년)

치했다. 하지만 세월이 흐르자 내부에서 권력의 축이 바뀌기 시작했고, 그에 따라서 변방에 대한 프톨레미의 통치력은 점차 약화되어 갔다. 호시탐탐 세력의 확대를 꾀하던 셀류커스 왕조는 그 틈을 놓치지 않고서 주전 200년에 팔레스타인 지역에서 프톨레미의 군대를 완전히 몰아냈다.

안티오쿠스 에피파네스 4세의 모습이 부조된 동전

프톨레미 왕조는 각 지역 주민들의 고유 언어와 종교와 문화를 존중했지만, 셀류커스 왕조의 군주들은 달랐다. 안티오쿠스 에피파네스 4세는 특히 더 했다. 그는 스스로를 제우스의 화신으로 선포하고서 자신의 제국을 철저하게 헬라화하려고 노력했다. 유대인들도 예외가 될 수 없었다. 예루살렘에 제우스 신전을 건축하고 헬라식 생활 문화를 유대인들에게 강요했다.

그러다가 주전 167년에는 유대인들이 결코 용납할 수 없는 칙령까지 발표했다. 전통적인 성전의 기능과 성전에서 진행되는 각종 제사의식을 폐지하고, 이방신의 제물로 사용하던 돼지를 하나님에게 바치는 제물로 사용해야 한다는 내용이었다.

칙령은 결국 유대인들의 강력한 반발을 야기했다. 일부는 무장을 해서 맞대응에 나섰고, 독립전쟁으로까지 발전하게 되었다. 이런 역사적 배경이 유대인들로 하여금 돼지고기를 율법에 근거한 금기식품에서 억압의 상징으로 간주하게 만들었고, 돼지고기에 대한 부정적 생각을 강화시켰다는 게 정치적 해석의 핵심이다.

위생적으로 불결한 돼지

일각에서는 위생상의 이유로 돼지고기를 금하게 되었다는 주장을 제기한다. 역사적으로 볼 때 이 주장이 가장 오래 되었다. 그리스도인들도 이런 주장에 상당수가 동의하고 있다. 그럴 때마다 늘 인용되는 성경 본문이 있다.

마가복음을 보면 예수님이 갈릴리 호수 동쪽에 있는 거라사 사람들의 동네를 방문했다가 무덤 사이에서 지내는 귀신 들린 사내를 만났다. 예수님이 이름을 묻자 귀신은 "내 이름은 군대니 우리가 많음이니이다" 막 5:9라고 대답했다. 마침 근처 산기슭에 2천 마리 정도의 돼지떼가 먹이를 먹고 있었는데, 귀신은 "우리를 돼지에게로 보내어 들어가게 하소서"라고 간청했다. 예수님이 허락하자 귀신들이 돼지들에게 들어갔고, 즉시 돼지떼가 미친 듯이 호수 쪽으로 달려들어 몰사했다.

돼지의 불결한 습성을 강조하는 이들은 예수님이 돼지에게 귀신이 들어가게 허락한 것은 더러운 것을 더러운 것으로 처리하기 위함이었다고 해석한다. 더러운 귀신이 불결한 돼지에게로 들어간 것은 아주 당연한 일이라는 것이다.

불결한 돼지 돼지고기를 금한 것은 더러운 습성과 불결한 식습관을 고려한 것이라고 주장하는 대표적인 인물이 중세시대의 랍비 모세 마이모니데스이다. 마이모니데스는 이슬람 황제의 궁정의사를 지낼 정도로 의학적 지식과 실력이 상당했다.

역사적으로
부정하게
취급 받아 온 돼지

그는 돼지고기를 먹는 것에 대해서 상당히 부정적이었다. 율법이 돼지고기를 먹는 것을 금하는 데는 나름의 이유가 있다고 생각했다. 돼지의 습성과 먹이가 아주 더럽고 혐오스럽기 때문이라는 게 그가 생각하는 일차적인 이유였다. 그리고 먹을 것이라면 결코 가리지 않는다는 게 그 다음으로 꼽는 이유였다.

마이모니데스가 생각하는 돼지는 배설물이나 죽은 곤충, 썩은 시체를 가리지 않고 먹어 치우고, 오줌과 똥이 뒤섞인 더러운 진흙탕에서 뒹굴 뿐 아니라 쓰레기더미를 뒤지면서 먹을 것을 놓고서 서로 다투기만 하는 머리 나쁜 동물이었다. 이런 이유로 그는 12세기 당시에 돼지고기를 즐겨 먹는 그리스도인들의 식습관을 아주 불쾌하게 여겼다.

사실 역사 기록들을 살펴보면 유대인들만큼 돼지를 불결하게 간주한 사례들이 자주 등장한다. 고대 이집트에서는 돼지를 만지면 옷을 입은 그대로 가장 가까운 강물에 들어가서 신속하게 그 흔적을 씻어 내야 했다. 혹시라도 돼지젖을 마시면 문둥병에 걸린다고 생각하기도 했다.

돼지를 치는 사람 역시 차별의 대상이 되었다. '돼지치기'라는 말은 '막돼먹은 무식한 돼지 같은 성격을 가졌다'는 뜻이었는데, 돼지를 치는 사람은 사원에 드나들 수 없었고, 자기와 신분이 동일한 사람들과만 결혼할 수 있었다.

그렇다면 정말 돼지는 불결한 동물일까? 결론부터 말하자면, 마이모니데스나 고대 이집트인들의 주장은 편견에 가깝다. 돼지 사육자들에 따르면, 돼지는 어떤 동물에 못지않게 깨끗한 환경을 좋아한다고 한다. 이것은 돼지를 과학적으로 관찰하는 동물생태학자의 의견과 정확하게 일치한다.

돼지들에게 괜찮은 환경을 제공하면 스스로 자신들의 배설물을 일정한 장소에서 해결할 뿐 아니라 함께 지내는 다른 돼지들과도 다툼을 벌이는 일이 거의 없다. 서로 원만한 사회관계를 형성하면서 평화롭게 어울려 지낸다는 것이다. 실제로 지능만 놓고 보면 돼지가 개보다 지능이 높다는 게 밝혀지기도 했다.

돼지가 인간의 배설물이나 불결한 먹이를 찾는 것은 사육자들이 먹이를 충분히 주지 않은 탓이 크고, 돼지가 더러운 진흙탕에서 뒹구는 것은 본래부터 땀샘이 없기 때문이다. 날씨가 무더우면 땀을 흘려서 과도한 열을 발산시켜야 하지만 돼지에게는 그런 기능이 없다보니 진흙탕에서 뒹군다는 것이다.

영국 작가 바버라 우드하우스가 자신의 책에서 "돼지가 개운한 목욕만큼 좋아하는 것은 없다" 고 말한 것도 바로 그 때문이었다.

위험한 돼지 레위기에 기록된 정결법이 돼지살코기의 식용을 금한 것은 위생 때문이라고 해석하는 이들이 있다. 그들이 특별히 돼지를 위험하게 생각하는 것은 선모충병trichinosis 감염 가능성을 염려했던 것이다. 19세기 중반에 들어서서 돼지고기와 선모충 간의 상관관계가 밝혀지면서부터 선모충병에 감염될 위험성으로 인하여 돼지고기를 금했다는 믿음이 널리 자리 잡게 되었다.

선모충병 이론을 추종하는 이들은 아무리 조리 과정에서 조심하더라도 돼지고기에 있는 기생충을 없애는 것은 결코 쉽지 않다고 주장한다. 대개 돼지고기를 조리할 때 섭씨 70도 이상의 열로 가열하면 기생충을 걱정할 필요가 없다고 하지만 그런 열에도 불구하고 기생충이 고기 안쪽 깊숙이 있으면 죽지 않을 수 있다는 것이다.

돼지선모충은 근육에 통증을 일으키고 두통과 열, 그리고 위장 역류를 일으키는데, 끝에 갈고리가 달려 있어 약물에도 잘 죽지 않으며 다른 가축의 선모충에 비해 치료가 쉽지 않은 게 사실이다.

기생충 때문에 돼지고기를 섭취하는 게 위험하다는 연구결과는 처음에는 정결법을 지지하는 것처럼 보이는 바람에 유대인들에게 대대적으로 환영을 받았다. 하지만 과학적으로 돼지고기를 금지하는 이유를 설명하게 되자 유대인들의 금지법은 더 이상 의미가 없었다. 하나님의 금지사항이 위생과 관계된 것이고, 그것을 해결할 수

깔끔한 환경과 평화로운 사회관계를 좋아하는 돼지들

있는 방법을 확보하고 있다면 그것은 더 이상 문제될 수 없기 때문이다. 즉, 선모충병에 걸리지 않도록 고기를 충분히 삶거나 효과적인 치료약을 개발하게 되면 성경의 제한 규정은 의미를 상실할 수 있었다.

사태의 발전 방향을 재빨리 파악한 정통파 유대인들은 처음의 입장을 철회하고서 새로운 연구결과로 반박했다. 레위기에 기록된 금지 규정의 목적은 하나님이 정한 것이라서 인간들이 완벽하게 파악할 수 없다는 게 요지였다. 그러니 돼지고기에 관한 식사법은 계속해서 지키는 게 마땅하다는 주장도 잊지 않았다. 이들의 고집 때문이 아니라도 선모충병 이론은 이로써 더 이상 설 자리를 유지할 수 없게 되었다.

사람과 경쟁하는 돼지의 운명

최근에는 돼지고기를 금하는 유대인 규정에 대해 팔레스타인 지역의 생태학적 조건을 고려하면서 접근해야 한다는 새로운 주장이 제기되고 있다. 이런 이론을 지지하는 이들은 하나님이 돼지고기의 식용을 금한 것은 돼지가 불결하거나, 혹은 인체에 치명적인 해를 끼칠 수 있는 기생충을 보유하고 전달할 수 있기 때문이라는 두 가지 가설들을 모두 거부한다. 레위기에 기록된 엄격한 금지조항의 본래 의도와 이유를 제대로 파악하기 위해서는 실제로 돼지를 사육하는 관점에서 주변의 생태와 환경을 세밀하게 살펴야 한다는 것이다. 이런 새로운 주장은 마빈 해리스 같은 문화 인류학자들이나 유대교 개혁주의자들이 주로 제기하고 있다.

돼지고기를 금한 진짜 이유 레위기에 기록된 정결법은 더러운 습성이나 건강에 나쁜 고기를 금하도록 지시하면서도 그래야 할 이유에 관해서는 일절 언급하지 않는다. 반면에 먹어도 좋은 동물에 대해서는 해부학적으로나 생리학적으로 비교적 상세하게 설명한다.

"모든 짐승 중 굽이 갈라져 쪽발이 되고 새김질하는 것은 너희가 먹되" 레 11:3

마빈 해리스는 먹을 수 있는 동물 규정에서 굳이 '새김질'이라는

이(i)라는 품종의 난쟁이 돼지

표현을 포함시킨 것에 주목할 필요가 있다고 지적한다.

돼지는 굽이 갈라져 있지만 되새김질을 하지 않는다. 하지만 소나 양, 염소는 모두 여러 개의 위를 지니고 있어서 씹지 않고 삼킨 먹이를 저장해 두었다가 적당하게 발효를 시켜서 눅눅하게 만든다. 그리고 적당한 순간이 되면 다시 그것을 끄집어내어 잘게 씹어서 소화가 잘되는 곳으로 보낼 수 있는 능력이 있다.

해리스는 바로 여기에 돼지고기를 멀리하도록 규정한 수수께끼를 풀 수 있는 열쇠가 숨어 있다고 본다.

고대 팔레스타인 지역에서는 대개 반추동물로부터 먹을거리와 생필품을 구했다. 고기는 물론이고 젖이나 털, 그리고 가죽을 이용해서 의복이나 신발과 마구馬具 재료를 얻었다. 그리고 반추동물의 똥은 퇴

비로 사용해서 생산력을 높일 수 있고, 나무를 대신해서 연료로 사용할 수 있었다. 그러면서 반추동물들을 기르는 데 큰 비용이나 노력을 들이지 않았다. 반추위를 가진 동물들은 풀이나 짚, 건초와 그루터기, 그리고 관목의 줄기나 이파리 등을 주로 먹고 살아간다. 때문에 제한적인 식량을 놓고서 인간들과 경쟁할 필요가 없었고, 숫자가 늘어나도 기르는 데 별다른 지장이 없었다.

반면에 돼지는 사정이 달랐다. 돼지의 소화기관은 인간과 흡사해서 먹이 역시 비슷하다. 돼지는 잡식성이지만 사람들이 주로 먹는 밀이나 옥수수, 감자와 콩 같은 것들을 먹어야 원하는 만큼의 고기를 얻을 수 있다. 이른바 비용과 이익이 서로 일치하지 않는 것이다. 따라서 성경시대에 돼지를 기른다는 것은 부족한 식량을 함께 먹어야 할 식구가 늘어난 것과 다르지 않았다.

그리고 이스라엘 사람들이 본디 유목민이라는 것 역시 돼지를 사육하는 데 불리하게 작용했다. 돼지를 더위와 태양으로부터 보호하면서 목초지를 찾아 먼 거리를 이동하는 것은 불가능한 일이었다. 게다가 물이 부족하다는 한 가지 이유만으로 누구도 선뜻 돼지를 치려고 하지 않았다. 이와 같은 이유들을 종합적으로 고려해서 돼지를 멀리하고 돼지고기를 먹는 것을 금했다는 게 생태학적 주장의 핵심이다.

돼지고기 전쟁 그러면 이스라엘 사람들이 팔레스타인에 정착하고 난 이후, 그러니까 반 유목생활이나 농사를 본격적으로 짓게 되면서 이후로 돼지치기의 변화가 있었을까?

인류학자인 제임스 프레이저는 유대인들이 목축에서 농업으로 전환하면서부터 돼지치기에도 상당한 변화가 일어났다고 주장했다. 유대인들 역시 주변 민족들과 마찬가지로 돼지를 쳐서 고기를 얻었다는 것이다. 그는 다음과 같은 예언자 이사야의 발언 내용을 그것에 관한 근거로 제시했다.

"스스로 거룩하게 구별하며 스스로 정결하게 하고 동산에 들어가서 그 가운데 있는 자를 따라 돼지 고기와 가증한 물건과 쥐를 먹는 자가 다 함께 망하리라 여호와의 말씀이니라" 사 66:17

이사야가 굳이 돼지고기를 먹는 사람들을 이렇게 심하게 공격한 것은 유대인들 사이에 비밀리에 돼지고기를 먹는 풍습이 존재했다는 사실에 대한 반증이라는 것이다. 물론 이런 주장이 어느 한 시기에 국한된 일시적인 현상을 지나치게 확대한 것이라고도 볼 수 있지만, 유대인들이 돼지고기에 대해 늘 부정적이지 않았다는 것은 일부 확인이 가능하다.

지금도 이스라엘에서는 여전히 돼지고기를 금기식품으로 간주하고 있다. 하지만 돼지의 사육이나 판매를 엄격하게 제한하지는 않고 있다. 농장에서 사육하고 있는 돼지의 개체수가 무려 10만 마리 이상에 달하는 것으로 보고된 적이 있다.

공식적으로는 유대 정결법의 규정대로 돼지고기를 판매하지 않는 것으로 알려져 있지만, 주민들의 전체적인 요구에 따라서 신축적으로 규정을 적용하고 있다. 때문에 지역의 성향에 따라서 돼지고기를 자유롭게 구입할 수도 있고, 전혀 불가능한 곳도 있다.

또 어느 곳에서는 돼지고기를 독일 양고기라는 이름으로 판매하

돼지가 없다면 '월스트리트'도 없다?

만일 돼지가 없었다면 우리나라 사람들이 즐겨 먹는 삼겹살이나 맛 좋은 폭찹과 베이컨을 식탁에서 접하지 못할 것이다. 하지만 그 영향은 음식에서 끝나지 않는다. 돼지가 없다면 오늘날 주식과 증권으로 유명한 미국의 '월스트리트' 역시 존재하지 않았을 것이다.

1653년 뉴욕 농부들은 방목하는 돼지들이 난입하지 못하도록 맨해튼 남부 지역의 북쪽 경계를 따라서 벽wall을 세웠다. 나중에 이 벽을 따라서 자연스럽게 길street이 생겨났고, 사람들은 그 도로를 '월스트리트'라고 불렀다.

뿐만 아니라 돼지가 없었다면 당뇨병 환자들이나 심장판막증을 앓는 환자들 역시 지금도 여전히 어려움을 겪고 있을 것이다. 돼지 췌장에서 얻는 인슐린은 인간의 인슐린과 화학구조가 비슷해서 당뇨병 환자들의 치료에 사용되고 있고, 1971년 이후로 수만 개의 돼지 심장판막이 심장병 환자들의 판막을 대신하고 있다.

앞으로 10년 안에는 이종 간의 면역 거부를 일으키지 않는 돼지의 신장을 인간에게 자유롭게 이식할 것으로 예상되고 있다. 이런 것들을 고려한다면 20세기와 21세기는 진정으로 돼지가 재발견된 세기라고 할 수 있다. 더 이상 돼지는 땀샘이 없어서 슬픈 짐승이 아니다.

기도 한다. 우리나라에서 한동안 보신탕을 영양탕이라고 이름을 바꿔서 판매한 것과 비슷하다. 이 때문에 1985년에는 한 율법학자 겸 국회의원이 이스라엘 내에서의 돼지 사육과 판매를 전면적으로 금지하도록 요구하는 법안을 의회에 제출했다. 그리고 텔아비브 북쪽에 있는 네타냐 시의회는 2007년에 돼지고기 판매 금지법을 전격적으로 통과시켜서 돼지고기에 관대한 러시아 출신 유대인들에게 상당한 반발을 사기도 했는데, 언론이 돼지고기 전쟁pork war이라고 부를 만큼 격렬했다.

채식은 성경적일까

채식은 육식과 달리 인체의 장기를 보호해 주고
잘 낫지 않는 질병의 회복까지 도와준다고
확신하는 사람들 역시 늘어가는 추세이다.
일부 그리스도인들 역시 채식이
하나님의 창조 계획의 일부이며
건강의 지름길이라고 주장한다.

다니엘과 세 친구는 예루살렘에서 바빌로니아에 포로로 끌려온 귀족 가문 출신의 자제들이었다. 넷은 왕궁의 일을 위해서 다른 소년들과 함께 3년간 교육을 받아야 했다. 왕은 그들에게 자신의 음식과 포도주를 먹도록 허락했다. 바빌로니아에서 흔히 접할 수 없는 최고급 음식이었다. 하지만 다니엘과 친구들은 왕의 제의를 거절했다. 음식으로 스스로를 더럽힐 수 없다는 게 이유였다. 맡은 책임 때문에 곤혹스러워하는 환관장에게 다니엘이 제안했다.

"청하오니 당신의 종들을 열흘 동안 시험하여 채식을 주어 먹게 하고 물을 주어 마시게 한 후에 당신 앞에서 우리의 얼굴과 왕의 음식을 먹는 소년들의 얼굴을 비교하여 보아서 당신이 보는 대로 종들에게 행하소서…" 단 1:12-14

환관장도 다니엘의 제안에 동의했다. 열흘 뒤에 그들을 보니 줄곧 왕의 음식을 먹은 다른 소년들보다 상태가 더 좋았다. 그렇게 해서 네 사람은 바라던 대로 채식을 할 수 있었다. 이 내용은 채식을 강조하는 그리스도인들이 채식의 효과를 강조하면서 자주 인용하는 성경구절이다.

다니엘과 친구들은 정말 우리가 생각하는 채식주의자였을까? 성경은 육식을 거절하고 채식주의자가 되는 것을 이상적으로 간주할까? 성경시대에는 채식을 어떻게 받아들였을까?

채식은 하나님의 뜻

최근에 젊은 층을 중심으로 채식주의가 확산되고 있다. 채식을 선호하는 이유는 다양하다. 종교적인 이유를 내세워 육식을 포기하고 채식을 택하기도 하고, 환경문제를 고려해서 채식을 시작하기도 한다. 환경적으로는 육식에 비해서 채식이 훨씬 더 효율적이고, 지구의 미래를 생각하면 당연히 채식을 해야 한다고 생각한다. 건강 때문에 채식을 택하기도 한다.

최근에 웰빙 열풍이 가정에까지 밀어닥치고, 잘 먹고 잘 사는 법에 관한 다양한 정보들이 집중적으로 소개되면서 채식에 대한 관심 역시 덩달아 높아지고 있다. 채식은 육식과 달리 인체의 장기를 보호해 주고 잘 낫지 않는 질병의 회복까지 도와준다고 확신하는 사람들 역시 늘어가는 추세이다. 일부 그리스도인들 역시 채식이 하나님의 창조 계획의 일부이며 건강의 지름길이라고 주장한다.

최초의 베지터리언, 아담과 하와

채식을 강조하는 이들은 하나님의 창조 사건에서 채식의 근거를 확인한다. 하나님이 인간을 처음부터 채식주의자로 창조했다는 것이다. 그렇게 본다면 인류 최초의 베지터리언, 채식주의자는 아담과 하와였다.

"하나님이 이르시되 내가 온 지면의 씨 맺는 모든 채소와 씨 가진 열매 맺는 모든 나무를 너희에게 주노니 너희의 먹을거리가 되리라" 창 1:29

그런데 성경을 보면 인간에게만 채식하라는 명령이 주어진 게 아니다. 나머지 피조물들 역시 예외 없이 채식을 했다.

"또 땅의 모든 짐승과 하늘의 모든 새와 생명이 있어 땅에 기는 모든 것에게는 내가 모든 푸른 풀을 먹을 거리로 주노라 하시니 그대로

되니라" 30절

덕분에 아담과 하와가 생활하던 에덴동산에서는 모든 동물이 서로 평화롭게 살아갈 수 있었다. 그것은 예언자 이사야가 꿈꾸던 세상이었다.

"그 때에 이리가 어린 양과 함께 살며 표범이 어린 염소와 함께 누우며 송아지와 어린 사자와 살진 짐승이 함께 있어 어린 아이에게 끌리며 암소와 곰이 함께 먹으며 그것들의 새끼가 함께 엎드리며 사자가 소처럼 풀을 먹을 것이며 젖 먹는 아이가 독사의 구멍에서 장난하며 젖 뗀 어린 아이가 독사의 굴에 손을 넣을 것이라" 사 11:6-8

그곳에서 인간들이 유일하게 먹을 수 없는 음식은 '선악을 알게 하는 나무의 열매' 창 2:17 뿐이었다. 하나님이 에덴동산의 모든 열매를 먹되 중앙에 있는 선악과는 먹지 말라고 명령했기 때문이다.

채식주의자들은 인류 타락을 최초의 채식식단을 망친 일차 원인으로 간주한다. 타락이 인간의 입맛까지 변질시켰다는 것이다. 아담과 하와가 하나님의 명령을 어기고 에덴동산에서 추방되면서 최초의 평화는 완전히 자취를 감추었다. 하나님이 먹기를 금한 열매를 먹은 대가는 혹독했다. 아담과 하와는 물론이고 그들의 삶의 터전인 땅까지 함께 저주를 받았다.

"땅이 네게 가시덤불과 엉겅퀴를 낼 것이라 네가 먹을 것은 밭의 채소인즉 네가 흙으로 돌아갈 때까지 얼굴에 땀을 흘려야 먹을 것을 먹으리니…" 창 3:18-19

이전까지는 노동이 괴로움이 아니었지만, 타락 이후의 노동은 프랑스 작가 알랭 드 보통이 정의한 것처럼 '기쁨이면서 동시에 슬픔'

이 되었다. 아담은 가족을 부양하려고 땀 흘려서 일해야 했고, 그의 자손들 역시 몸을 움직여서 먹고 사는 것을 당연하게 여기게 되었다.

노아의 시대까지 계속되던 채식은 대홍수 이후에 결정적인 변화를 겪었다. 하나님은 홍수가 끝나자 노아와 그의 가족을 축복하면서 말씀했다.

"모든 산 동물은 너희의 먹을 것이 될지라 채소 같이 내가 이것을 다 너희에게 주노라" 창 9:3

이후로 그들은 동물에서 얻은 고기를 먹게 되었다. 그러면 하나님은 어째서 홍수 이후 인간들에게 고기를 먹을 수 있도록 허락했을까? 유대 랍비들의 해석에 의하면, 하나님이 인간에게 고기의 식용을 허락한 것은 인간들의 입맛이 이미 한계선을 넘어섰기 때문이었다.

다시 말하자면, 아담의 범죄로 처음 시작된 인간들의 타락은 시간이 흐르면서 점점 더 심화되었고, 결국에는 홍수 심판을 초래했다. 이런 과정에서 인간들의 입맛이 육식에 길들여지게 되었는데, 하나님이 인간들의 그런 약점을 고려해서 육식을 허락했다는 게 랍비들의 전통적인 해석이다.

동물은 돌봄의 대상 채식주의를 하나님의 뜻으로 간주하는 이들은 하나님이 동물에게 각별한 애정을 나타낸 것을 채식의 또 다른 근거로 제시한다. 동물을 사랑하고 배려하는 하나님이 사람들에게 육식을 적극적으로 권할 리 없다는 것이다. 그들은 십계명의 규정을 가장 먼저 꼽는다. 안식일에 관한 십계명의 네 번째 계명의 내용은 이렇다.

"일곱째 날은…안식일인즉 너나 네 아들이나 네 딸이나…네 가축

두 마리 소를 이용해서 곡식을 터는 팔레스타인 농부

이나 네 문안에 머무는 객이라도 아무 일도 하지 말라" 출 20:10

하나님은 사람들에게 안식일을 지키도록 말씀하면서 그 대상을 동물까지 확대했다. 채식주의자들은 동물의 권리에 대한 개념조차 존재하지 않던 시기에 하나님이 직접 동물까지 안식일을 누릴 수 있는 대상에 포함시킨 것을 대단히 높게 평가한다. 동물에 대한 하나님의 애정은 신명기 곳곳에서 확인할 수 있다.

"너는 소와 나귀를 겨리하여 갈지 말며" 신 22:10

덩치가 다른 소와 나귀를 함께 부리면 안 된다는 말이다.

"곡식 떠는 소에게 망을 씌우지 말지니라" 신 25:4

동물의 먹이를 제한하지 말라는 것이다.

정결하건 부정하건 간에 동물이 물을 찾으면 물을 주고, 부리는 동물이 굶주리면 먹을 것을 주어야 한다는 게 하나님의 원칙이었다. 그러니 누군가 길을 가다가 나귀나 소가 넘어져 있는 것을 보게 되면 일으켜주는 게 당연했다. 신 22:4 이런 애정은 집에서 기르는 가축에게만 국한되지 않았다. 어미 새가 새끼나 알을 품고 있을 때는 어미 새와 새끼를 동시에 잡을 수 없었다. 신 22:7

잠언서 기자는 그런 하나님의 뜻을 존중한다.

"의인은 자기의 가축의 생명을 돌보나 악인의 긍휼은 잔인이니라" 잠 12:10

시편 기자는 한 걸음 더 나가서 하나님이 사람과 동물을 차별하지 않고 구원한다고 노래했다.

"…여호와여 주는 사람과 짐승을 구하여 주시나이다" 시 36:6

이것은 17세기의 프랑스 철학자 니콜라 말브랑슈가 동물을 영혼이 존재하지 않는 기계로 간주한 것과는 아주 대조적이다. 그는 새끼를 밴 암캐를 걷어차고 나서는 미간을 찌푸리는 동료에게 말했다.

"아무 것도 아니야. 단지 기계일 뿐이라니까."

출애굽기에는 소가 사람을 들이받아서 생명을 잃게 하면 반드시 돌로 쳐서 죽이되 그 고기를 먹으면 안 된다는 규정이 나온다. 출 21:28 랍비 에릭 아이잭은 이것을 동물의 권리(안식일과 보호받을 권리)와 책임에 관한 규정으로 간주했다. 그는 동물과 인간의 차이를 인정하지 않았다.

하나님의 채식 실험 일부 랍비들은 하나님이 이스라엘 사람들이 채식으로 돌아가도록 두 차례에 걸쳐서 실험을 실시했다고 주장한다. 랍비들에 따르면, 일차 실험은 출애굽 이후에 광야에서 진행되었다. 히브리 사람들은 광야에서 만나를 주식으로 삼아서 생활해야 했다.

하나님은 만나를 하늘에서 비처럼 내렸는데, 사람들이 묵고 있는 곳에 밤이슬이 내릴 때 만나 역시 함께 내렸다. 민 11:9 사람들은 그것을 모아서 맷돌에 갈거나 절구에 찧고, 가마에 삶아 과자를 만들어 먹었다.

만나는 구체적으로 정체를 알 수 없는 식물의 일종이었다. 하지만 히브리 사람들은 그것으로 만족하려고 하지 않았다. 그들은 이집트에서 먹던 고기를 떠올리면서 모세와 하나님을 원망했다. 그리고 울면서 말했다.

"…누가 우리에게 고기를 주어 먹게 하랴…이제는 우리의 기력이 다하여 이 만나 외에는 보이는 것이 아무 것도 없도다…" 민 11:4-6

결국, 하나님은 메추라기를 보내주는 것으로 채식 실험을 끝내야 했다.

일차 실험이 만나를 가지고 실시한 채식 실험이었다면, 다음 실험은 메추라기를 통한 육식 실험이었다. 고대 세계의 고기 유통과정을 고려하면 히브리 사람들이 이집트에서 먹은 고기는 우상의 제물이었을 가능성이 높다. 그들은 우상의 제물을 그리워했다.

하나님은 메추라기를 기적적으로 보내 주었다. 그렇게 "하루나 이틀이나 닷새나 열흘이나 스무 날만 먹을 뿐 아니라…한 달 동안 먹게" 했다. 민 11:19-20 계속 메추라기를 먹다 보니 냄새까지 역겨울 정도였다. 그런데 성경은 사람들이 하나님의 진노를 사서 죽음을 당했다고 한다.

하나님은 어째서 화를 냈을까? 죽은 사람들은 고기에 '탐욕'을 부리던 이들이었다. 그들은 하나님이 자신들의 탐욕에 응답했다고 믿었다. 그러나 그것은 치명적인 오해였다. 하나님은 인간적인 연약함 때문에 고기를 주고 선택을 기다렸는데 그들은 하나님의 응답으로 확신한 것이다. 이 오해가 하나님의 진노를 샀고, 그렇게 해서 두 번째 실험 역시 기대한 성과를 거두지 못했다는 게 랍비들의 해석이다.

성경의 채식주의자들

성경에서 채식을 강조한 사람들을 만날 수 있을까? 성경을 보면 다니엘과 세 친구들처럼 음식에 관한 규정 때문에 고기를 외면한 경우는 있어도 요즈음처럼 건강이나 환경 문제처럼 구체적인 근거와 이유를 따져가면서 채식을 강조하는 사례를 찾아보기는 어렵다.

팔레스타인 지역에서는 농사와 목축을 병행했고, 그래서 곡물과 고기, 혹은 그 부산물을 함께 먹는 게 조금도 어색하지 않았다. 이스라엘 사람들이 생각하는 가장 이상적인 식탁 역시 "골수가 가득한 기름진 것과 오래 저장하였던 맑은 포도주"사 25:6였다. 이런 그들이 의도적으로 고기를 먹으려고 하지 않을 때는 다니엘의 경우처럼 신앙적으로 문제가 될 때뿐이었다. 성경시대 사람들은 고기를 탐하지 않는 것을 미덕으로 생각했지만,잠 23:20 특별한 상황이 아니라면 육식을 부정하지 않았다.

예수님은 채식주의자인가 예수님 스타일의 식사를 이상적으로 간주하는 이들이 있다. 예수님처럼 식사를 하면 건강한 삶을 살 수 있다고 주장한다. 그래서 식탁을 마주할 때마다 '예수님이라면 어떻게 먹을까'라고 자문하도록 권한다. '예수님이라면 어떻게 할까'What would Jesus do?의 변형이라고 할 수 있다. 일부 채식주의자의 생각도 이와 다르지 않다. 그렇다면 예수님은 정말 채식주의자일까? 이 문제를 해결하려면 먼저 채식주의자의 유형을 파악할 필요가 있다.

채식주의자 가운데는 나무에 달리는 열매만 먹는 사람들이 있다. 이들을 '프루터리언'이라고 부른다. '비건'은 동물에게서 얻는 치즈나 버터와 우유 등을 전혀 먹지 않는 말 그대로 전형적인 채식주의자이다. '락토 베지터리언'이 있다. 이들은 동물의 유제품과 채소를 먹지만 달걀은 식탁에 올리지 않는다. '오보 베지터리언'은 채소와 달걀은 먹으면서도 고기는 입에 대려고 하지 않는다. '락토 오보 베지터리언'은 유제품과 달걀은 즐기지만 소고기, 돼지고기, 물고기, 조개 등은 관심이 없다. '페스코 베지터리언'은 유제품과 달걀, 해산물은 먹지만 조류나 소고기와 돼지고기는 멀리한다.

이상의 다양한 채식주의자와 예수님을 비교해 보면 공통점을 찾기가 어렵다. 예수님은 채식을 강조한 적이 없다. 예수님은 1세기 당시의 평범한 사람들과 마찬가지로 식탁의 음식을 가리지 않았다. 생선을 즐겼고 유월절 식사의 대표적인 메뉴인 양고기도 거절하지 않았다. 성경에 구체적인 기록은 없지만 결혼식에서도 고기를 즐겼을 것이다. 예수님은 정결법(코셔)을 배격하거나 음식을 차별하지는 않았지만, 그렇다고 해서 형식적으로 식탁법을 따르는 것도 내켜하지 않았다.마 15:11

그렇다면 채소는 어떨까? 이미 살펴보았듯이 예수님시대 사람들의 식단은 채소와 곡류 일색이었다. 사실 이 메뉴를 건강 식단으로 간주하는 것은 부당하다. 예수님이 활동하던 갈릴리 지역은 남부의 유다와 달리 늘 가난했다. 지나친 세금에 시달리다 보니 넉넉한 상차림은 불가능했다. 그래서 주민들은 대개 기르는 채소나 갈릴리 호수에서 잡히는 물고기를 먹었다. 예수님의 일상적인 식탁은 그들처럼 소박했다.

에스겔을 위한 하나님의 메뉴

채식에 관한 구체적인 정보는 예수님보다는 오히려 예언자 에스겔의 사례에서 확인할 수 있다. 하나님은 남북으로 갈린 사람들에게 메시지를 전달하려고 시청각 방법을 활용했다. 하나님은 에스겔에게 남북의 주민들이 죄를 범한 날수만큼 누워서 지내라고 지시했다. 북쪽 이스라엘 사람들이 죄를 범한 날수는 모두 390일이었다. 에스겔은 그만큼 왼쪽으로 누워서 지냈다.

에스겔의 고통은 거기서 끝나지 않았다. 그리고 나서 또다시 40일 동안 오른쪽으로 누워 지내야 했다. 40일은 남쪽 유다 사람들이 범죄한 날수였다. 일반적으로 성경의 해석자들은 이 390일과 40일을 나중에 이스라엘과 유다 지역 사람들이 이민족에게 포로가 되어 끌려가 이국땅에서 지내게 될 기간을 예고하는 상징적 숫자로 받아들인다.

"…내가 네게 사십 일로 정하였나니 하루가 일 년이니라" 겔 4:6

숫자만 놓고 보면 이스라엘은 유다에 비해서 9배나 죄가 더 중했다.

그런데 흥미롭게도 에스겔의 상징적 퍼포먼스에는 그가 먹어야 할 식단이 구체적으로 등장한다. 메뉴의 소재는 이렇다.

"너는 밀과 보리와 콩과 팥과 조와 귀리를 가져다가 한 그릇에 담고 너를 위하여 떡을 만들어…먹되" 겔 4:9

하나님은 여러 종류의 콩이 포함된 곡물들로 빵을 만들어 먹으라고 지시했다. 우리말 성경에 기록된 '팥'을 영어 성경은 '렌즈콩'으로 번역한다. 이미 야곱과 에서 이야기에서 확인했듯이 팥은 동북아시아 지역에서 생산되는 작물이라 렌즈콩이 더 적절하다.

빵의 재료에는 렌즈콩 이외에 몇 가지 콩이 더 추가되는데, 전문가들은 그것들을 중동 지역에서 많이 나는 누에콩과 완두콩, 그리고 병아리콩 정도로 추정한다. 특히 병아리콩은 맛과 영양이 뛰어나서 담백하고 고소한 맛이 일품인 홈무스의 주재료로 지금껏 사용되고 있다.

에스겔은 이 곡물 빵을 하루에 20세겔씩, 그러니까 요즈음의 무게로 환산하자면 대략 220그램 정도만 먹어야 했다. 에스겔은 총 430일 동안 다른 음식물은 일체 입에 대지 않고서 오로지 빵과 물을 먹으며 그렇게 누워서 지냈다.

에스겔이 하루 동안 먹은 빵과 물의 양은 정상적인 성인의 하루 식사량과 비교해 보면 턱없이 부족했다. 그가 취하는 자세나 먹는 음식이 하나님의 메시지를 전달하는 상징이라는 것을 고려해도 마찬가지이다. 하지만 당시 사람들이 주로 먹은 빵과 영양을 비교해 보면 결코 부족하지 않았다.

에스겔의 빵은 당시 흔하던 보리빵과 달리 영양성분이 높았다. 에스겔 빵은 여러 가지 종류의 곡물과 콩으로 만든 완전한 단백질 식품이었다. 콩류는 다량의 비타민C, 그리고 칼륨과 철 성분을 함유하고 있을 뿐 아니라 다른 곡물에 비해 두 배나 단백질이 많아서 예로부터 가난한 이들을 위한 소고기라는 별명을 가지고 있을 정도이다. 하나님이 에스겔에게 육체적으로 힘든 자세를 요구한 게 사실이지만, 그

예루살렘 재래시장에서 팔리는
다양한 곡물들

렇다고 해서 그의 건강까지 외면하지는 않았다는 것을 알 수 있다.

다니엘과 친구들의 비밀 채식의 효과를 입증한 또 다른 사람들이 바로 다니엘과 세 친구들이다. 다니엘과 세 친구, 즉 하나냐, 미사엘, 아사랴는 왕이 내린 음식을 거절했다. 그들이 왕의 호의를 받아들이지 않은 이유는 음식이 우상숭배와 깊은 관계가 있기 때문이었다. 바빌로니아에서는 자신들이 모시는 신에게 일단 제물로 바친 고기를 식재료로 사용했다. 고대 세계에서는 흔한 일이었다.

다니엘과 친구들은 몸은 비록 타국에 있어도 음식에 관한 정결법(코셔)을 어길 수 없었다. 그것은 유대인의 정체성이 달린 문제였다. 결국 넷은 유대인의 정결법을 모르는 환관장을 설득하는 대신에 구체적인 물증을 제시해서 자신들의 의도를 관철하는 방법을 택했다. 왕이 직접 허락한 진미를 포기하고 채식을 했는데도 안색이 좋다 보니 환관장은 그들을 제재할 명분을 찾을 수 없었다.

다니엘과 친구들이 열흘 동안 먹은 채식은 콩 종류로 알려져 있다. 그들은 채소와 밀, 보리, 귀리 등과 여러 가지 콩으로 음식을 만들어 먹었다. 레위기에 기록된 정결법에는 채소에 관한 별다른 규정이 없다. 이스라엘 사람들은 채소만큼은 무엇이든 특별한 제한 없이 마음껏 먹을 수 있었다. 네 사람은 고기 대신 채소를, 술 대신에 물을 마시면서 열흘을 보냈다. 식품에 관한 충분한 정보가 없을 때라서 환관장의 걱정은 컸지만, 결과는 예상 밖으로 좋았다.

3년 동안 고기와 술을 일체 입에 대지 않고 채식을 한 네 명이 마침내 왕의 앞에서 시험을 치렀다. 그 시험은 그들의 지혜만 평가하는 자리가 아니었다. 성경 본문에는 구체적으로 드러나 있지 않지만, 채식의 효능을 역시 평가받는 순간이기도 했다. 시험 결과가 나쁘면 왕의 식단을 따르지 않아도 된다고 허락해 준 환관장의 자리도 위태해질 수 있었다. 넷의 실력은 누구보다 탁월했다. 질문에 대답하는 그들의 지혜는 왕의 주변에 있는 사람들보다 열 배나 뛰어났다.단 1:20

사실 채소를 매일 일정량 이상 먹으면 섬유소 때문에 콜레스테롤이 줄어들어 피가 맑아지고, 채소에 들어 있는 풍부한 비타민 등 항산화 물질이 몸의 노화를 막아준다.

곡물은 인체의 영양과 신진대사에 필요한 영양성분을 상당량 포함하고 있다. 그래서 곡물과 콩류를 함께 먹으면 완전 단백질 식품이 되고, 또 싹이 돋은 곡물과 콩을 함께 먹으면 그것은 영양 면에서 보다 더 완벽한 식품이 된다. 다니엘과 친구들이 고기와 술을 먹지 않으면서도 지혜나 두뇌의 능력이 조금도 뒤떨어지지 않은 것도 바로 그 덕분이었다.

에스겔 빵

에스겔이 먹은 빵의 종류는 불분명하지만, 거기에 들어간 다양한 곡물의 성분을 따져 보면 영양학적으로 결코 부족하지 않다는 것을 알 수 있다. 특히 콩은 단백질, 지방질(기름)이 대부분이라서 곡식이라기보다 고기에 더 가깝다. 우리나라에서도 오곡 가운데 하나로 조상 대대로 중요한 작물이었다. 다양한 곡물을 이용해서 건강에 좋은 빵을 만들어 보자.

재료 **중력분 250그램, 호밀가루 150그램, 보리가루 50그램, 기장가루 25그램, 렌즈콩가루 25그램, 대두(날 것) 2큰술, 붉은 강낭콩(날 것) 2큰술, 핀토콩(날 것) 2큰술, 온수 2컵, 꿀 1/2컵, 이스트 2큰술, 올리브 오일 1/4컵**

만드는 과정

1. 콩들을 다른 곡식가루와 섞을 수 있도록 모두 간다.
2. 콩들을 갈아서 만든 것과 나머지 곡물 가루를 함께 섞는다.
3. 온수 1컵을 작은 그릇에 붓고 꿀 1작은술과 이스트를 함께 넣어 젓는다. 이스트가 부풀 때까지 5-10분 정도 기다린다.
4. 다른 작은 그릇에 올리브오일과 꿀 1/2컵과 온수 1컵을 넣고 젓는다. 그러고 나서 이스트 혼합물을 첨가해서 잘 섞는다.
5. 곡물을 섞은 것과 이스트 혼합물을 함께 넣어 잘 젓고서 그것을 팬에 붓고 골고루 편다.
6. 부풀어 오르도록 1시간 정도 기다렸다가 190도까지 예열한 오븐에서 30분 정도 굽는다.

만나를 먹는 안식일
예수님과 보낸 유월절, 그리고 누룩
빛의 축제 하누카, 그리고 치즈 요리
달콤한 새해, 꿀 사과처럼
초막절의 식사와 네 가지 식물

A Dinner Table with Jesus

제3부

즐거운 축제 음식 이야기

만나를 먹는 안식일

안식일 식사시간에 축복의 글을 읽을 때는 할라 빵 두 개를 사용한다.
두 개의 빵을 사용하는 까닭은 이스라엘 사람들이 시내광야에
머물 때 금요일마다 이틀 분량의 만나를 거두던 것을 상징한다. 출 16:22
이때 할라 빵은 하얀 헝겊으로 덮어 두는데,
이것은 아침에 지면을 덮었던 이슬을 상징한다.

유대인 가정에서는 매주 금요일마다 돌아오는 안식일, 샤밧Shabatt을 앞두고 집 안을 열심히 청소하고 정돈한다. 수요일과 목요일에는 특별한 음식을 준비하기 위해 장을 보고, 금요일이 다가올수록 집 안은 더욱 빛나며 사람들은 들뜬 분위기에 휩싸인다. 금요일 오전에는 빵을 굽거나 음식을 만드는 냄새가 거리에 풍겨난다. 오후가 되면, 서둘러 일을 마친 사람들이 속속 집으로 돌아오고, 사람들은 몸을 씻고 평소 좋아하는 깨끗한 옷으로 갈아입는다.

주부들은 새 식탁보를 씌운 식탁 위에 평소 자주 사용하지 않는 귀한 그릇들과 꽃, 촛대를 올려놓는다. 가족들은 모두 식탁에 둘러앉아 한 주간 동안 겪은 좋은 일을 소개한다. 그러고 나서 주부가 가족을 대표해 촛불에 불을 붙이고 축복의 글을 낭송한다. 이윽고 날이 저물면 안식일 식사가 시작된다.

요즈음 안식일을 맞이하는 유대인 가정의 일상적 풍경이다. 유대인들은 무엇보다 안식일을 소중하게 생각한다. 이스라엘이 안식일을 지켜온 게 아니라 안식일이 이스라엘을 지켜왔다고 자랑할 정도이다.

예수님 당시의 안식일

유대인들은 히브리어로 '쉬다'라는 뜻에서 생겨난 샤밧, 즉 안식일에는 말 그대로 아무 것도 하지 않고 하루를 온전히 쉬면서 즐긴다. 샤밧이라고 하면 보통 금요일 해 질 녘부터 토요일 해 질 녘까지를 일컫는다.

이스라엘에서는 요즘도 금요일 오후 6시가 되면 사이렌이 울린다. 샤밧이 시작되었다는 것을 알리는 신호이다. 그러면 사람들은 가정에서 미리 준비한 안식일 식사를 하고 가족들과 함께 어울려 지내거나 가볍게 산책을 하기도 한다.

그리고 토요일 해 질 무렵에 다시 한 번 사이렌이 울린다. 안식일이 끝났다는 신호이다. 사람들은 이때를 기점으로 밖으로 나와 쇼핑을 하거나 함께 어울리며 즐거운 시간을 갖는다. 이런 안식일 풍습은 어제 오늘의 일이 아니고, 아주 오래 전부터 유대인들이 지켜온 풍습이다.

안식일의 시작　안식일이 언제 생겨났는지, 그리고 어느 때부터 안식일의 규정이 체계적으로 결정되었는지에 대해 서로 의견이 분분하다. 일각에서는 고대 바빌로니아 사람들이 지키던 관습이 전래된 것이라고 주장한다.

바빌로니아에서는 숫자 7과 관련된 날짜를 상서롭지 않게 여겨서 몇 가지 행동들을 금기로 정해 놓고 지켰다. 유대인들이 바빌로니아에 끌려가 그곳에서 지내는 동안 영향을 받아 안식일에 관한 규정을 만들어 냈다고 주장한다. 하지만 풍습이 전혀 다르기 때문에 그다지 설득력이 없는 것으로 받아들여지고 있다. 그보다 성경에서 안식일의 기원을 찾는 것을 당연하게 생각하는 사람들이 많다.

성경에서 안식일의 기원을 찾을 수 있다고 보는 사람들은 또다시 둘로 갈라진다. 한쪽은 마라에서 시작되었다고 주장하고, 또 다른 쪽은 하나님이 십계명을 이스라엘에게 내려준 때부터라고 주장한다.

'매혹의 땅'이라고도 불리는 마라는 홍해로부터 약 사흘 거리에 있었다. 마라에서 안식일이 결정되었다고 주장하는 사람들에 따르면 모세오경(토라)이 주어지기 전까지 공식적인 휴일이 없었다. 창세기의 기록 역시 구체적으로 안식일을 규정하지 않았다. 그저 '제7일'이라고만 언급할 따름이다.

마라에서 안식일의 기원을 찾는 이들은 하나님이 이스라엘 사람들에게 제시한 십계명 가운데 안식일과 부모 공경의 계명이 마라의 사건을 계기로 포함된 것이라고 주장한다. 쓴 물 때문에 원망하는 이스라엘 사람들에게 하나님이 구체적으로 안식일을 포함한 규례를 제정했다는 것이다.

"…거기서 여호와께서 그들을 위하여 법도와 율례를 정하시고…"

출 15:25

또 다른 사람들은 이스라엘이 만나를 거두면서 안식일을 지키게 되었고, 그것이 구체적으로 규정된 게 십계명이라고 주장한다. 실제로 안식일이라는 명칭이 등장한 때는 만나를 거두면서부터였다.출 16:13-29 그들은 마라 사건을 안식일의 기원으로 제시하는 이론의 근거가 확실하지 않다고 지적한다. 시내산에서 모세에게 주어진 십계명에는 '마라'라는 지명이 전혀 등장하지 않는 게 사실이다. 그리고 "안식일을 기억하여 거룩하게 지키라"출 20:8는 십계명의 안식일 규정은 포괄적인 제시보다 강제적 성격을 띠고 있어서 마라와는 성격이 다르다고 본다.

최근에는 이 두 가지 주장을 절충하려는 움직임이 있다. 양쪽의 주장이 모순되기보다 상호보완적일 수 있다는 게 중도적인 입장의 견해이다. 즉, 초창기에는 안식일이 자발적으로 지켜지다가 나중에 의무적으로 바뀌었다는 것이다.

예수님시대의 안식일 안식일에 관한 일치된 생각이 정리되기 시작한 것은 예수님이 활동하던 1세기부터였다. 안식일을 준비하는 게 중시되었고, 그 과정에서 안식일을 기다리는 즐거움 역시 덩달아 강조되었다. 예수님 당시 대표적인 바리새인 지도자인 힐렐은 금요일마다 머리를 감았다. 그와 쌍벽을 이룬 샴마이는 음식을 더 강조했다. 그는 안식일의 식사를 중요하게 여겼다. 그래서 맛 좋은 고기를 발견하면 늘 안식일을 위해서 아껴두라고 일렀다. 그보다 더 맛있는 고기를 발견하면 샴마이는 안식일 음식으로 보관해 두었다가 가장 먼저 먹었다고 한다.

샴마이는 슬픔이나 괴로움 때문에 안식일의 평안이 깨지면 안 된다고 가르쳤다. 그래서 안식일에는 환자 문안이나 상가 방문을 금했다. 이런 그의 교훈은 나중에 다소 완화되기도 했지만, 안식일에 평안을 유지하는 게 무엇보다 중요하다는 그의 사상은 지금까지 여전히 강조되고 있다.

하지만 성경에 기록된 안식일에 관한 규정은 너무 포괄적이라서 유대인들은 구체적인 안식일의 생활 지침을 랍비들에게 요구했다. 가령, "일곱째 날(안식일)에는 아무도 그 처소에서 나오지 말지니라" 출 16:29와 같은 규정이 그랬다.

랍비들은 논의를 거쳐서 안식일에 해서는 안 될 일들을 구체적으로 제시했다. 쟁기질과 파종 같은 농사일부터 빵 굽기나 망치질 같은 사소한 집안일에 이르기까지 39개의 금지조항과 함께 그와 유사한 어떤 일도 금지한다고 결정했다. 그런데 이렇게 안식일을 중시하는 풍조는 오히려 생각하지 못한 폐단으로 이어지기도 했다.

성경을 살펴보면, 예수님이 제자들과 함께 안식일에 밀밭 사이로 지나가는 장면이 나온다. 그때 배고픈 제자들이 밀 이삭을 뜯어 먹었다. 그러자 바리새인들이 "당신의 제자들이 안식일에 하지 못할 일을 하나이다" 마 12:2라고 비난했다. 바리새인들의 비난은 거기서 그치지 않았다. 손이 오그라든 환자를 예수님이 낫게 하자 그것 역시 문제 삼았다. 그러자 예수님은 하나님이 제사보다 자비를 바란다는 것을 일러주면서 안식일의 본래 의미를 다시 확인시켜 주었다.

요즈음에도 이스라엘을 여행할 때 안식일에 버스를 이용할 수 없다고 해서, 택시를 타고 정통파 유대인들의 주거지역을 돌아다니는 것은 금물이다. 잘못하면 돌팔매질을 당할 수 있기 때문이다. 얼마 전 예루살렘에서는 안식일에 운영을 허락받은 주차장이 정통파 유대인들에게 점거되는 일까지 있었다. 안식일에 상행위와 대중교통의 이용을 금하는 거룩한 안식일 법을 위반했다는 게 그 이유였다.

기억하고 지키라

유대인들은 안식일을 준비하는 데 만전을 기하는 것을 미덕으로 여겨왔다. 그들은 안식일을 마치 여왕을 모시는 것처럼 빈틈없이 준비했다. 랍비들은 안식일을 맞이할 준비를 하는 것을 하나님의 명령으로 가르쳤다. 실제로 하나님은 이스라엘 사람들에게 안식일을 "기억하여 거룩하게 지키라"고 말씀했다. 랍비들은 '기억하라'는 하나님의 지시를 '준비하라'는 뜻으로 해석했다. 기억한다는 것은 과거의 사건을 현재화하는 것이라고 생각했기 때문이다. 그들의 교훈을 따라서 일반인들 역시 안식일을 지키는 데 필요한 것들을 제대로 준비하려고 노력했다.

식재료와 깨끗한 옷 이스라엘 사람들은 안식일 식탁을 위해서 식재료를 풍성히 구입하는 게 일반적이었다. 넉넉히 구입하는 것은 금요일부터 토요일까지 이틀 동안 일체 집 밖으로 나가서 시장을 볼 수 없기 때문이다. 과거에는 음식물이 상할까 봐 금요일 오전에 식재료를 구입하는 게 관례였지만, 지금은 저장시설이 충분해서 언제든지 시장을 볼 수 있다.

요즈음에도 이스라엘은 물론 유럽도 유대인들이 운영하는 상점들은 안식일 직전에 문을 닫아 물건을 구입하고 싶어도 불가능하다.

한편 안식일에 사람들이 깨끗한 옷을 입는 것은 모세 당시부터 지켜 온 관습이었다.

"모세가 산에서 내려와 백성에게 이르러 백성을 성결하게 하니 그들이 자기 옷을 빨더라" 출 19:14

이 때문에 일부 랍비는 금요일에 빨래를 해야 한다고 주장하기도 했지만, 성경에서 에스라가 목요일에 빨래를 하도록 지시한 것을 보면 이를 엄격하게 고수한 것 같지는 않다.

탈무드에 따르면, 안식일에 입는 옷은 깨끗하거나 새 옷이어야 하고, 남자는 셔츠를 입고 여자는 블라우스를 입어야 했다. 지금도 유대인들은 안식일이 돌아오면 평소에 아무리 허술하게 입고 다니는 사람이라고 해도 한껏 꾸미고 치장하는 것을 당연하게 생각한다.

정통파 유대인들의 경우, 지금도 안식일에 문 밖을 나설 때는 잊지 않고 주머니 속을 일일이 확인한다. 자칫 물건을 주머니에 넣고 다니는 것은 안식일에 관한 규정을 어기는 일이 될 수 있기 때문이다.

안식일의 만나, 할라 빵 안식일이 시작되기 전에 주부들은 빵을 만들어야 했다. 처음에는 따로 안식일에 먹는 빵 이름이 없었으나 나중에 할라chalah라는 이름을 얻게 되었는데, 이것은 옛날 유대 여성들이 반죽을 하다가 제사장 몫으로 따로 떼어 둔 약간의 반죽을 가리키는 말에서 유래했다.

유대교의 신비주의자들인 카발라 신봉자들은 예루살렘 성전에 본디 이스라엘의 열두 지파를 상징하는 열두 개의 빵이 놓여 있었다고 주장한다. 성전이 파괴되고 난 이후에 가정이 성전의 역할을 떠맡게 되었다는 것이다. 탈무드는 여성이 어떤 이유든지 안식일 빵을 잊어버리고 만들지 않았다면, 아기를 낳다가 목숨을 잃을 수 있다고 경고하기도 했다.

할라 빵을 만들 때 지난주에 남겨 둔 반죽을 함께 넣고 밀가루 반죽을 해야 한다. 이스트가 따로 없던 시대여서 기존의 반죽을 마치 요즈음 풍미를 강조하는 빵 요리에 활용하는 원종처럼 사용했던 것이다. 우리나라처럼 습한 지역에서는 식용 곰팡이류를 구하기 쉽지만, 이스라엘에서는 그렇지 않으므로 자주 활용되는 방법이었다. 딸이 시집을 갈 때 어머니가 직접 발효된 반죽의 일부를 따로 떼어 주

만나를 상징하는 깨를 뿌린 할라 빵

어 마치 혼수품처럼 누대에 걸쳐 효모 반죽(원종)을 전하기도 했다.

겉보기와는 달리 매우 부드럽고 달콤해 감칠맛 나는 할라 빵을 만드는 방법은 비교적 간단하다. 반죽을 하고 나서 발효시킨 밀가루 반죽 덩어리를 적당한 크기로 잘라 가닥처럼 길게 만든다. 그러고서 머리를 땋는 것처럼 서로 엇갈려 엮고 나서 그 위에 달걀을 바르고 깨를 뿌린다. 이렇게 할라 빵 위에 깨를 뿌리는 것은 이스라엘 민족이 광야에서 하나님의 은총 덕분에 주식으로 삼았던 만나를 상징한다. 유대인들은 할라 빵을 만들어 먹으면서 광야시절에 누리던 축복을 회상하는 것이다. 그리고 준비를 끝낸 할라 빵 반죽을 예열한 오븐에 넣고 구워 내면 모두 완성된다.

안식일 식사시간에 축복의 글을 읽을 때는 할라 빵 두 개를 사용한다. 두 개의 빵을 사용하는 까닭은 이스라엘 사람들이 시내광야에 머물 때 금요일마다 이틀 분량의 만나를 거두던 것을 상징한다.출 16:22 이때 할라 빵은 하얀 헝겊으로 덮어 두는데, 이것은 아침에 지면을 덮었던 이슬을 상징한다.

생선 요리 안식일 식탁의 메뉴를 위해 반드시 준비해야 할 것은 빵 이외에 고기, 생선, 그리고 사이드 디시와 포도주이다. 유대인들은 고기와 포도주를 인간이 누리는 즐거움의 원천으로 받아들였다. 안식일 메뉴에 생선을 포함시키는 전통은 탈무드가 만들어지기 이전, 그러니까 3세기 이전까지 거슬러 올라간다.

대략 주전 5세기경에 활동한 것으로 알려진 느헤미야는 어느 두로 사람이 예루살렘에 살면서 안식일에 생선을 팔았다고 말한다.느 13:16 안식일에 상거래 한 것을 문제 삼는 발언이지만, 따지고 보면 당시 습관적으로 안식일에 물고기를 즐겨 먹었다는 사실을 알 수 있다. 하지만 유대인들이 안식일에 생선을 먹는 게 당연한 일이라서 안식일의 규정을 어긴 것인지는 알 수 없다.

안식일에 생선 요리를 먹어야 하는 구체적인 이유는 알 수 없다. 영양을 그 근거로 내세우는 이들은 물고기가 고기에 비해 값이 저렴하고 단백질을 얻을 수 있기 때문이라고 설명한다. 반면 고대 세계에서는 생선을 풍요와 다산의 상징으로 간주해서 안식일 메뉴로 삼았다고 주장하는 이들도 있다. 야곱이 자손들을 축복하면서 물고기에 비유한 것 역시 그런 이유 때문이라는 것이다. 실제로 우리말 성경과는 달리 유대인들이 사용하는 성경에는 물고기라는 표현이 구체적으로 등장한다.

"이들이 세상에서 물고기처럼 번식되게 하시기를 원하나이다"

창 48:19(히브리어 성경)

유대인들이 안식일이나 다른 축제 때 물고기를 선호하다 보니 상인들이 그것을 이용해서 안식일이나 축제 전날에 생선 가격을 높게 부르는 일이 잦았다. 그래서 19세기에는 일부 랍비들이 그런 폐단을 막아 보려고 생선을 먹는 것을 일시적으로 금지시키기도 했었다.

안식일 저녁식사

끝으로 오늘날 유대인들이 안식일 저녁을 어떻게 맞이하는지 개략적으로 살펴보자. 유대인들은 안식일을 맞이할 준비가 모두 끝나면 구제함에 구제금을 넣는다. 어려운 이웃을 돕기 위함인데, 자녀들은 어려서부터 자연스럽게 구제의 중요성을 배우게 된다. 또 어떤 가정에서는 한 주를 돌아보면서 감사할 일을 서로 소개하거나 기도문을 작성해서 낭송하는 시간을 갖기도 한다. 그렇게 안식일을 맞이하면서 시간을 보낸다.

촛불은 여성의 몫 유대 전통에 따르면 안식일에는 적어도 두 개 이상의 촛불을 켜야 한다. 두 개의 촛불은 안식일을 기억하여 거룩히 지키라는 하나님의 말씀을 상징한다. 그리고 촛불을 밝히는 것은 하나님의 창조에 상징적으로 참여하고 있음을 뜻하기도 한다.

안식일 식탁을 위해서 촛불을 붙이는 주부

촛불은 반드시 금요일 해가 떨어지기 전에 점화를 해야 한다. 대개 해가 지기 1시간 전부터 15분 전 사이에 하도록 유대 문헌들은 규정하고 있는데, 적어도 일몰 18분 전이 가장 적당한 시간으로 권해지고 있다. 유대인들이 사용하는 달력에는 시간을 맞춰서 점화할 수 있도록 일몰 시간이 함께 기록되어 있다.

촛불을 밝히는 것은 주로 가정주부가 담당한다. 중세 유대학자인 마이모니데스는 여성들이 이 일을 담당해야 한다고 가르쳤다. 다른 랍비들 역시 남편이 촛불을 켤 수 있지만 부인의 일을 가로채서는 안 된다고 권면했다. 만일 남편이 대신할 때는 경제적으로 보상을 해야 한다는 규정까지 생겨날 정도로 주부에 대한 권리를 존중하는 게 일반적이었다.

가족을 축복하는 유대인 아버지

점화를 하고 나면 축복문을 낭송하는데, 이때 두 눈을 손으로 가려야 한다. 그 이유는 축복에 대한 유대인들의 독특한 견해와 관계가 있다. 유대인들은 축복이 행위를 앞서야 한다고 생각한다. 하지만 촛불 점화만큼은 다르다. 만일 어느 주부가 촛불을 켜기에 앞서 축복문을 낭송하면 점화할 수 있는 자격을 잃어버린다. 촛불을 먼저 점화하고 축복문을 낭송하는 것은 안식일이 그 축복의 결과로서 즉시 시작되기 때문이다. 주부가 눈을 가리는 것은 어떤 경우라도 그 순서가 바뀌지 않게 하기 위함이다.

아버지의 이름으로 촛불을 켜고 난 뒤 회당으로 가서 예배를 드리거나 집에서 가족들과 함께 모임을 갖는다. 가정에서는 본격적으로 안식일 저녁식사가 진행된다. 예배를 끝내고 집에 들어설 때는 모두 '샬롬 알레이헴(Shalom Aleichem, 너희에게 평화가 있기를)'이라는 노래를 부른다. 이 노래는 회당에서 집으로 돌아올 때는 천사 둘이 동행한다는 전설에 근거하고 있다.

아버지는 매주 금요일 저녁식탁에 가족이 모일 때마다 자녀들을 축복한다. 창 48:20 아버지는 자녀의 머리나 어깨 위에 손을 얹고 기도한다. 자녀의 축복이 끝나면 남편이 계속해서 아내를 역시 축복한다. 잠 31장 축복이 모두 끝나면 포도주를 컵에 따르고서 창세기의 구절을 낭송한다.

"천지와 만물이 다 이루어지니라…" 창 2:1-3

그러고 나서 축복기도를 한다. 말씀과 기도를 통해서 안식일은 여느 날과 다른 특별한 날로 성화된다. 이것을 일컬어 키두쉬Kiddush라고 부른다. 키두쉬 의식을 진행할 때 장식이 달린 은으로 만든 특별한 컵이 사용되기도 한다. 물론 다른 컵을 사용해도 무방하다.

이때 컵에 따르는 포도주는 당연히 코셔 와인이어야 하고, 그 양은 80-150 밀리리터이다. 이는 히브리의 양 단위인 '레빗Reviit'에 해당한다. 키두쉬에 사용되는 컵을 '키두쉬 컵'이라고 부르는데, 이 컵에 이름을 새겨서 성인식이나 결혼식 선물로 주기도 한다.

키두쉬 의식에 사용되는 컵, 형태와 종류가 다양하다

키두쉬가 끝나면 안식일에 먹는 할라 빵을 내어놓고 축복의 말을 건넨다. 경우에 따라 축복기도 전에 가족 모두 손을 씻기도 한다. 성전에서 제사장들이 하나님에게 제물을 바치기에 앞서 손을 씻은 전통을 반복하는 것이다. 그렇게 축복기도가 끝나면 모두 '아멘'으로 화답한다.

축복을 마친 뒤 가장이 가족들의 잔에 일일이 포도주를 따라주고, 할라 빵을 나눠 준다. 자녀 가운데 결혼을 해서 함께하지 못할 경우에도 따로 그 몫을 식탁에 올려놓는다. 따로 지내더라도 한 가족이라는 것을 나머지 가족에게 일깨우기 위함이다. 식사가 끝나면 역시 감사기도로 마무리한다. 신 8:10

안식일, 할라 빵

머리카락을 땋듯이 만드는 할라 빵의 모양에 대해 여러 해석들이 있지만, 사람이 팔짱을 끼고 있는 것이라는 게 일반적이다. 할라 빵은 겉보기와는 달리 부드럽고 달콤하고 감칠맛이 난다. 새해(로쉬 하샤나)에 먹는 할라 빵은 긴 할라 빵과 달리 둥글게 만든다. 한 해가 부드럽게 돌아가기를 바라는 의미이다.

재료 **강력분 500그램, 건조 이스트 1큰술, 온수 1/4컵, 설탕 1작은술, 식용유 2큰술, 설탕 2큰술, 달걀 1개 또는 달걀 노른자 2개, 3/4컵 온수(혹은 우유), 소금 2작은술, 볶지 않은 깨 약간**

만드는 과정

1. 큰 볼에 이스트와 설탕 1큰술을 온수에 넣고 풀어서 10분간 놓아둔다.
2. 볼에 밀가루와 나머지 재료를 넣은 뒤에 반죽이 부드러워질 때까지 치댄다.
3. 완성된 반죽을 굴려 둥글게 만들고 기름을 조금 바른 뒤에 볼에 넣어 수건(혹은 비닐)으로 덮어 두 배가 될 때까지 상온에서 발효시킨다.
4. 1차 발효된 반죽을 다시 치대고 나서 서너 개의 덩어리로 나눈다.
5. 덩어리들을 둥글고 길게 늘려, 땋은 머리처럼 만들고 양쪽 끝은 잡아 눌러 연결한다.
6. 완성된 반죽을 마가린을 조금 바른 빵틀에 넣고 달걀을 풀어서 반죽에 바르고 깨를 뿌린다. 부피가 두 배가 될 때까지 발효 시킨다(약 45분).
7. 약 190도까지 예열한 오븐에서 빵이 노르스름해질 때까지 약 35분 정도 굽는다.

예수님과 보낸 유월절, 그리고 누룩

성전에는 유월절 하루 전 아침이 되면 잘 보이는 곳에
진설병이라는 거룩한 빵을 두 개 놓아두었다.
이렇게 하는 것은 여전히 누룩이 들어간 빵을 먹을 수 있다는 신호였다.
그런데 시간이 지나면서 빵을 한 개 치운다.
이것은 누룩을 넣어서 만든 빵을 식탁에 올리면 안 된다는 뜻이었다.
남아 있던 빵마저 치우게 되면 사람들은 집안에 있는 누룩을
모두 찾아내서 불태워야 한다는 의미로 받아들였다.

가나안 지역의 기근을 피해서 이집트로 내려간 이스라엘 사람들은 세월이 지나자 그곳에서 노예 신세로 전락하고 말았다. 나중에 모세와 아론이 파라오(바로)를 찾아가서 사람들을 풀어달라고 요구하자 파라오는 그들에게 어떤 능력이 있는지 보이라고 한다.

모세를 파라오에게 보낸 하나님은 열 가지 재앙을 차례차례 실행했다. 처음 네 가지는 감당하기 쉽지 않은 자연의 재앙이었다. 파라오는 각각의 재앙이 지나갈 때마다 생각이 바뀌었다. 결국 또 다른 네 가지 재앙이 이집트에 밀어닥쳤다. 이 재앙은 이집트 사람들에게 엄청난 경제적 손실을 안겨주었다. 아홉 번째 재앙인 암흑이 이집트를 뒤덮자 파라오는 부분적인 양보 조건을 제시했고, 모세는 당연히 그 제안을 거절했다.

마지막 열 번째 재앙은 말로 표현할 수 없을 만큼 가혹했다.

"내가 그 밤에 애굽 땅에 두루 다니며 사람이나 짐승을 막론하고 애굽 땅에 있는 모든 처음 난 것을 다 치고…심판하리라…" 출 12:12

한밤중에 갑자기 죽음의 재앙이 닥치자 이집트 전역에서는 통곡이 그치지 않았다. 일년생 양을 잡아 문설주에 그 피를 미리 발라 두었던 이스라엘 사람들의 가정은 죽음의 사자가 지나쳐 갔으므로 안전했다. 그러고 나면 그들은 죽인 양을 통째로 굽고, 발효시키지 않은 빵과 쓴 나물을 서둘러서 먹었으며, 파라오의 다급한 재촉을 받으면서 이집트를 벗어났다.

위대한 출애굽의 여정과 이스라엘의 대축제일 유월절Pesach은 그렇게 해서 시작되었다.

재미있는 유월절 풍습

과거 이스라엘 사람들은 적어도 한 해에 세 번은 예루살렘으로 순례를 떠나는 것을 당연하게 생각했다. 대표적인 이스라엘의 축제라고 할 수 있는 유월절과 오순절, 그리고 초막절을 축하하기 위해서였다. 세 가지 명절 가운데 가장 중요하게 간주되는 유월절의 열기는 나머지 명절보다 훨씬 뜨거웠다.

이스라엘 전역은 물론이고 해외에 흩어져 있는 디아스포라 유대인들 역시 유월절에 이스라엘을 방문하는 것을 말할 수 없는 기쁨으로 여길 정도였다. 해마다 3, 4월에 해당하는 니산월 15일부터 7일 동안 지키는 유월절이 돌아오면 예루살렘의 숙소와 거리에는 사람들로 넘쳐났다. 이스라엘에서는 지금도 세계에서 역사적으로 가장 오래된 명절인 유월절이 돌아오면 이레 가운데 첫날과 마지막 날은 완전한 공휴일로 지켜서 일하는 것을 금기시하고, 중간의 닷새 동안은 자유롭게 활동할 수 있다.

누룩을 모두 제거하라 유월절이 가까워지면 유대인들은 유난스럽게 집안 구석구석을 청소하거나 그릇들을 뜨거운 물을 이용해서 빠짐없이 소독하기도 한다. 남자나 여자 가리지 않고 집집마다 이렇게 부지런히 청소를 하는 것은 집안에 있는 누룩을 제거하고 부정한 것들을 없애기 위함이다.

옛날 이스라엘 성전에서는 일반인들이 유월절을 앞두고 이렇게 누룩 치우는 일을 잊지 않도록 구체적으로 실물 교육을 시키기도 했

누룩과 누룩이 들어간 제품을 태우는 정통파 유대인들

다. 성전에는 유월절 하루 전 아침이 되면 잘 보이는 곳에 진설병이 라는 거룩한 빵을 두 개 놓아두었다. 이렇게 하는 것은 여전히 누룩이 들어간 빵을 먹을 수 있다는 신호였다. 그런데 시간이 지나면서 빵을 한 개 치운다. 이것은 누룩을 넣어서 만든 빵을 식탁에 올리면 안 된다는 뜻이었다. 남아 있던 빵마저 치우게 되면 사람들은 집안에 있는 누룩을 모두 찾아내서 불태워야 한다는 의미로 받아들였다.

오늘날에도 유대인들은 유월절이 가까이 다가오면 옛날처럼 집안의 누룩을 없애려고 상당한 노력을 기울인다. 인공적으로나 자연적으로 발효된 곡물은 물론이고 이스트처럼 발효를 돕는 것까지 찾아내서 불로 태운다. 누룩이 들어간 빵이나 비스킷 역시 마찬가지이다.

유월절 기간에는 누룩을 사용한 음식을 사고파는 게 일체 금지된다. 어느 가게를 가더라도 누룩이 들어간 과자나 빵을 구경할 수 없다. 모두 하얀 천으로 감싸두기 때문이다.

그러면 유대인이 운영하는 상점에 남아 있는 대규모의 누룩식품은 어떻게 처리할까? 이스라엘 당국은 이런 번거로움을 해결하는 절차를 따로 마련해 두고 있다. 유월절 직전에 최고 랍비가 재무부장관이 지켜보는 가운데 이방인에게 그때까지 이스라엘 국내에 있는 누룩 성분의 모든 제품을 팔아넘기는 거래를 진행한다. 그리고 일주일이 지나면 그 이방인은 구매했던 제품들을 되팔고서 값으로 치렀던 돈을 돌려받는다. 눈 가리고 아웅 하는 격이지만, 법적으로는 유월절 내내 이스라엘에 유대인 소유의 누룩 제품이 하나도 없는 셈이다.

유대인들이 누룩을 제거하려고 이렇게 애쓰는 까닭은 유월절 기간 내내 누룩을 넣지 않은 빵을 먹어야 한다는 하나님의 명령 때문이었다.

"너희는 이레 동안 무교병을 먹을지니 그 첫날에 누룩을 너희 집에서 제하라 무릇 첫날부터 일곱째 날까지 유교병을 먹는 자는 이스라엘에서 끊어지리라" 출 12:15

그리고 어떤 사람들은 누룩을 제거하는 풍습을 하나님의 명령보다는 고대 세계의 추수 풍습과 연계해서 설명하기도 한다. 햇곡식을 처음 수확할 때 묵은해에 사용하던 발효식품을 모두 제거함으로써 한해를 새롭게 시작한다는 의미를 담고 있다는 것이다. 실제로 유대인들은 유월절을 모든 것을 새롭게 시작하는 시기로 받아들인다. 그래서 묵은 옷가지나 가구를 내버리고 새롭게 구입하기도 한다.

유대인들의
전통적인
세데르 식탁

쓴 나물을 먹어라 유대인들은 유월절 첫날밤에 가족들과 한자리에 모여 식사를 한다. 히브리어로 '세데르'라고 부르는 이 특별한 저녁 식사의 메뉴는 기본적으로 여섯 가지로 구성이 된다.

새끼양의 정강이뼈, 삶은 달걀, 쓴 나물, 소금물, 하로셋, 무교병이 그것들이다. 기본이 되는 여섯 가지 음식들 이외 여러 가지 채소들이나 과일, 그리고 포도주 역시 추가된다. 유월절 식탁의 메뉴에 담겨 있는 의미를 조금 더 자세히 살펴보면 다음과 같다.

유월절 식탁에 올리는 양의 정강이뼈는 유월절에 죽임을 당한 어린양을 상징하며, 유월절 식사에서 먹고 남은 양의 뼈는 꺾지 않는 게 규칙이다.출 12:46 또한 소금물 한 접시는 이스라엘 사람들이 이집트에서 노예생활을 할 당시 쏟았던 눈물을 가리킨다.

사과와 밤, 그리고 건포도에 꿀과 포도주를 계피와 함께 넣고 섞어서 만든 하로셋은 이집트에서 진흙으로 벽돌을 만드는 고된 노역에 시달린 것을 기억하기 위함이다. 그 외에 하로셋에는 호도와 잣 같은 견과류와 무화과와 대추야자열매를 추가해서 누룩이 없는 빵이나 쓴 나물을 찍어 먹는다. '마로르'라는 이름의 쓴 나물(양고추냉이나 치커리) 역시 이집트에서 겪은 고통스런 노예생활을 회상하게 만드는 메뉴이다.

삶은 달걀은 예루살렘 성전의 파괴는 물론, 온갖 어려움을 겪을 때마다 더 강해지는 유대인들의 모습을 상징한다. 그리고 이스라엘이 질곡을 벗어난 것은 누룩을 넣지 않은 빵 마짜를 가지고 상징물로 삼는다.

포도주는 본디 일정 기간 동안 발효과정을 거친 것이지만 곡물이 아니라서 유대인들은 전통적으로 문제를 삼지 않았다. 포도주 판매상들은 평소 술 담아 둔 용기의 뚜껑 닫는 것을 잊는 법이 없다. 만일 그랬다가는 어떤 부정한 것이 그 안에 들어갈지 알 수 없기 때문이다. 그렇지만 유월절에는 용기의 뚜껑을 닫지 않았다. 유월절에는 모든 사람들이 정결해지려고 노력하다 보니 부정 타는 일이 없고, 아무리 뚜껑을 열어 두어도 오염될 일이 없다고 믿기 때문이었다.

유월절에 패스트푸드점에서 먹는 누룩이 없는 마짜버거

누룩이 없는 빵, 마짜 유월절 메뉴의 핵심은 누룩을 넣지 않은 빵 '마짜'이다. 이 마짜는 이스라엘 사람들이 급히 이집트를 빠져나오느라 시간을 다투

유월절
식탁의 마짜

면서 먹었다고 해서 유래한 빵이다.출 12:8 유월절에 먹는 마짜는 두 종류가 있다. 한 종류는 유월절 첫날 저녁식사, 즉 세데르를 치를 때 먹는 빵으로서 '계약의 마짜'라고 부른다.

세데르를 진행할 때 각자 접시마다 마짜 세 개씩을 올려놓고 수건으로 덮어 둔다. 그리고 유월절 나머지 기간 내내 먹어야 하는 또 다른 마짜가 있다. 이렇게 누룩이 없는 빵을 굳이 구분하는 것은 첫날 저녁식사의 중요성을 강조하기 위함이라고 할 수 있다.

유대력에 따르면 유월절은 대개 4월경에 지키게 된다. 만일 이 시기에 이스라엘을 여행하다 보면 일주일 내내 마짜를 먹게 될 수 있다. 마짜는 유대인들에게는 중요한 의미가 담겨 있는 빵이지만, 우리의 입맛에는 잘 맞지 않아 곤욕을 겪기도 한다. 말 그대로 빵에서 아무 맛도 느낄 수 없기 때문이다. 하지만 지역에 따라 마짜의 반죽에

마짜를 만들고 있는 정통파 유대인들

우유와 달걀, 그리고 과일 주스를 넣고 반죽해서 풍미를 더하기도 한다. 마짜는 과거에 상당히 두툼하기도 했지만, 두께에 관한 일정한 규정이 없다 보니 마짜의 두께를 얼마로 해야 할지 놓고서 랍비들끼리 논란을 빚기도 했다. 요즈음에는 마짜의 두께가 크래커처럼 얇아졌다.

19세기 후반부터 기계로 만드는 마짜가 유럽의 유대인 사회를 중심으로 도입되기 시작했다. 이 때문에 거의 반세기 이상 격렬한 논쟁이 빚어졌다. 반대하는 사람들은 기계로 마짜를 만들면 의도하지 않게 발효가 진행될 수 있다는 논리를 앞세웠지만, 충분한 양의 마짜를 단시간에 확보하는 게 어렵다 보니 그들의 주장은 받아들여지지 않았다.

유대교의 교리를 보수적으로 강조하는 정통파 유대인들은 여전히 기계보다 직접 손으로 제작한 마짜를 선호한다. 그들은 마짜를 제작하는 과정을 감독하거나 직접 참여하기도 한다. 만일 유대법에 어긋난 마짜를 먹으면 하나님의 심판을 받을 수 있다고 믿기 때문이다. 이렇게 만들어지는 마짜는 일반적인 마짜보다 상당히 비싼 가격에 팔리는 편이다.

과거와 현재, 미래가 만나는 세데르

대략 세 시간 정도 진행이 되는 유월절 저녁식사 세데르는 시간상으로 이스라엘의 과거와 미래가 지금 그 자리에서 현재화되는 독특한 의식이라고 할 수 있다. 기도와 찬송, 음식을 나누면서 여유 있게 진행

냅킨으로
가려 둔 마짜

하는 저녁식사 시간을 통해서 유대인들은 과거에 조상들이 겪었던 고난과 슬픔을 회상한다. 동시에 현재 자신들이 누리고 있는 축복을 하나님에게 감사한다. 그리고 미래를 향한 열린 소망을 확인한다. 유대인들이 해마다 유월절 저녁에 진행하는 식사 의식은 다음과 같다.

전채, 세데르의 시작 가족들이 식탁에 모두 둘러앉으면 가장이나 인도자가 잔에 포도주를 따르고서 축복의 글을 읽는다. 포도주 첫 잔을 마시고 나서 찬송시113, 114편을 부르며 손을 씻는다. 그리고 다시 자리로 돌아와 쓴 나물을 소금물에 적셔 먹는다. 쓴 나물은 소금물과 마찬가지로 옛날 자신들의 조상이 겪어야 했던 고통을 떠올리게 한다. 그러면서 동시에 봄에 돋아나는 새로운 생명을 상징하기도 한다.

야채를 먹고 난 뒤 세 개의 마짜를 한꺼번에 붙잡고서 가운데를 잘라서 접시에 다시 내려놓는다. 가장이나, 또는 의식을 인도하는 랍비 역시 빵을 잘라 '아피코만'이라고 부르는 큰 조각을 냅킨으로 감싸

숨겨 둔다. 식사가 마무리 되면 자녀나 나머지 사람들에게 그것을 찾게 하고, 후식으로 잘게 부숴 함께 나누어 먹는다. 포도주 첫 잔을 비우고 나서 다시 한 번 포도주를 따른다.

질문, 과거의 회상 식사에 참여하는 자녀 가운데 가장 나이 어린 자녀가 가장에게 네 가지 질문을 한다. 성경을 해석해 놓은 유대교의 문헌인 미시나에 따르면 본디 질문은 다섯 가지였다. 현재 그 가운데 적절하지 않다고 판단되는 다섯째 질문을 제외하고 다음과 같은 네 가지 질문들을 사용하고 있다.

> 첫째, 다른 날 저녁에는 보통의 빵과 마짜 모두 먹을 수 있는데 오늘 저녁에는 마짜만 먹어야 하나요?
> 둘째, 다른 날 저녁에는 모든 야채를 먹을 수 있는데 오늘 저녁에는 쓴 나물을 먹어야 하나요?
> 셋째, 다른 날 저녁에는 야채를 한 번도 소금물이나 하로셋에 담가 먹지 않는데 오늘 저녁은 두 번씩이나 담가 먹어야 하나요?
> 넷째, 다른 날 저녁에는 앉거나 기대어 식사를 해도 되는데 왜 오늘 저녁은 앉지 않고 기대어서 먹어야 하나요?

아이의 질문이 모두 끝나고 나면 아버지(혹은 인도자)는 네 가지 질문들에 대해 일일이 대답한다. 이스라엘 사람들이 이집트를 떠나기 전에 마짜를 급히 먹어야 했던 상황, 조상들이 이집트에서 겪어야 했던 고난을 상징하는 쓴 나물, 그리고 고통 때문에 조상들이 흘려야 했던 눈물에 얽힌 사연을 소개한다. 마지막으로 음식을 기대어 먹는 것은 더 이상 노예가 아니라 자유인이기 때문이라는 설명을 덧붙인다.

그러고 나서 가장은 출애굽 사건의 역사를 들려준다. 가장이나 인도자가 하나님이 내린 열 가지 재앙을 설명하면 식탁의 참석자들은 포도주를 약간씩 입으로 물고 있다가 재앙의 이름이 등장할 때마다 그릇에 뱉는다. 이렇게 과거의 사건을 상징적 행위를 빌어서 현재화하는 것이다. 그렇게 본다면 출애굽은 먼 과거 이야기가 아니라 지금 여기서 경험하는 현재의 사건이라고 할 수 있다. 이후에 함께 어울려서 노래를 부르고 난 뒤에 두 번째 포도주 잔을 비우고 세 번째 잔을 따른다.

씁쓸한 마짜, 그리고 현재의 축복 포도주를 다시 따르고 나면, 본격적인 유월절 식사가 진행된다. 가장은 대표로 축복기도를 하고 나서 손을 씻고 쓴 나물을 하로셋에 찍어 먹는다. 쓴 나물은 조상들의 아픈 과거를 회상하는 상징물이기 때문에 자세를 바로 하고 먹는다. 하로셋에 쓴 나물을 찍어 먹는 것은 과거에는 말할 수 없이 고통스러웠지만 지금은 하나님의 은총 덕분에 축복을 누리면서 살고 있다는 것을 의미한다.

계속해서 마짜를 가지고 샌드위치를 만들어서 먹는다. 샌드위치 재료는 쓴 나물이다. 유대인들이 맛없는 마짜 샌드위치를 먹는 것은 과거 조상들의 삶이 얼마나 씁쓸했는지, 그리고 얼마나 빈곤한 삶을 살았는지 실제로 경험해보는 것이다. 어른은 물론이고 어린이들까지 그 음식을 통해 이집트인들의 노예 신세로 하루하루 연명한 조상들의 고난에 동참할 수 있는 기회를 갖게 된다.

샌드위치를 먹고 나면 본격적인 유월절 식사가 진행된다. 사람들은 과일을 비롯해서 잘 요리된 유월절 양고기 요리를 양껏 먹는다. 만찬을 모두 마치고 나면 미리 숨겨 둔 마짜 조각을 찾아서 후식으로 함께 나눠 먹는 것으로 유월절 식사를 끝낸다. 가장이 가족을 대표해서 감사와 축복의 기도를 하고 나서 세 번째 포도주 잔을 비운다.

엘리야의 초대, 미래의 소망 유월절 저녁식사가 모두 끝나고 나면 문을 열어 둔다. 이때 미리 준비한 엘리야 잔에 포도주를 채운다. 유대인들은 전통적으로 마지막 날, 곧 심판의 날이 임하기 전에 엘리야 예언자가 다시 자신들을 찾아올 것이라는 믿음을 갖고 있다말 4:5. 엘리야는 메시아보다 먼저 세상을 찾아와서 곧 있게 될 메시아의 도래를 준비하고 선포하는 역할을 담당한 것으로 알려졌다.

유월절 식사를 모두 끝낸 사람들은 열린 문으로 엘리야가 들어오기를 잠시 기다린다. 이런 기다림을 문자적으로 해석하면 곤란하다. 유대인들에게 이와 같은 행동은 메시아를 대망하는 자신들의 소망을 몸으로 직접 표현한다는 의미를 갖고 있다. 그러고 나서 다시 감사와 찬양의 시시 113-118편를 낭송하고 노래를 부르는 것으로 한 해 동안 기다리던 세데르 모임을 마친다.

예수님의 식사 자리

예수님은 제자들에게 지상에서 함께 하는 마지막 유월절 식사를 준비하게 했다.

"보라 너희가 성내로 들어가면 물 한 동이를 가지고 가는 사람을 만나리니 그가 들어가는 집으로 따라 들어가서…제자들과 함께 유월절을 먹을 객실이 어디 있느냐 하시더라 하라" 눅 22:10-12

그렇게 해서 마련된 마지막 식사를 제자들과 함께 했다. 예수님은 유월절 식사를 간절히 기대했다고 속마음을 털어놓는다.

"내가 너희에게 이르노니 이 유월절이 하나님의 나라에서 이루기까지 다시 먹지 아니하리라" 눅 22:16

이미 우리가 살펴본 것처럼 유월절은 과거를 현재화하는 축제이다.

그런데 예수님은 오히려 곧 닥쳐올 미래를 가지고 제자들을 압박했다. 예수님에게 있어서 유월절의 목적은 더 이상 과거의 재연에 있지 않았다. 유월절은 앞으로 있게 될 미래 사건을 설명하는 데 필요한 일종의 도구였던 것이다. 이런 맥락에서 예수님은 식사를 하다 말고 제자들에게 빵과 포도주를 나눠 주었다. 그 두 가지는 십자가 이후에 더 이상 이 땅에 존재하지 않는 예수님을 가리키는 상징물이 되었다.

그러면 예수님이 제자들과 함께 식사하던 중요한 자리를 재구성할 수 있을까? 최근의 고고학 자료를 기초로 추론하면 별다른 근거 없이 예수님의 자리를 과감하게 제시하는 일부의 주장과 달리 비교적 논리적으로 그림을 그려볼 수 있다.

트리클리니움과 긴 의자 구약시대에는 주로 실로 짠 담요나 카펫에 앉은 채 식사하는 게 일반적이었다. 세월이 흐르면서 의자나 탁자를 이용하는 식습관이 도입되었다. 신약시대에는 트리클리니움triclinium이라는 식당을 활용되면서 식탁을 중심으로 긴 의자를 삼면에 배치하는 음식문화가 본격화되었다. 트리클리니움은 본디 세 사람이 이용하는 긴 의자를 가리키다가 나중에 식당을 지칭하는 이름으로 바뀌었다.

긴 의자를 사용할 때는 음식을 집기 위해서 앞으로 몸을 숙여야 했다. 그래서 왼쪽 팔 밑에 쿠션을 바친 채 머리는 식탁 쪽으로 두고 누워서 오른쪽 팔로 음식을 집어 먹었다. 이런 방식의 식사 형태를 고려하면 예수님이 바리새인 시몬의 집에 초대받았을 때의 상황도 쉽게 설명할 수 있다. 식사를 하는 동안 어느 여인이 예수님의 발을 눈물로 적시고 머리털로 닦았다.눅 7:36-50 예수님이 비스듬히 누워서 식사를 하지 않았다면 여인의 행동은 이해하기 어려운 부분이다.

마가의 다락방에서 예수님과 제자들의 마지막 유월절 식사 때는 어땠을까? 마가복음과 누가복음에 따르면 식사장소는 커다란 다락방이었다. 장소가 넓었다면 긴 의자를 사용하는 데 별다른 어려움이 없었을 것이다. 그리고 예수님과 제자들의 식사 모습을 전하는 성경의 구절을 보면 예외 없이 '눕다'라는 뜻의 그리스어 동사 '케이마' keima를 사용한다.막 14:18, 눅 22:27, 요 13:23, 28 작은 의자를 사용하거나 정좌를 하고 식사했다면 그런 표현을 사용하지 않았을 것이다. 사실, 로마시대에는 평민은 앉아서 식사하고 시민은 누워서 식사하는 게 일반적인 풍습이었다.

긴 의자에 누워 식사하면 대화를 나누는 게 쉽지 않다. 그래서 식사 도중에 대화하려면 상대의 가슴을 기대고 누운 상태가 되어야 한다. 이런 자세와 식사 때의 상석을 고려하면 예수님의 자리를 추정해 볼 수 있다. 문헌의 기록에 의하면, 로마시대에는 식사 참석자들의 자리를 다음과 같이 배치했다. 대체로 주인은 A1 자리에 앉았고, B3은 가장 중요한 손님에게 제공되는 상석이었다.

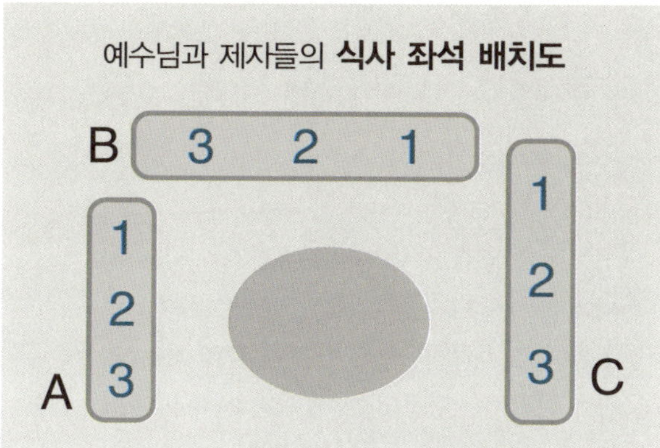

A: 중간 정도의 자리
B: 가장 좋은 자리
C: 별로 좋지 않은 자리
1 : 별로 좋지 않은 자리
2 : 중간 정도의 자리
3 : 가장 좋은 자리

요한복음에서 사랑을 받은 사람, 즉 요한이 식사할 때 예수님 품에 의지해 누웠다고 소개한다. 요 13:23 그 설명대로라면 예수님은 상석에 있지 않았다. 위의 그림을 보면 B3의 자리에 있는 사람이 왼쪽으로 누워 오른손으로 식사하면 누구도 그에게 기댈 수 없다. 따라서 B3은 예수님의 자리가 아니다.

유대인이나 로마인의 식사 모습을 보면 가장은 늘 A1의 자리에 앉는다. 예수님 역시 유월절 식사를 주관했기 때문에 그곳에 앉았을 것이다. 그러면 사랑을 받는 제자의 자리는 당연히 A2가 된다. 그래야 가슴에 기대어 대화를 나눌 수 있기 때문이다.

그러면 베드로의 자리는 어디였을까? 그의 자리를 확인하는 것은 쉽지 않다. 베드로가 A3에 있었다면 요한에게 배반자의 정체에 관해서 묻도록 나지막이 부탁했을 수 있다. 하지만 건너편 C좌석 어디엔

유대인이 헝겊으로 손을 싸고 먹는 까닭

바리새인들과 서기관들은 예수님 제자들 행동을 문제 삼았다.

"당신의 제자들이…떡 먹을 때에 손을 씻지 아니하나이다" 마 15:2

유대인들은 음식을 먹기 전에는 반드시 손을 씻었다. 이것은 유월절과 같은 절기에도 마찬가지였다. 여행을 하다가도 손을 씻어야 했는데, 물을 발견하지 못하면 헝겊으로 손을 싸서 먹어야 했다. 유대인들은 손을 씻을 때 물에 직접 담그지 않았다. 그것은 손과 물을 함께 더럽히는 행동일 뿐이다. 손을 닦을 때는 한 사람이 옆에서 물을 부어주었다. 이때 물을 붓는 사람은 대개 종이었지만, 엘리사의 경우에서 볼 수 있는 것처럼 스승이 손을 씻을 때 제자가 그 역할을 대신하기도 했었다.

"여호사밧이 이르되 우리가 여호와께 물을 만한 여호와의 선지자가 여기 없느냐 하는지라 이스라엘 왕의 신하들 중의 한 사람이 대답하여 이르되 전에 엘리야의 손에 물을 붓던 사밧의 아들 엘리사가 여기 있나이다 하니" 왕하 3:11

통곡의 벽 앞에서
손을 씻는 유대인 모습

가 있었다고 해도 가능한 일이다. 베드로가 '머릿짓'을 해서 부탁했기 때문이다.요 13:24

유다의 자리는 의외로 쉽게 밝혀진다. 예수님은 빵 조각을 국물에 찍어서 유다에게 건넸다. A1에서 빵을 쉽게 건네받을 수 있는 자리는 B3, 즉 상석밖에 없기 때문이다. 그곳이 유다의 자리가 맞다면 예수님은 끝까지 유다를 배려한 것이다.

빛의 축제 하누카 그리고 치즈요리

이스라엘 사람들은 유딧이 홀로페르네스를 죽일 수 있는
기회를 잡기 위해 그에게 먼저 치즈를 먹게 했다고 믿고 있다.
치즈를 먹여서 목이 마르게 한 다음에
포도주를 많이 마시게 해서 칼로 목을 베었다는 것이다.
이 사건을 기념하기 위해서 유대인들은 요즈음도
하누카에 치즈와 치즈 요리를 즐겨 먹는다.

이스라엘은 키스레브월11, 12월 25일부터 여드레 동안 빛의 축제라고 할 수 있는 '하누카'Hanukkah 명절을 지킨다. 하누카는 히브리어로 '바치다' 혹은 '봉헌하다'라는 뜻을 가지고 있는데, 나라와 성전을 되찾고 신앙의 자유를 회복한 것을 축하하는 절기이다. 그래서 유대인들은 부림절과 함께 구속에서 해방된 국가기념일로 지킨다.

우리말 성경에는 수전절요 10:22이라고 번역된 하누카가 닥치면 이스라엘의 국회의사당을 비롯한 공공건물 앞에 절기 축하 대형 촛대를 설치한다. 유대인들의 회당과 집의 창가에 하누키야라는 하누카 촛대에 촛불을 밝혀 둔다. 이것은 아주 오래전에 하누카에 일어난 기적적인 사건을 모든 사람들에게 알리려는 장치이다. 그 덕분에 하누카가 시작되면 이스라엘 전국은 물론이고 전세계적으로 유대인들이 거주하는 곳마다 말 그대로 촛불 잔치가 벌어진다.

하누카는 크리스마스와 서로 시기가 겹치지만 두 명절은 역사적

하누카를 축하하려고 모인 유대인들

으로나 전통적으로 전혀 관계가 없다. 그저 시기가 똑같이 겨울이고, 불빛을 밝히면서 선물을 주고받는 풍습을 지키는 게 비슷할 뿐이다. 유대계 기독교 학자인 알프레드 에델쉐임은 초기 그리스도인들이 하누카를 크리스마스로 수용했다고 주장하기도 했지만, 근거는 확실하지 않다.

최근에 미국에서는 아예 두 명절을 통합하려는 움직임이 있다. 크리스마스와 하누카를 합쳐서 크리스무카Chrismukkah라는 신조어를 만들거나 기독교를 믿는 유대인들을 위해서 촛대를 뿔처럼 달고 있는 루돌프 사슴이 그려진 카드가 등장하기도 한다.

승리와 기적의 하누카

주전 167년 시리아를 지배하는 셀류시드 왕조의 안티오쿠스 에피파네스 4세는 유대인들이 평소에 염려하던 일을 저질렀다. 어떤 경우에도 유대인들의 신앙을 금지한다는 칙령을 내렸다.

예루살렘 성전의 지성소에는 제우스 신상을 세우고, 암퇘지를 잡아서 제단에 제물로 바쳤다. 유대인들로서는 감히 상상할 수 없는 일이었다. 그리고는 유대인들의 제사를 완전히 금지시키고, 안식일과 할례를 폐지해 버렸다. 만일 칙령을 어길 경우 사형에 처한다는 단서까지 붙였다. 할례를 치르다 발각되면 아기와 함께 엄마를 성벽에서 떨어뜨려서 살해했으며, 유대교의 문헌들을 불사르고 동굴에서 몰래 안식일을 지키던 사람들을 잡아서 그 자리에서 불태워 죽였다. 역사상 안티오쿠스처럼 유대인들을 잔혹하게 박해한 사람은 없었다.

마카비 전쟁의 시작 안티오쿠스의 폭정에 맞서 유대인들이 전국에서 들고 일어났다. 그 가운데 유다 지역에 근거를 둔 하스모니안 가문의 마타디아와 다섯 아들의 저항은 단연 돋보였다. 안티오쿠스의 군사들이 관리들과 함께 제사장 마타디아의 집안이 대대로 살고 있는 모데인을 찾아와서 제우스신에게 경배하도록 요구했다. 모데인은 예루살렘으로부터 북서쪽으로 대략 25킬로미터 정도 떨어진 작은 마을이었다. 마타디아는 제사를 지내도록 회유하는 관리들에게 말했다.

왕의 영토 안에 사는 모든 이방인이 왕명에 굴복하여 각기 조상들의 종교를 버리고 그를 따르기로 작정했다 하더라도 나와 내 아들들과 형제들은 우리 조상들이 맺은 계약을 끝까지 지킬 결심이오.…우리는 왕의 명령을 따를 수 없을 뿐더러 우리의 종교를 단 한 치도 양보할 수 없소. 마카비 상 2:19–22

마타디아는 왕의 지시를 거절했을 뿐 아니라 제우스신에게 절하는 마을 사람과 제사를 강요하러 찾아온 사신을 살해하고 제단을 헐어 버렸다. 그리고는 다섯 아들을 데리고 아무도 기다리지 않는 산속으로 떠나서 본격적으로 싸움을 대비했다. 헬라화 정책을 추구하는 셀류시드 왕조를 모두 몰아내고 하스모니안 왕조를 수립한 마카비 전쟁은 그렇게 시작되었다.

마타디아의 명분 있는 싸움은 사람들의 무른 마음을 움직였다. 반헬라주의자들이 속속 그에게 합류했다. 율법을 철저하게 고수하는 하시딤 역시 마타디아와 손잡고서 전투에 참가했다. 마타디아 사후에 셋째 아들 유다가 지도자가 되었다. 사자처럼 용맹한 그의 별명은 망치라는 뜻이었다. 마카비는 유다 지역의 여러 도시들을 공략해서 안디오쿠스의 추종 세력과 군대를 분쇄했다. 그의 명분은 성전의 지성소를 회복하는 것이었다. 그는 사람들을 분발시켰다.

"올라가서 지성소를 정결하게 만들어서 봉헌하자."

그리고 결국 적들의 수중에서 예루살렘과 성전을 되찾았다.

기적의 기름과 하누카 안티오쿠스의 군대를 예루살렘에서 몰아낸 유다 마카비는 성전 수리를 시작했다. 더럽혀진 제단을 허물고 성전 산에서 석재를 가져다가 다시 제단을 만들었다. 성소에서 사용하는 기구들 역시 새로 제작했다. 한번도 사용하지 않은 등잔 메노라, 그리고 번제물을 바치고 향을 피우는 제단과 상을 제작했다. 제단에는 등불과 향을 피우고, 상에는 빵을 올려놓았다. 주전 164년 키스레브 월 25일 이른 아침에 과거에 늘 그랬듯이 번제물이 바쳐졌다. 그러고 난 뒤에 악기를 가지고 찬양하면서 성전을 봉헌했다. 안티오쿠스가 성전의 지성소에 가증한 것을 들여놓은 지 3년 반 만의 일이었다.

기름부음을 받은 마카비와 형제들은 이날부터 여드레 동안 하누카를 지키게 했다. 이후로 이스라엘 사람들은 해마다 거르지 않고 성전 봉헌일, 즉 하누카 축제를 지켰다.

유대인들이 하누카를 빛의 축제라고 부르는 것은 기적 같은 일이 일어났기 때문이다. 유다 마카비가 사람들과 함께 성전을 수리하다가 불을 밝힐 수 있는 기름이 하루치밖에 남지 않았다는 사실을 알게 되었다. 성전을 밝히는 데 사용하는 기름은 대제사장이 직접 검사한 것이어야 해서 닥치는 대로 사용할 수 없었다. 어쩔 수 없이 메노라

하누카 촛불을 붙이는 어린이

등잔의 불을 켜기는 했지만 언제 꺼질지 모르는 상황이었다.

그때 기적이 일어났다. 기름이 얼마 되지 않았지만 여드레 동안 불이 꺼지지 않았다. 덕분에 제사장들은 무사히 성전을 정화할 수 있었고, 필요한 기름 역시 준비할 수 있었다. 이상은 탈무드의 일부인 게마라에 기록된 내용이다. 이 기적 이야기는 하누카가 어째서 빛의 축제이고 여드레 동안 지켜져야 하는지 일러준다.

예수님과 하누카 하누카에 관한 역사적 사건은 우리가 사용하는 성경에 구체적으로 등장하지 않는다. 따라서 하누카에 관한 내용을 확인하려면 교회가 전통적으로 외경으로 분류하고 있는 마카비서(혹은 마카베오서)를 참고해야 한다.

그렇다면 예수님은 하누카에 관해 어느 정도 알고 있었을까? 예수님시대에도 지금처럼 해마다 거르지 않고 하누카를 지켰을까? 예수님의 말씀을 종합해 보면 하누카에 관해서 충분히 알고 있었고, 일 세기 당시의 유대인들 역시 해마다 하누카를 지켰다는 것을 알 수 있다.

우선 학자들은 예수님이 유달리 빛을 강조하는 것에서 하누카에 관한 실마리를 확인하고 싶어한다. 언젠가 예수님은 예루살렘 성전을 찾아갔다가 비판의 칼날을 거두지 않는 바리새인들을 상대로 스스로의 존재를 빛에 비유했다.

"…나는 세상의 빛이니 나를 따르는 자는 어둠에 다니지 아니하고

생명의 빛을 얻으리라" 요 8:12

그리고 예수님과 제자들이 길을 가다가 날 때부터 앞을 못 보는 사람을 만났을 때 역시 자신을 빛으로 소개했다. 제자들이 앞을 못 보는 사내가 겪는 불행의 이유를 묻자 예수님은 하나님의 영광을 위한 것이라고 대답하면서 말씀했다.

"내가 세상에 있는 동안에는 세상의 빛이로라" 요 9:5

이 두 개의 발언은 하누카를 알지 못하면 의미를 제대로 이해하기 어렵다.

그리고 예수님과 유대인들 사이에서 충돌이 빚어지기 직전까지 긴박한 상황이 빚어진 적이 있었는데, 그때가 바로 하누카였다.

"예루살렘에 수전절(하누카)이 이르니 때는 겨울이라" 요 10:22

하누카에는 공식적으로 순례를 요구하지 않았지만, 경건한 사람들은 규정을 따지지 않고 예루살렘을 방문했다. 하누카에 예수님은 추위를 피할 수 있도록 설치된 행각에서 자신의 정체를 묻는 공격적인 유대인들을 상대로 토론을 벌였다.

유대인들 가운데 예수님을 믿는 그리스도인들Messianic Jews은 이상과 같은 이유로 해서 크리스마스가 아니라 하누카를 성탄일로 지키는 게 마땅하다고 주장한다. 서구의 보수적인 그리스도인들 역시 19세기까지만 해도 크리스마스를 예수님의 탄생일로 인정하지 않았고, 미국의 일부 주에서는 크리스마스 행사를 치르는 것을 법으로 금지하기도 했다. 지나치게 상업화된 크리스마스를 염려하는 그리스도인들 가운데 유대계 그리스도인들의 주장에 동조하는 이들이 늘어가는 추세이다.

재미있는 하누카 풍습들

촛불 붙이기 유대인들은 하누카를 평화를 위한 빛과 희망, 용기와 감사의 시간이라고 정의한다. 그래서 하누카를 앞두고 거리나 사람들이 많이 모이는 건물 앞에 대형 촛대를 세우고 촛불 점화식을 진행하기도 한다.

하누카에 사용하는 촛대는 초를 꽂는 촛대가 모두 아홉 개다. 촛대는 오른쪽에 네 개, 왼쪽에 네 개, 그리고 가운데 하나 더 있다. 가운데 있는 촛대는 나머지 것들보다 길이가 더 길다. 이 긴 촛대를 유대인들은 '샤마쉬'라고 부르는데, 종이라는 뜻이다. 촛불을 붙일 때마다 그 불을 이용하기 때문에 그런 이름을 갖게 된 것이다. 유대인들은 하누카에 사용하는 이 촛대를 '하누키야'나 '하누카 메노라'라고 부른다.

하누카 첫째 날에는 촛대의 가장 오른쪽에서부터 촛불을 하나 밝히고, 그 다음 날부터 왼쪽으로 한 칸씩 이동하면서 하루에 하나씩 촛불을 켜 나간다. 그렇게 계속하다 보면 여덟째 날에는 여덟 개의 촛불을 모두 밝히게 된다.

하누카 촛대
(메노라)

예수님시대 당시에는 하누카 촛불(실제로 등잔불)을 켜는 방식이 구체적으로 확정되지는 않았다. 대표적인 바리새인 지도자인 힐렐은 오늘날과 마찬가지로 첫날부터 촛불의 개수를 늘려나가다가 마지막 날에는 불을 모두 밝혀

야 한다고 가르쳤다.

반면에 힐렐과 쌍벽을 이루던 샴마이는 그와 다른 방법을 고수했다. 샴마이는 제자들에게 하누카가 시작되면 첫날에 촛불 여덟 개를 모두 켜고 하루하루 날짜가 지나갈 때마다 하나씩 불을 꺼서 마지막 날에는 단 한 개만 남겨 두어야 한다고 주장했다.

촛불을 켜는 시간은 다소 애매하다. 촛불을 켜는 시간은 대개 해가 질 때부터 길거리에 사람들의 발길이 끊어지기 전까지이다. 켜 놓은 촛불은 본디 집밖에 두는 게 유대인들의 일반적인 전통이었고, 집이 이층일 경우에는 길거리 쪽 창가에 촛불을 켜서 올려 두어야 했다. 촛불을 붙이는 동안에 남자들은 무엇으로든지 머리를 가려야 하고, 촛불이 켜 있는 동안에 여자들은 일을 할 수 없었다.

하누카 팽이놀이 하누카가 시작되면 유대인들은 함께 저녁을 먹고 나서 촛불을 켠다. 초에 불을 붙일 때 어린아이들은 히브리어로 기도를 암송한다. 그런 뒤 하누카를 소개하는 책을 골라 자녀들에게 읽어 준다. 책읽기가 끝나고 나면 아이들은 쿠키를 장식하는 시간을 갖거나 전통적인 놀이를 즐긴다. 그 가운데 가장 일반적인 게 드라이델 Dreidel이라는 이름의 팽이를 가지고 노는 것이다.

나무나 납으로 만든 하누카 팽이는 사각 형태의 옆면을 가지고 있는 게 특징이다. 사람들은 하누카가 시작되기 2, 3주 전부터 미리 나무를 깎거나 납을 녹여서 팽이를 만든다. 최근에는 공장에서 생산된 플라스틱 팽이를 사용하기도 한다. 네 개의 면으로 이루어진 팽이는 각 면마다 히브리어 알파벳이 하나씩 적혀 있다. 그 알파벳들은 하누

카의 기적 사건을 가리키는 '위대한 기적이 그곳에서 일어났다'라는 문장의 낱말들 가운데 앞 글자만 따온 것이다.

사람들은 '캐스트 레드'라는 전통적인 노래를 부르면서 팽이놀이를 한다. 팽이놀이 규칙은 이렇다. 적어도 두 사람이 서로 열 개를 넘기지 않는 동전이나 사탕, 혹은 초콜릿을 나눠 갖고서 놀이를 시작한다. 먼저 동전을 한 개씩 내놓는다. 그리고는 눈, 김멜, 헤, 쉰이라는 알파벳이 각각 새겨진 팽이의 끝부분을 잡고 돌려서 '헤'자가 새겨진 쪽으로 쓰러지면 절반을 이긴 것이라서 동전 가운데 한 개만 가진다. '김멜'자 쪽으로 쓰러지면 압승으로 인정해서 동전을 모두 갖는다. 하지만 '쉰'자가 있는 쪽으로 팽이가 쓰러지면 오히려 가지고 있는 동전을 하나 더 내놓아야 한다. 그리고 '눈'이 나오면 아무 것도 갖지 못하고 순서를 상대에게 넘긴다.

드라이델 팽이

하누카의 먹을거리

12월이 시작되면 이스라엘은 물론이고 유대인들이 모여 사는 곳마다 각종 요리 잡지나 인터넷에 일제히 하누카 음식과 조리법이 소개되곤 한다. 하누카에 유대인들이 먹는 음식은 다양하지만 다른 명절에 비해 비교적 소박하고 단순하다. 가정주부들이 하누카 식탁에 올리는 대표적인 메뉴로는 치즈와 팬케이크, 그리고 도넛이 있다.

살벌한 치즈 요리 하누카에 치즈를 먹는 전통이 생겨난 것은 주전 6세기에 기록된 것으로 알려진 유딧서의 주인공 때문이다. 아시리아의 국왕 느부갓네살의 지시를 받은 홀로페르네스의 대군은 대항하는 여러 민족을 굴복시키고 마침내 이스라엘의 도시 베툴리아까지 포위해 버렸다. 이스라엘 사람들은 아시리아 군대에 격렬하게 저항했지만 수로가 끊긴 채 고립되고 말았다. 지도자들은 하나님이 며칠 안에 자신들을 도와주지 않으면 아시리아에 항복하기로 결의하고 말았다. 이때 아름답고 부유한 미망인 유딧Judith이 주민들을 설득해서 항복을 미루게 하고 하인과 함께 적진으로 떠났다.

적진을 찾아간 유딧은 병사들이 피 한 방울 흘리지 않고 그 지역을 점령할 비책을 알려주겠다면서 홀로페르네스에게 접근한다. 그럴듯한 말에 넘어간 홀로페르네스는 유딧을 믿고 자기 진영에 머무르도록 허락했다. 나흘째 되던 날 홀로페르네스는 연회를 베풀었는데, 가까이 있는 부하들만 청하고 장교들은 하나도 청하지 않았다. 연회가 계속되었고 천막 안에는 잔뜩 취하여 쓰러진 홀로페르네스와 유딧만이 남게 되었다. 유딧은 홀로페르네스의 칼로 그의 목을 잘라서 곡식자루에 담아 유유히 적진을 빠져나왔다.

다음 날 이스라엘 사람들이 싸움을 걸어오자 아시리아 군대는 급히 홀로페르네스를 깨우러 막사를 찾아갔다. 간밤에 유딧에게 장군이 목이 잘려서 죽은 것을 확인한 아시리아 군대는 혼비백산해서 달

홀로페르네스의 목을 베는 유딧(카라바지오, c.1598)

아나고 이스라엘은 승리를 거두었다.

이스라엘 사람들은 유딧이 홀로페르네스를 죽일 수 있는 기회를 잡기 위해 그에게 먼저 치즈를 먹게 했다고 믿고 있다. 치즈를 먹여서 목이 마르게 한 다음에 포도주를 많이 마시게 해서 칼로 목을 베었다는 것이다. 이 사건을 기념하기 위해서 유대인들은 요즈음도 하누카에 치즈와 치즈 요리를 즐겨 먹는다.

하누카 패스트푸드 하누카에는 감자로 만든 팬케이크 '라트케스'와 젤리로 싼 도넛인 '수프가니요트' 역시 인기 있는 메뉴이다. 특히 동유럽과 러시아에 사는 유대인들은 라트케스를 유별나게 좋아하는 것으로 알려져 있다. 올리브기름으로 굽고 튀기는 팬케이크와 도넛은 하누카의 기적을 상징하는 음식들이다. 이렇게 유대인들은 마카비가 성전을 수리하는 동안 기름이 부족했지만 여드레 동안 기적적으로 불이 꺼지지 않은 것을 기념해서 불과 올리브기름을 동시에 사용하는 요리를 만들어 먹는다.

우리나라 사람들이 얇고 둥글게 부쳐 먹는 전병과 비슷하게 생긴 라트케스는 누구나 쉽게 만들 수 있고, 만드는 시간도 짧은 간단한 요리이다. 잘게 다진 감자에 양파와 달걀, 그리고 마짜(물과 밀가루만으로 만든 빵)를 섞어서 팬케이크 모양으로 만들어 올리브기름에 튀긴다. 유대인들은 바삭하게 구운 감자 팬케이크를 크림이나 사과로 만든 소스에 찍어서 먹는데 약간 짭짤하고 고소하다. 모양은 평범하지만 맛은 그렇게 느끼하지 않고 담백하다.

그리고 수프가니요트는 구멍이 없는 도넛의 일종으로서 감자 전병처럼 역시 올리브기름에 튀겨서 만든다. 경우에 따라서는 마치 포춘 쿠키처럼 성경구절을 도넛 안에 넣고 튀겨내서 이웃들에게 메시지가 담긴 선물로 주기도 한다. 이스라엘에서는 라트케스와 수프가니요트를 굳이 하누카 시즌이 아니더라도 패스트푸드처럼 비교적 저렴한 가격에 언제든지 맛볼 수 있다.

하누카 도넛,
수프가니요트

하누카 라트케스

하누카 축제의 기원과 관련된 일화에는 빛과 올리브기름이 등장하기 때문에 유대인들은 하누카가 돌아오면 기름에 튀긴 음식을 준비한다.
라트케스(감자 팬케이크)와 수프가니요트(젤리로 싼 도넛)가 가장 대표적인 하누카 음식이다. 특별한 기술이 따로 필요하지 않은 유대인들의 전통적인 음식인 하누카 라트케스를 만들어보자.

라트케스 재료

감자 큰 것 1개, 양파 작은 것 1개, 쪽파 한 줌, 달걀 1개, 전분 1큰술, 소금 약간, 후추 약간, 올리브기름

애플소스 재료

사과 1개, 레몬즙 1큰술, 흑설탕 1큰술, 물 1/3-1/2컵, 시나몬 파우더 약간, 넛멕 파우더 약간, 클로브 파우더 약간

만드는 과정

1. 감자, 양파는 아주 가늘게 채 썰고 양파는 다져 놓는다.
2. 쪽파를 다지듯 썰어 둔다.
3. 감자, 양파, 쪽파에 달걀 푼 것, 전분 가루, 소금, 후추를 모두 넣고서 잘 섞는다.
4. 올리브기름을 넉넉히 두른 팬에 노릇하게 부쳐낸다.
5. 애플 소스는 사과를 잘게 썰고 나서 준비된 재료를 한꺼번에 넣고서 사과가 물러질 때까지 불을 다스리면서 조려 낸다.

달콤한 새해, 꿀 사과처럼

유대인들은 새해 첫날에 꿀 바른 사과와 주로 안식일에 먹는
부드럽고 달콤한 할라 빵, 그리고 생선 머리를 가지고 만든 요리를 즐긴다.
이 음식 메뉴에는 각각 나름의 의미가 담겨 있다.
먼저, 사과와 빵의 둥근 모양은 매년 해가 바뀌는 순환의 과정을 의미한다.
꿀이 갖고 있는 단맛은 달콤한 한 해를 상징한다.
생선 머리를 요리하는 것은 한 해의 시작이라는 의미와
더불어서 어느 곳에서든지 꼬리가 아니라 머리가 되기를
바라는 기대가 담겨 있다.

유대인들은 유대력을 따라 지키는 설날을 '로쉬 하샤나' Rosh Hashana 라고 부른다. 유대력은 우리나라를 비롯해서 세계 여러 나라 대부분이 사용하고 있는 그레고리우스력과는 종류가 다르다. 그레고리우스력은 교황 그레고리우스 8세가 1582년에 도입한 것이다.

반면에 이스라엘의 공식적인 달력이자 전세계에 흩어져 있는 유대인의 유대력은 359년 무렵 힐렐 2세가 처음으로 사용하기 시작한 것으로 알려져 있다. 그레고리우스력은 태양력이지만, 유대인의 달력은 태양력과 태음력을 모두 포괄한다. 유대력으로 일곱째 달에 해당하는 '티슈리'월 초하루를 유대인들은 신년일로 지킨다. 티슈리월 첫날에 하나님이 아담을 창조했다고 믿기 때문이다.

로쉬 하샤나는 유대교 절기 가운데 가장 큰 두 가지 명절들 가운데 하나이다. 또 다른 명절은 로쉬 하샤나가 지나고 나서 10일째 되는 날 시작되는 대속죄일, 즉 '욤 키푸르' 이다.

로쉬 하샤나의 상징인 꿀과 사과

유대인의 설날인 로쉬 하샤나는 묵은 해에 지은 죄를 돌아보면서 하나님의 용서를 구하는 경외의 날들이 시작되는 첫째 날이고, 욤 키푸르는 모든 회개를 끝마치는 마지막 날이다. 유대인들은 로쉬 하샤나를 맞이하면서 이웃과의 관계에서 고칠 것은 없는지 살펴보고 서로 화해하고, 그것을 근거로 달콤한 새해를 맞이할 수 있도록 기원한다.

심판의 날, 로쉬 하샤나

로쉬 하샤나를 우리말로 옮기면 한 해의 머리, 혹은 한 해의 시작이다. 유대력 정월은 니산월이 맞지만 유대인들은 우리의 달력을 기준으로 볼 때 9월 말이나 10월 초에 해당하는 티슈리월을 정월로 간주하고 그 달 초하루에 설을 쉰다.

유대인들은 이렇게 새해가 시작되는 날부터 대속죄일(욤 키푸르)까지 열흘 동안 특별한 회개의식을 치르는데, 부지런한 사람들은 새해가 시작되기 한 달 전부터 미리 회개기도를 하기도 한다. 유대인들이 이토록 간절하게 기도하는 데는 그럴만한 이유가 있다. 로쉬 하샤나는 심판의 날이기 때문이다.

에스라와 로쉬 하샤나 하나님은 이집트를 탈출한 이스라엘 사람들에게 티슈리월 초하루를 안식의 날로 지키라고 명령했다.

"이스라엘 자손에게 말하여 이르라 일곱째 달 곧 그 달 첫 날은 너희에게 쉬는 날이 될지니 이는 나팔을 불어 기념할 날이요 성회라" 레 23:24

민수기 역시 티슈리월 초하루를 반드시 지켜야 한다는 하나님의 지시를 전달했다.

"일곱째 달에 이르러는 그 달 초하루에 성회로 모이고 아무 노동도 하지 말라 이는 너희가 나팔을 불 날이니라" 민 29:1

그렇지만 이스라엘 사람들은 한동안 로쉬 하샤나를 의미 있는 새해 첫날로 간주하지 않았다. 그 날에 일상적인 안식일과 동일하게 하나님에게 제사를 지냈다. 쇼파라고 불리는 뿔나팔을 부는 게 안식일과 다를 뿐이었다. 사람들은 예루살렘으로 순례를 떠나는 축제들을 더 중시했다. 로쉬 하샤나는 그저 집에서 가족들과 함께 휴식하는 날에 불과했다.

로쉬 하샤나가 관심을 끈 것은 그로부터 오랜 세월이 흐른 다음이었다. 바빌로니아에 끌려간 포로의 후손인 에스라가 예루살렘을 찾아왔다. 주전 458년의 일이었다. 당시 이스라엘 사람들은 이민족과 거리낌 없이 결혼하고 영향을 받아서 정체성이 약해진 상태였다. 티슈리월 초하루에 주민들이 모두 참석한 자리에서 에스라가 율법책을 낭독하자 모두 충격을 받았다.

"하나님의 율법책을 낭독하고 그 뜻을 해석하여 백성에게…깨닫게 하니 백성이 율법의 말씀을 듣고 다 우는지라…" 느 8:8-9

에스라는 그들을 위로했다.

"…오늘은 너희 하나님 여호와의 성일이니 슬퍼하지 말며 울지 말라…" 느 8:9

그러고 나서 살진 것을 먹고 단 것을 마시도록 권했다. 사람들은 그의 말을 따르면서 즐거워했다.

에스라 시기에 오랫동안 잊혀졌던 티슈리월 초하루가 다시 부각된 게 사실이지만, 오늘날처럼 특별한 절기를 가리키는 이름으로 받아들이게 된 것은 주전 4세기 무렵이었다. 탈무드의 기록에 따르면 본디 로쉬 하샤나는 한 해에 네 번씩 있었다. 이 네 가지 가운데 티슈리월의 것만 오늘날까지 계속해서 살아남은 것이다. 랍비들 가운데 로쉬 하샤나라는 이름을 역사적으로 가장 먼저 사용한 사람은 1세기에 활동한 사도 바울의 스승 가말리엘이었다.

세 권의 심판의 책 로쉬 하샤나가 시작되면 유대인들은 만나는 사람들에게 가끔 이런 인사를 건넨다.

"생명책에 이름이 기록되고 봉인되기를 기원합니다."

그들은 새해 첫날이 되면, 생명과 죽음을 마주한 채 하나님으로부터 의로움과 죄악을 평가받은 후 이름이 기록된다고 믿었다. 이후 열흘 동안 부지런히 회개하면 생명책에 이름이 기록되고 행복한 한 해를 약속받을 수 있다는 것이다. 그래서 유대인들은 그 시기를 '두려움의 날들the Days of Awe'이라고 부른다. 이런 믿음은 아주 오래 전부터 전해오는 전설에 근거하고 있다.

유대인들 사이에 전해지는 이야기에 따르면, 하나님은 인간을 심판하기 위해 각자의 행위를 하나도 빠뜨리지 않고 책에 기록한다고 믿었다. 그 책은 모두 세 권인데, 새해 첫날에 펼쳐진다. 첫째 책은 악한 사람, 둘째 책은 의로운 사람, 그리고 셋째 책은 이도저도 아닌 중간에 속한 사람이 기록되어 있다는 것이다.

하나님에게 의롭다고 인정받은 사람은 즉시 생명책에 이름이 기록되고 따로 봉인된다. 그렇게 생명책에 기록된 사람은 한 해 동안 하나님의 축복을 누리면서 행복한 삶을 살게 된다고 믿었다.

그러면 나머지 사람들은 어떤 운명을 맞이하게 될까? 의롭지 못해서 하나님에게 악한 사람으로 평가 받으면 당연히 죽음의 책에 이름이 기록된다. 그리고 중간에 있는 어정쩡한 사람은 대속죄일까지 기다려야 한다.

그 사람은 새해 첫날부터 대속죄일까지 어떻게 처신하느냐에 따라 생명의 책과 죽음의 책 사이에서 운명이 갈리게 된다. 그래서 사람들은 새해 첫날부터 열흘 동안 회개하고 간절히 기도한다. 하나님 앞에서 묵은해의 잘못을 반성하고, 새해에는 똑같은 잘못을 반복하지 않겠다는 각오를 다진다.

이렇게 보면 로쉬 하샤나는 하나님이 인간에게 허락한 자유의지의 상징인 셈이다. 인간이 무슨 행동을 하더라도 그에 따른 결과를 책임져야 하기 때문이다.

회상의 날, 로쉬 하샤나

이스라엘 사람들에게 있어서 로쉬 하샤나는 심판의 날이자 동시에 회상의 날이기도 하다. 그들은 새해 첫날이 되면 아브라함이 이삭을 하나님에게 제물로 바치던 때를 기억해야 한다고 믿는다. 아버지에게 순종하고 제물이 되었던 이삭처럼 자신들 역시 하나님의 이름이 부끄럽지 않도록 성별된 삶을 살아야 한다는 것이다. 그리고 자신들의 조상들이 시내산 하나님 앞에서 맹세한 내용을 기억하고 그대로 지키겠다고 다시 한 번 다짐하기도 한다.

이삭을 본받아서 유대 전통에 따르면 이삭이 모리아산에서 제물이 된 것은 티슈리월 초하루였다. 하나님은 아브라함을 시험하려고 힘들게 얻은 외동아들 이삭을 제물로 바치라고 명령하였다. 아브라함은 두말 없이 하나님의 명령을 따랐다. 아침 일찍 이삭을 데리고 집을 나선 아브라함은 하나님이 일러준 그곳에 제단을 쌓았다. 그리고는 하나님에게 자신의 순종과 믿음을 나타내 보이려고 아들을 결박

해서 제물로 바칠 준비를 했다.

아브라함이 칼로 이삭을 찌르려는 바로 그 순간, 하나님의 사자가 나타나서 가로막았다.

"…그 아이에게 네 손을 대지 말라 그에게 아무 일도 하지 말라 네가…독자까지도 내게 아끼지 아니하였으니 내가 이제야 네가 하나님을 경외하는 줄을 아노라" 창 22:12

눈을 들어 보니 숫양 한 마리가 수풀에 걸려 있었다. 아브라함은 이삭 대신 숫양을 번제물로 바쳤다. 그렇게 아브라함은 하나님의 시험을 통과하였다. 하나님에게 순종한 아브라함과 아버지에게 순종한 이삭은 축복을 받았다.

유대인들은 새해 첫날을 맞이하면서 아브라함과 이삭 사이에 일어난 일화를 회상한다. 하나님에게 순종하는 게 하나님으로부터 자비를 얻는 가장 빠른 길이고, 그리고 진정으로 의로운 사람들은 하나님의 뜻을 따지거나 되묻지 않는다는 것을 잊어버리지 않기 위함이다. 그리고 그들은 새해 첫날에 부는 뿔나팔 소리를 듣고서 하나님의 명령에 따를 때마다 주어지는 풍성한 보상을 기억한다.

쇼파, 양각 나팔 로쉬 하샤나의 대표적인 상징은 쇼파Shofar 곧 양각 나팔이다. 쇼파는 속이 빈 숫양의 뿔(요벨)을 약 300-400도 정도로 가열된 뜨거운 모래 속에 넣고 빼기를 한동안 반복한다. 그러고는 달궈진 뿔을 둥글게 구부리고 한쪽 끝에 구멍을 뚫어서 나팔을 완성한다.

쇼파는 솔로몬이 건축한 예루살렘 성전이 파괴된 뒤부터 본격적으로 사용되었다. 이전까지는 제물을 바칠 때마다 나팔을 불었기 때

새해 첫날에
부는 쇼파

문에 따로 뿔나팔을 불어야 할 이유가 없었다. 이따금 하나님과의 교제를 상징하는 데 사용되거나 나팔의 소리를 키우는 보조 역할을 했을 뿐이다. 하지만 성전이 파괴되고 나팔이 자취를 감추자 쇼파가 그 자리를 대신하게 되었다.

전통적으로 새해 첫날에 쇼파를 부는 이유를 정리하면 다음과 같다. 먼저, 쇼파의 소리에는 아브라함이 이삭을 바친 사건을 회상하라는 메시지가 담겨 있다. 이삭이 성별되게 바쳐진 것과 하나님이 아브라함의 믿음에 대한 보상으로 이삭의 생명을 보존한 것, 그리고 이삭 대신에 희생된 숫양을 회상하는 것이다.

쇼파를 부는 또 다른 이유는 하나님이 만물의 지배자임을 알리기 위함이다. 로쉬 하샤나는 아담으로 대표되는 인류의 창조를 축하하는 날이면서 동시에 인류를 지배하는 하나님의 왕권을 축하하는 날이기도 하다. 왕이 즉위할 때 나팔을 불어서 축하하듯이 새해 첫날에 하나님이 만물의 주인이라고 세상에 선포하는 것이다. 다윗 역시 "나팔과 호각 소리로 왕이신 여호와 앞에 즐겁게 소리칠지어다" 시 98:6라고 노래했다. 그래서 유대인들은 쇼파 소리를 들을 때마다 두렵고 떨리는 심정으로 하나님 앞에 자신의 의지를 굴복시켜야 한다고 믿는다.

새해 첫날의 풍습

예루살렘 서벽(통곡의 벽)은 정월이 시작되기 한 달 전부터 사람들의 발길이 북적인다. 서둘러서 새해를 준비하려는 사람들이 계속 그곳을 찾아오기 때문이다. 유대인들은 섣달 그믐날이 되면 새벽 일찍 일어나 회당으로 가서 예배한 후 점심 때까지 금식을 한다. 그리고 다시 오후 1시에 드리는 회당 예배에 참석하고 나서 집으로 돌아와 목욕을 한다. 이렇게 몸과 마음을 깨끗이 한 후 비로소 반나절 금식을 끝내고 식사한다. 이처럼 새해를 맞으면서 목욕을 하는 것은 유대인들의 신성한 의무에 해당한다.

새해맞이 예배 새해 첫날 오전에는 회당마다 신년 예배를 진행한다. 예배는 대개 오전 10시에 시작해서 두 시간 정도 계속되는데, 아침 기도와 성경 낭송, 그리고 추가 기도의 순서로 진행한다. 이스라엘에서 흔히 볼 수 있는 둥그런 모자 키파를 쓰고 회당 예배에 참석한 유대인들은 기도문을 낭송하면서 간절히 기도한다. 함께하는 기

예루살렘 통곡의 벽 앞에서 기도하는 유대인들

도는 쇼파를 불 때까지 계속된다. 쇼파를 불고 난 뒤에 사회를 맡은 랍비가 시편 47편을 일곱 번 낭송하면 회중은 기도하다가 멈추고 하나님을 경외하는 마음으로 한동안 침묵한다.

이어서 하나님의 말씀이 기록된 토라 두루마리의 궤가 열리면 사람들은 다시 힘껏 찬송을 부르기 시작하고, 그 순간에 예배는 절정에 도달한다. 그때 회중은 탈릿(기도보)을 끌어당겨 머리에 덮어쓰고 소리 높여 회개의 기도문을 암송하기 시작한다.

사회자가 "그렇지만 회개와 기도와 구제는 하나님의 심판을 누그러뜨립니다"라고 선포하는 순간 회중의 기도 소리는 서서히 줄어들고 조용해진다. 그러면 사회자는 다시 입을 연다.

"인간은 얼마나 악합니까! 티끌로 돌아갑니다. 먹기 위해 땀을 흘려야 하며, 마른 풀잎처럼 죽으니 사라지는 그림자이며 지나가는 꿈입니다. 그러나 하나님, 당신만은 영원하십니다. 당신만이 영원한 왕이십니다."

새해맞이 저녁식사 예배를 끝마치고 가정에서 점심을 먹고 나면 이미 몇 주 전부터 새해를 축하하는 카드를 보냈더라도 친지를 직접 만나서 서로 새해 인사와 덕담을 나누는 시간을 갖는다. 유대인들의 전통에 충실한 사람들은 로쉬 하샤나의 정신에 따라서 이웃을 찾아다니면서 묵은해에 자신이 범한 잘못에 관해서 사과하고 용서를 구한다. 과거에는 점심식사를 서둘러서 끝마치고 신앙이나 학식이 뛰어났던 사람들과 조상들의 묘를 방문해서 기도하고 보살폈지만, 지금은 새해가 시작되기 한 달 전에 그 일을 마치는 게 일반적이다.

지역에 따라 오후에 우물이나 강가를 찾아가서 돌을 던지는 풍습을 지키기도 한다. 이는 자기의 죄를 돌에 전가시켜 던지는 것으로서 16세기부터 독일계 유대인들이 줄곧 지켜온 재미있는 풍습이다.

그러나 우기에만 물이 흐르는 건천이 대부분인 이스라엘에서는 물에 돌을 던지는 대신에 자기의 죄를 닭에게 전가시키는 풍습을 여전히 지키고 있다. 남성은 수탉, 여성은 암탉을 가족 수대로 준비해서 일정한 절차에 따라서 속죄물로 바친다.

로쉬 하샤나 저녁에 촛불을 켜는 것은 오롯이 가정주부가 담당해야 할 몫이다. 해 질 무렵에 아버지와 나머지 가족들은 회당을 찾아가서 저녁예배에 참석한다. 대개 주부들은 해야 할 일이 많다는 이유로 이 예배에 참석하지 않는다. 주부는 저녁예배에 참석하고서 회당에서 돌아오는 가족들을 기쁘게 맞으면서 즐거운 새해가 되기를 비는 말로 인사한다.

식탁은 안식일보다 더 정성스레 차려지는데, 로쉬 하샤나의 특별 음식 메뉴로는 사과와 꿀이 추가된다. 사과와 꿀처럼 새해가 달콤해졌으면 하는 기대 때문이다. 아버지는 기도서에 기록되어 있는 대로 로쉬 하샤나를 위한 특별한 성결 의식을 진행한다. 사과 조각을 꿀에 찍으면서 전통적인 관습을 따라서 다음과 같이 기도하는 것도 잊지 않는다.

> 주 우리 하나님, 당신의 뜻대로 우리를 행복하고 즐거운 새해로 인도하소서! 주 우리 하나님, 당신은 복되시고 우주의 통치자시오 나무에 열매를 만드시는 분이십니다.

로쉬 하샤나 메뉴 유대인들은 새해 첫날에 꿀 바른 사과와 주로 안식일에 먹는 부드럽고 달콤한 할라 빵, 그리고 생선 머리를 가지고 만든 요리를 즐긴다. 이 음식 메뉴에는 각각 나름의 의미가 담겨 있다. 먼저, 사과와 빵의 둥근 모양은 매년 해가 바뀌는 순환의 과정을 의미한다. 꿀이 갖고 있는 단맛은 달콤한 한 해를 상징한다. 생선 머리를 요리하는 것은 한 해의 시작이라는 의미와 더불어서 어느 곳에서든지 꼬리가 아니라 머리가 되기를 바라는 기대가 담겨 있다.

사람들은 식탁에 둘러앉은 채 사과를 꿀에 찍어먹으면서 좋은 새해라는 뜻의 '샤나 토바'나 혹은 달콤한 새해가 되기를 빈다는 뜻의 '샤나 메투카'라는 말을 주고받는 덕담을 나눈다.

대속죄일, 욤 키푸르

로쉬 하샤나로부터 열흘째 되는 날이 '욤 키푸르'Yom Kippur다. 우리말로 '속죄(키푸르)의 날(욤)'이라고 옮길 수 있는 이날은 새해 열흘째 되는 날 해가 지는 순간부터 다음 날 해질 때까지 계속된다. 욤 키푸르가 시작되고 끝나는 시점을 제대로 계산하기 위해서는 일몰 시간을 정확하게 알고 있어야 한다. 그래서 경우에 따라 오류를 피할 목적으로 일몰 시간표를 기상청으로부터 직접 제공 받기도 한다.

이스라엘 사람들에게 대속죄일은 어느 때보다 엄숙하고 거룩한 날이다. 욤 키푸르 전날, 해가 지기 전에 유대인들은 일찍 저녁식사를 마친다. 해가 지면서 금식이 시작되기 때문이다. 사람들은 금식을 하는 동안 음식은 물론 물 한 모금도 입에 대지 않는다. 화장을 하거나 몸을 씻지 않고, 남녀의 관계도 금지된다. 이스라엘에서는 텔레비전의 방송이 멈추고 버스 같은 대중교통은 운영되지 않는다.

유대인들의 풍습에 익숙하지 않은 우리들에게는 욤 키푸르가 상당히 고통스럽게 비쳐질 수 있다. 하지만 유대인들은 그렇게 생각하지 않는다. 오히려 그들은 하나님과 대화하는 기쁨의 날이자 하나님의 심판을 벗어나서 생명책에 자신의 이름이 기록되는 소중한 날로 받아들인다. 그래서 쇼파의 소리를 신호로 끝마치는 25시간 동안의 욤 키푸르 금식은 축복과 기쁨이 넘치는 한 해가 될 것을 보장받는 무엇과도 바꿀 수 없는 순간이다. 욤 키푸르가 끝나면 금식을 마치는 즐거운 식사를 하게 된다.

욤 키푸르에 아얄론 고속도로를 자전거가 달리고 있다

유대인은 보자기가 없으면 기도가 안 된다?

유대인들이 기도를 할 때 반드시 착용하는 탈릿, 즉 기도보는 크기가 일정하지 않다. 가로 1.5미터, 그리고 세로 0.6미터 정도의 크기가 흔히 사용된다. 탈릿의 재료는 무명이나 모, 실크처럼 천연섬유가 사용되지만 두 가지 이상의 재료를 섞어서 짠 천으로는 탈릿을 만들지 못한다. 하지만 실크는 예외다. 실크는 모나 무명, 어느 쪽과 섞어 짜더라도 문제가 되지 않는다.

유대인들이 예배 때 착용하는 탈릿

탈릿의 아랫부분 귀퉁이마다 일종의 '술'이 달려 있는데, 이것을 찌찌트라고 부른다. 유대인들은 하나님의 계명을 기억하고 지키겠다는 뜻으로 탈릿에 반드시 찌찌트를 매단다. 찌찌트가 달리지 않으면 절대 탈릿이 될 수 없다. 유대인들은 기도할 때 늘 탈릿을 두르도록 규정하고 있다. 몸을 탈릿으로 감싸서 기도에 집중하기 쉽게 하기 위함이다.

사실 탈릿을 몸에 걸치는 절차 역시 그리 간단하지는 않다. 탈릿을 두르기에 앞서 시편 구절 104:1-2을 낭송하고 묵상한다. 그러고 나서 탈릿을 앞으로 활짝 펼치면서 "복되신이여, 주되신 우리의 하나님이시여, 우주의 왕이시여, 당신의 계명으로 우리를 성별하신이여, 우리에게 명하시기를 탈릿의 찌찌트로 감싸라고 하시나이다."라고 말한다. 이어서 탈릿을 뒤로 돌려서 머리로부터 어깨에 두른다. 이때는 탈릿으로 외부세계를 차단하고 하나님으로부터 직접 보호를 받고 있다는 느낌을 가져야 한다.

초막절의 식사와 네 가지 식물

일단 초막의 설치가 끝나면 식탁과 의자를 그 안에 들여놓는다.
그곳에서 일주일 동안 식사를 하고 아침마다 예배를 드린다.
예배를 위해서는 네 가지 식물을 따로 준비해야 한다.
성경은 그 식물을 이렇게 규정한다.
"첫날에는 너희가 아름다운 나무의 실과와
종려나무 가지와 무성한 나무 가지와
시내버들을 취하여 너희의 하나님 여호와 앞에서
이레 동안 즐거워할 것이라" 레 23:40

이스라엘에서는 욤 키푸르, 즉 대속죄일이 끝나고 그날로부터 닷새가 지나면 또다시 이레 동안 축제를 벌인다. 이때 예루살렘을 비롯한 전국의 도시들마다 흔히 볼 수 없는 진풍경이 벌어진다. 복잡한 도심은 물론이고 집집마다 종려나무 가지를 얼기설기 엮어서 지붕을 만든 간이 천막들이 앞다퉈서 설치된다. 예루살렘 신시가지의 벤 예후다 거리는 음식점과 카페, 그리고 상점이 즐비한 최고 번화가이지만 초막절이 시작되기 전에 어김없이 초막이 설치된다. 집에 정원이 없을 때는 베란다에 설치하기도 하는데, 이스라엘에서는 아파트를 건축할 때부터 아예 초막을 세울 수 있는 공간을 설계에 반영한다.

초막을 설치할 수 있게 건축된 예루살렘 지역 아파트

이스라엘 사람들은 이런 초막을 히브리어로 수카Sukkah라고 부른다. 그리고 여드레 동안 초막을 치고 지내면서 즐기는 명절이 바로 수콧Sukkot, 즉 초막절이다. 이 초막절은 예로부터 유월절이나 칠칠절과 더불어서 삼대 절기로 꼽을 정도로 가장 큰 명절이다. 우리가 앞서 살펴본 욤 키푸르가 한 해의 삶을 돌아보고 하나님 앞에서 회개하는 엄숙한 경외의 날이라면, 초막절은 조상들이 광야에서 지내던 것을 회상하면서 온 가족이 일주일 간 초막에서 함께 어울리며 즐겁게 보내는 기쁨의 축제이다.

명절 중의 명절, 수콧

이스라엘의 농부들은 한 해에 세 차례씩 추수를 한다. 농부들은 절기상 무교절, 혹은 유월절 무렵에 겨울 보리를 수확한다. 여름에는 보리와 밀, 그리고 각종 과일을 추수하는데, 이 시기에 맥추절 혹은 칠칠절을 지킨다. 이 절기는 시내산에서 모세가 이스라엘을 대표해서 계명을 받은 것과 보리와 밀을 수확하는 풍습이 함께 결합해서 만들어졌다. 그리고 가을에 접어들면 한 해 마지막으로 올리브와 포도를 거두고 나서 하나님에게 감사하는 축제를 벌이는데, 그게 바로 수콧이라고 부르는 초막절이다.

순례자들의 축제 본디 초막절은 수장절출 23:16과 초막절레 23:34이라는 서로 다른 두 가지 명절들이 하나로 합쳐진 것이다. 수장절은 추수를 감사하는 명절이고, 초막절은 출애굽 이후에 하나님이 줄곧 이스라엘을 보호한 것을 감사하고 기념하는 절기였다. 이와 같이 성경시대에 형성된 삼대 명절은 대개 농경문화와 역사라는 주제가 서로 결합되어 만들어졌다. 예를 들면 유월절은 역사적인 요소가 압도적이고 농사문화는 부수적이다. 처음으로 수확한 보리를 바치는 칠칠절은 유월절과 정반대이다. 그리고 초막절은 두 가지 요소들이 동일하게 균형을 유지하고 있다.

먼저 초막절의 역사적 요소를 살펴보면 이렇다. 이집트를 탈출한 이스라엘 사람들은 하나님이 보내 준 구름기둥과 불기둥 덕분에 낮의 무더위와 밤의 추위를 감당할 수 있었다. 그들이 옛날 야곱이 귀향할 때 집을 짓고 가축용 우릿간을 마련했던 숙곳(혹은 수콧)이라는 곳에 당도하자 하나님은 또 다른 은총을 베풀었다. 감당하기 어려운 밤의 추위와 낮의 더위를 피하고 고된 몸을 뉘일 수 있는 작은 공간인 초막을 허락한 것이다.출 13:20 이스라엘 사람들은 여름에는 나뭇잎이나 풀, 그리고 종려나무 가지로 얼기설기 엮어 만들고, 겨울에는 숫염소의 털을 꼬아 만든 허술한 이 초막에서 하나님에게 감사했다.

그리고 초막절 역시 수장절과 관련된 농경문화를 반영하고 있다. 초막절의 또 다른 이름인 수장절은 이듬해 맥추절에 보리를 추수할 때까지 먹어야 할 곡식을 저장하는 가을철 수확기였다.

"…수장절을 지키라 이는 네가 수고하여 이룬 것을 연말에 밭에서부터 거두어 저장함이니라" 출 23:16

그리스도인들 가운데 수장절을 영적으로 해석하기도 한다. 하지만 사실 성경시대 유대인들에게 수장절은 다음번 추수할 때까지 식량을 확보해야 하는 절박한 시기였다.

그러면 성경시대의 농부들은 이때 어떤 농작물을 수확했을까? 그것을 알 수 있는 단서가 1908년에 우연히 발견되었다. 예루살렘에서 욥바로 가는 길에 위치한 게셀에서 한 해의 농사력이 기록된 석회암 파편이 발굴된 것이다. 어느 어린이가 글쓰기 연습을 한 것으로 보이는 그 석회암 조각은 연구결과 주전 950년경 솔로몬시대의 것으로 판명되었다. 거기에는 농부가 한 해 동안 해야 할 일이 간단하게 기록되어 있었다. 그 내용에 따르면 성경시대의 농부들은 8월과 9월에는 여름 과일을 수확했는데, 이는 오늘날과 크게 다르지 않다.

베드로가 초막을 권한 까닭 예수님 시대 유대인들은 올리브와 포도를 수확하고 나서 초막절이 시작되면 예루살렘으로 순례를 떠났다. 유월절이나 칠칠절에도 예루살렘을 방문하기는 했지만, 초막절을 맞이하는 사람들의 마음은 달랐다. 다른 명절에는 보리나 밀을 수확해야 하기 때문에 바쁜 일손을 놀리면서 여행에 나서는 게 쉬운 일이 아니었다. 하지만 초막절은 올리브와 포도 수확을 끝내고 난 뒤에 맞이하기 때문에 비교적 시간적으로 여유가 있어서 홀가분하게 순례의 길에 나설 수 있었다.

"너희 타작 마당과 포도주 틀의 소출을 거두어 들인 후에 이레 동안 초막절을 지킬 것이요" 신 16:13

이때 지중해 지역은 물론 바빌로니아에 흩어져 사는 유대인들도 먼 거리를 마다 않고 기쁜 마음으로 예루살렘을 찾아왔다.

베드로가 초막을 권한 것 역시 초막절과 관계가 있다. 하루는 예수님이 제자들과 함께 이름 모르는 산에 올랐다. 갑자기 예수님의 옷에서 광채가 나고 엘리야와 모세가 나타나서 대화를 나눴다. 상황에 압도된 베드로는 예수님에게 말했다.

"…만일 주께서 원하시면 내가 여기서 초막 셋을 짓되 하나는 주님을 위하여, 하나는 모세를 위하여, 하나는 엘리야를 위하여 하리이다" 마 17:4

대개 베드로의 발언을 정신 나간 것으로 폄하하거나 그곳에서 계속해서 지내고 싶어 하는 소극적 태도가 반영된 것으로 평가하기도 한다. 사실일까? 그것은 두 가지로 해석할 수 있다. 먼저, 성경시대에는 초막절에 찾아온 손님은 함께 지내는 것을 당연하게 여겼다. 신 16:14

그러니 당연히 초막을 지어야 했다. 또 다른 하나는 유대인들의 메시아 신앙과 관계가 있다. 그들은 초막절에 메시아가 찾아온다고 믿었다.슥 14:15-16 베드로는 예수님을 메시아라고 생각했고, 그때 초막이 머릿속에 떠오른 것이다.

예수님 역시 초막절과 관련이 있는 말씀을 한 적이 있다. 예수님은 초막절 마지막 날, 즉 '호사나 라바'라고 부르는 큰 구원의 날에 "누구든지 목마르거든 내게로 와서 마시라"요 7:37고 말씀했다. 일세기 당시 제사장들은 희생 제물을 바치고 나서 포도주를 제단에 부었지만, 초막절에는 물을 부었다. 밀과 보리의 파종을 앞두고 풍성한 비를 하나님에게 기원하기 위함이었다.

제사장들은 초막절 첫날만 빼고 나머지 기간 내내 금으로 만든 단지로 실로암 못에서 물을 길어다가 제단에 부었다. 그러면 사람들은 나팔을 불고 찬양하면서 종려나무 가지를 흔들고 춤을 추었다. 춤과 노래, 그리고 악기들이 함께 어우러지는 이 축제의 순간에 사람들은 성령에 사로잡히기를 간구하면서 황홀경에 빠져들었다. 예수님은 그런 이스라엘 사람들에게 자신이 진정한 생수의 근원이라고 말씀한 것이다.

재미있는 초막절 풍습

초막절은 의무적으로 치러야 하는 명절이면서도 유대인들 사이에서 언제나 인기가 높은 명절이었다.레 23:39-43 요즈음과 달리 길거리가 상당히 비좁고 복잡했던 옛날 이스라엘에서는 평평한 지붕에 수카, 즉 초막을 설치하곤 했다.느 9:16 지붕 위의 초막은 통풍이 잘 될 뿐 아니라 신선한 바람이 쉽게 드나들 수 있었다. 맛있는 음식과 다양한 장식, 그리고 시들지 않은 나뭇가지에서 흘러나오는 향기와 명절의 들뜬 분위기가 하나로 어우러지는 게 성경시대 초막절의 전체적인 풍경이었다. 초막절은 겉보기에 다소 변화가 있기는 하지만, 그 분위기는 오늘날까지 변함없이 그대로 유지되고 있다.

초막 설치하기 앞 장에서 이미 살펴보았듯이 대속죄일, 즉 욤 키푸르가 끝나고 초막절을 닷새 앞두면 이스라엘에서는 초막을 설치하기 위한 크고 작은 소동이 전국적으로 일어난다. 초막을 짓는 것 자체가 축복을 받는 행위이기 때문이다.

과거와 달리 가게에서 간단히 조립해서 만들 수 있는 수카 재료를 판매하기도 한다. 그래서 사람들은 초막을 만드는 데 필요한 물품을 직접 준비해야 하는 수고를 할 필요가 없다. 수카는 마당이나 베란다처럼 공간을 확보할 수 있는 곳이라면 어디든지 가리지 않고 세울 수 있다. 그래서 사람들은 잔디밭이나 동네 놀이터, 그리고 심지어 군부대 안에까지 수카를 설치하기도 한다.

수카를 설치하는 방법은 아주 간단하다. 크기는 보통 한 평에서 두 평 정도가 일반적이다. 초막을 세우기 위해서는 먼저 기둥을 각각 네 귀퉁이에 세운다. 네 기둥은 바람이 불어도 쉽게 흔들리거나 쓰러지지 않게 단단히 세워 두어야 하는데, 그렇다고 해서 금속이나 가죽끈을 사용하는 것은 금기이다. 그러고 나서 주변을 비닐 재질의 천막으로 두른다.

동네에 설치된 초막, 수카

초막의 네 벽면이 모두 설치되면 지붕에 가지를 얹는 단계로 넘어간다. 성경시대에는 다양한 종류의 나뭇가지가 사용되었지만, 지금은 주로 종려 가지가 사용되고 있다.

"…너희는 산에 가서 감람나무 가지와 들감람나무 가지와 화석류 나무 가지와 종려나무 가지와 기타 무성한 나무 가지를 가져다가 기록한 바를 따라 초막을 지으라…" 느 8:15

종려 가지는 촘촘하게 올려놓으면 안 된다. 얼기설기 올려놓아야 하는데, 이것은 밤중에 초막의 지붕을 통해서 밤하늘의 별이 보여야 하기 때문이다. 그리고 이스라엘의 기후를 고려하면 거의 불가능한 일이지만, 만일 비가 내리더라도 나뭇가지 사이로 빗물이 흘러들어

올 수 있어야 한다. 일을 쉽게 처리하려고 종려나무 가지를 한꺼번에 묶어서 올려놓는 것은 용납이 되지 않는다.

전체적으로 수카의 외형이 모두 완성되면 초막 내부의 장식을 시작한다. 이때는 어린이들이 함께 참여한다. 초막의 내부는 그림을 그리든지, 아니면 포도 같은 과일이나 아름다운 실로 짠 직물을 보기 좋게 걸어 두기도 한다. 그림을 그릴 때는 성경의 대표적인 인물들의 얼굴을 그려 넣거나, 아니면 초막을 방문하는 사람들의 얼굴을 그리기도 한다. 그림을 그릴 때는 어린이들이 초막 안에 낙서를 하지 않도록 주의를 시킨다. 초막은 예배와 기도를 통해서 하나님을 만나는 곳이기 때문이다.

초막에서 지내기 이스라엘 사람들은 레위기에 근거해서 일주일 동안 초막에서 생활한다. 레 23:39-43 사실 유대 법률은 초막에서 식사를 하는 것만 요구하고 있지만, 사람들은 그곳에서 자는 것을 큰 기쁨으로 간주한다. 그래서 이스라엘에서는 비가 많이 내리거나 야외에서 잘 정도로 몸이 좋지 않을 경우에만 초막에서 음식을 먹는 것으로 만족한다.

초막절의 첫 날과 둘째 날, 그리고 여드레째 되는 날은 국가적으로 공휴일로 지킨다. 그리고 사흘째 되는 날과 이레째 되는 날은 직장과 학교 모두 정상적으로 운영되기 때문에 평소처럼 일과 시간을 보내다가 집으로 돌아오면 다시 초막에서 생활한다. 초막에서는 어린이들과 어른들 모두 예배하고, 성경을 읽는다. 초막절에 읽는 성경은 주로 룻기이다.

그리고 초막절이 진행되는 동안 예루살렘를 비롯한 이스라엘의 주요 도시들에서는 온갖 축제와 행사가 앞다퉈서 진행되는데 대형 천막 안에 함께 모여서 악기를 연주하거나 음식을 나눠 먹기도 한다. 동네마다 작은 초막을 만들어 놓고 관람객을 모아서 전시를 한다. 덕분에 주민들은 종교적 규례와 무관하게 마음껏 가족과 함께 즐기고 어울리는 시간을 갖게 된다.

초막절 마지막 날에는 모든 유대인들이 회당에 참석해서 예배하고 춤을 추며 명절을 마감한다. 유대인들이 거주하는 곳마다 약간씩 차이가 있지만, 이것을 '토라(유대인의 성경)를 축하한다'는 뜻의 '심핫 토라'라고 부른다. 대개 토라를 궤에서 꺼내어 어깨에 짊어지고서 회당 안을 원을 그리며 돌고, 사람들은 함께 따라 돌면서 손뼉을 치고 노래를 부른다.

네 가지 식물, 아르바 미님

일단 초막의 설치가 끝나면 식탁과 의자를 그 안에 들여놓는다. 그곳에서 일주일 동안 식사를 하고 아침마다 예배를 드린다. 예배를 위해서는 네 가지 식물을 따로 준비해야 한다. 성경은 그 식물을 이렇게 규정한다.

"첫날에는 너희가 아름다운 나무의 실과와 종려나무 가지와 무성한 나무 가지와 시내버들을 취하여 너희의 하나님 여호와 앞에서 이레 동안 즐거워할 것이라" 레 23:40

지금으로서는 구체적으로 종류를 알 수 없는 이 네 가지 식물을 히브리어로는 '아르바 미님'이라고 부른다. 구약시대는 물론이고 예수님시대의 사람들 역시 이 네 가지 식물을 들고서 성전으로 가서 초막절을 축하했다.

아름다운 열매, 에트로그 어느 랍비는 레위기에 기록된 이름 모를 '아름다운 나무의 실과'를 이렇게 해석했다. "아름다운 나무의 실과는 나무와 열매가 똑같이 아름답게 성장하는 것을 뜻한다. 나무와 같은 맛을 가진 실과는 무엇일까? 바로 에트로그이다."

에트로그는 지중해 지역에서 흔히 접할 수 있는 시트론의 변종이다. 감귤류 과일로서 모양은 마치 오렌지처럼 생겼고, 맛과 향이 아주 뛰어나다. 에트로그는 주로 7, 8월 사이에 수확을 하는데, 농부들은 그때 과일의 겉에 상처가 나지 않도록 무척 조심한다. 겉이 조금이라도 상하면 전혀 상품 가치가 없다.

초막절을 앞두고 시장에서 에트로그를 구입할 때는 전통적으로 다음의 세 가지 기준에 따라서 좋은 것을 선택해 왔다. 유대 법률이 기록된 할라카에 따르면 달걀 크기 정도의 에트로그가 적당하다. 하지만 유대인들은 그보다 더 큰 것을 선호한다. 이스라엘의 재래시장에서는 두 손으로 들어야 할 정도로 커다란 에트로그가 팔리기도 하지만, 대개는 한 손으로 들 수 있는 것을 좋아하기 때문에 가격이 더 비싸다.

감귤류 과일인 에트로그

에트로그를 고르는 두 번째 기준은 모양이다. 에트로그는 모양과 크기가 아주 다양하다. 같은 나무에 맺히는 열매들의 모양이 서로 다를 때도 많다. 완전히 둥근 에트로그는 초막절에 사용

에트로그의 흠집을 자세히 확인하는 유대인

할 수 없다. 약간 휘거나 균형이 잡히지 않은 에트로그는 초막절 전통에 어긋나지 않지만 사람들이 그다지 선호하지는 않는다. 주로 휘어진 나뭇가지에서 수확한 게 비싸게 팔린다. 열매가 무거워서 가지가 휘어지면 에트로그의 모양이 제대로 잡히기 때문이다.

에트로그의 크기와 모양만이 아니라 과일의 표면이 온전한지의 여부 역시 반드시 따져보아야 할 구매 포인트이다. 그래서 사람들은 에트로그를 구입할 때 일부러 확대경을 준비해 가서 꼼꼼하게 조그만 흠집까지 찾아내기도 한다. 과일을 구입하고 나서도 긁히거나 상하는 일이 없도록 에트로그를 아주 부드러운 아마포로 감싸서 초막절 기간 내내 특별히 제작된 은상자에 따로 보관해 둔다.

종려나무 가지, 루라브 아르바 미님 가운데 두 번째 식물은 종려나무 가지이다. 우리말 성경의 종려나무는 사실 대추야자나무이다. 종려나무는 본디 대추야자처럼 야자과에 속해 있기는 하지만, 종류가 완전히 다를 뿐 아니라 중국과 일본이 원산지이다. 이스라엘의 도시를 돌아다니면 흔하게 볼 수 있는 대추야자나무는 이스라엘에서 가장 오래된 유실수 가운데 한 종류로서 대략 20-30미터 정도까지 가지를 치지 않고 곧게 자라난다. 그 이파리는 해마다 새롭게 돋아난다. 이렇게 새로 싹튼 가지를 루라브Lulav라고 부르는데, 그것을 초막절에 아르바 미님으로 사용된다.

대추야자는 이스라엘 사람들에게 아주 중요한 의미가 있다. 대추야자의 가지는 초막을 지을 때 지붕을 만드는 재료로 쓰고, 이파리는 바구니처럼 생활용품을 제작하는데 활용한다. 곧게 뻗는 나무는 집을 건축할 때 목재로 주로 이용한다.

영양 성분을 많이 포함하고 있어서 성모 마리아의 산후식이라고도 부르는 대추야자열매는 맛이 무척 달아서 그냥 먹거나 말려서 먹었다. 그리고 잼처럼 만들기도 하는데, 성경에 기록된 꿀은 이 대추야자열매를 가열해서 얻는 잼이 대부분이었다. 그리고 대추야자가 수명을 다하면 뽑아서 땔감으로 사용하다 보니 무엇 하나 버릴 것이 없는 아주 유용한 나무였다.

이스라엘 사람들이 대추야자를 각별하게 여기는 데는 또 다른 이유가 있다. 대추야자는 생명과 부활을 상징한다. 대추야자는 도끼나 톱으로 잘라내더라도 밑동에서 다시 싹이 돋아난다. 뿐만 아니라 잘려나간 나무에서도 역시 싹이 난다. 이런 끈질긴 생명력 때문에 유대인들은 대추야자를 무엇보다 각별하게 여겼다. 그래서 솔로몬 성전의 장식에 대추야자를 새겼고, 왕상 7:38 가버나움 회당의 장식에도 대추야자를 소재로 삼았다.

마카비시대에는 종려나무가 승리의 상징으로 주화 그림에 사용되기도 했고, 로마인들은 이스라엘 지역을 정복한 것을 기념하는 동전 주화의 문양에 '정복된 유대' Judea Capta라는 글귀와 더불어 유대인이 대추야자 밑에 앉아 있는 모습을 새겨 넣기도 했었다.

베스파시아누스 황제 때 주조된 동전

초막절에 사람들은 대추야자와 도금양, 그리고 버드나무 가지를 대추야자의 껍질로 묶어 들고서 동서남북, 위와 아래의 방향으로 흔들어 댄다. 이 동작에는 하나님이 어디에나 존재한다는 편재의 의미가 담겨 있고, 굳이 대추야자 껍질로 묶는 것은 다른 이질적 요소가 끼어들지 못하도록 막기 위함이다. 세 가지 식물들을 하나로 묶을 때는 도금양 가지 세 개를 대추야자 오른쪽에, 버드나무는 왼쪽에 배치한다. 그리고 묶는 지점은 한 가운데와 위쪽인데, 위쪽을 묶는 이유는 아르바 미님을 흔들 때 이파리가 떨어지지 않기 위함이다. 예수님이 예루살렘에 들어설 때 당시 사람들은 이와 비슷하게 대추야자를 흔들면서 환영했다.

떨기나무, 하다스 초막절에 사용하는 네 가지 식물 아르바 미님에는 히브리어로 하다스Hadass라고 부르는 도금양의 가지 역시 포함된다. 도금양은 가지가 많고 일 년에 한 번씩 담홍색 꽃을 피우는데 그 향기가 진하고 좋아서 열대지방에서는 관상수로도 많이 키운다. 꽃이 무척 아름다워서 유럽 지역에서는 결혼식 때 꽃다발로 많이 사용한다. 습지나 건조한 지역에서 잘 자라고 지중해 지역에 널리 분포한다. 그래서 하나님은 예언자 이사야를 통해서 광야에 온갖 수목이 자라날 것을 거론하면서 이 도금양을 말씀했다.

"내가 광야에는 백향목과 싯딤 나무(도금양나무)와 화석류와 들감람나무를 심고 사막에는 잣나무와 소나무와 황양목을 함께 두리니" 사 41:19

추운 겨울에도 시들지 않고 푸름을 간직하는 도금양은 예로부터 사랑과 영원한 생명의 상징으로 활용되었다. 로마인들은 전쟁에서 별다른 살상 없이 승리를 거두게 되면 월계수나무의 가지와 더불어서 도금양을 함께 차고 다녔다.

초막절에
사용되는
도금양과
버드나무 가지

유대인들 사이에서 전해지는 이야기에 따르면 아담이 범죄를 하고 에덴동산에서 쫓겨날 때 곡식 가운데는 밀의 이삭, 과일 가운데는 대추야자열매, 그리고 꽃 가운데는 도금양을 갖고 가도록 하나님으로부터 허락을 받았다고 한다. 도금양은 가지와 잎이 서로 엉켜서 함께 자라고, 목재는 단단하고 무늬가 아름다워서 지팡이나 가구, 농기구 등을 비롯해서 아주 다양한 용도로 쓰이고 있다. 도금양의 열매는 잼이나 파이, 혹은 샐러드를 만들어 먹기도 한다.

버드나무 가지, 아라바 아르바 미님에 사용하는 마지막 식물은 버드나무 가지이다. 이스라엘에는 우리나라와 마찬가지로 강이나 시내처럼 물이 많은 지역에 버드나무가 다량으로 서식한다. 버드나무는 성장하는데 물을 많이 필요로 해서 줄기를 잘라 방치하면 2, 3일을 넘기지 못한 채 모두 말라버린다. 그래서 초막절처럼 며칠 동안 명절이 계속될 때는 천에 물을 묻혀서 수분을 유지시키기도 한다.

초막절을 상징하는 네 가지 식물에 버드나무 가지를 포함시킨 것은 이후에 돌아오는 파종기에 하나님이 비를 충분히 내려달라는 간절한 기원이 담겨 있다. 이것은 초막절 마지막 날에 구체적으로 표현된다.

초막절 마지막 날인 일곱 번째 날인 '호산나 라바'(큰 구원의 날)이 시작되면 이스라엘 사람들은 회당에서 아침 기도를 마치고 아르바 미님을 들고서 회당을 일곱 바퀴 돈다. 이것은 예수님시대의 제사장들이 초막절에 제단을 돌면서 사람들과 함께 춤을 추던 전통을 회상하고 반복하는 것이다. 그러고 나서 버드나무 가지를 다섯 개씩 묶은 다발을 예배 참석자들에게 나눠준다. 계속해서 간단한 기도문을 낭송하고 메시아가 속히 오기를 기원하는 말로 끝을 맺는다.

그런 다음에 예배 참석자들은 손에 들고 있는 버드나무 가지가 완전히 으깨질 때까지 바닥을 계속 내려친다. 이런 상징적 동작을 통해 새해에도 비가 내리고 버드나무에 물이 가득 차오르기를 하나님에게 기도하는 것이다. 으깨진 버드나무 가지들은 모아 두었다가 불사르거나 새움이 돋을 때까지 물에 담가 두기도 한다.

아르바 미님을 들고 행진하는 모습

네 가지 식물을 고른 까닭 그러면 어째서 이 네 가지 식물을 아르바 미님으로 고른 것일까? 이것에 관해 여러 가지 의견이 존재한다. 네 가지 모두 비를 기원하는 상징이라는 데는 이견이 없지만, 부분적으로 서로 해석이 엇갈린다. 일부에서는 네 가지 식물이 유대인들의 조상 아브라함과 이삭, 야곱, 요셉을 가리킨다고 주장한다. 그리고 네 가지 식물을 한꺼번에 묶는 방식을 고려해서 인체에 비유하기도 한다. 대추야자는 척추, 에트로그는 심장, 도금양은 눈, 그리고 버드나무는 입을 뜻한다는 것이다.

이와 달리 아르바 미님이 유대인들의 유형을 가리킨다는 해석이 있다. 네 가지 식물은 네 종류의 사람들을 상징하는 것으로 간주한다. 에트로그는 맛도 좋고 향기가 좋은 과일이라서 토라를 알기만 할 뿐 아니라 실천할 수 있는 지혜를 갖춘 사람을 대표한다. 대추야자는 먹을 수는 있지만 그다지 향기가 많지 않아서 지혜와 지식은 있지만 제대로 실천하지 않는 사람을 뜻한다. 도금양은 토라에 대한 지식이나 지혜는 없지만 삶 속에서 하나님의 말씀을 실천하는 사람을 가리킨다. 그리고 버드나무 가지는 향도 없고 열매도 없어서 지혜와 지식도 없고 삶 속에서 하나님의 말씀을 전혀 실천하지 않는 사람을 대표한다.

초막절의 메뉴

초막절에는 여느 명절들과 달리 특별한 메뉴를 고집하지 않는다. 초막절은 욤 키푸르가 지나고서 불과 닷새 만에 찾아오는 명절이다 보니 짧은 시간 안에 간단하게 준비할 수 있는 음식이 대부분이다. 그래서 초막절에는 일상적인 식탁을 차리듯이 준비하는 게 보통이다.

식재료를 제대로 준비하거나 여유 있게 음식을 조리할 수 있는 시간이 턱없이 부족하다는 것을 누구나 알고 있다. 때문에 굳이 초막절 음식의 특징을 꼽는다면 초막절은 절기상 추수를 기념하는 명절이라서 과일과 야채 위주로 식탁이 마련되고, 야외에서 식사를 하다 보니 종류가 그리 다양하지 않다. 초막절이 모두 끝나고 나야 여유 있는 식사를 즐길 수 있다.

초막절에 흔한 음식을 꼽는다면 소가 들어가는 게 대표적이다. 유대인들은 초막절이 돌아오면 양파와 고기 등을 다져서 피망이나 만두피로 싸서 수프에 끓이는 크레플락kreplach을 자주 먹는다. 삼각형 모양의 만두인 크레플락은 숫자 3과 깊은 관계가 있다. 유대인들은 자신들의 조상이 모세를 통해서 세 번째 달에 토라를 받았다고 믿는다. 모세는 세 번째 자녀로 태어났다. 그리고 이스라엘 민족을 대표하는 조상은 아브라함과 이삭과 야곱, 세 명이다. 유대인들의 성경 역시 세 부분(토라, 예언서, 성문서)으로 이루어져 있다. 독일 지역 유대인들이 이것들을 기념해서 음식으로 해먹은 게 크레플락인데, 요즈음에는 전세계적으로 유명한 음식이 되었다.

삼각형 모양의
만두인 크레플락

초막절 피망 요리, 크레플락

이스라엘에서는 초막절이 돌아오면 삼각형 모양의 만두인 크레플락을 즐겨 먹는다. 양파와 고기 등의 재료를 칼로 잘게 다져서 만든 소를 피망이나 만두피로 싸서 만드는 크레플락은 버드나무 가지들을 바닥이나 의자에 내리치는 초막절 풍습을 한번 되새긴다는 상징적 의미를 담고 있다. 버드나무 가지들이 충격을 못 이기고 으깨지듯이 칼로 음식재료를 잘게 썰고 다져 크레플락을 만들어 먹는 것이다.

재료 피망 6개, 소고기 살코기 454그램, 강판에 간 양파 1개, 쌀 3큰술, 물 3큰술, 달걀 1개, 소금 1-2작은술, 검은 후추 1/4작은술, 올리브기름 2큰술, 다진 양파 1개, 590밀리리터 토마토 캔(가능하면 칼로 다질 것), 레몬주스 3큰술, 설탕 3큰술

만드는 과정

1. 피망의 윗부분을 잘라서 씨를 뺀 다음에 물로 씻는다.
2. 고기, 간 양파, 달걀, 소금 1-2작은술, 검은 후추 1/4을 볼에 넣고 섞는다.
3. 피망 안에 섞은 재료를 채워서 구이용 팬에 올려놓는다.
4. 소스 냄비에 다진 양파를 노릇하게 볶다가 나머지 재료를 모두 넣고 10분간 끓인다.
5. 끓인 재료를 피망 위에까지 뿌리고서 잘라놓은 피망의 머리 부분을 덮는다.
6. 구이용 팬을 덮고 한두 번 국물을 추가하면서 1시간 동안 굽는다.(반복해서 구우면 맛이 더 좋다.)

찾아보기

맛있는
성경이야기
예수와 함께하는 식탁

초판 1쇄 인쇄 | 2009년 11월 15일
초판 1쇄 발행 | 2009년 11월 20일

지은이 | 유재덕
발행인 | 김동녕
펴낸이 | 강영란

편　집 | 김경종
디자인 | 조성미, 조동욱
제　작 | 시명국, 김상윤
마케팅 | 조광진, 곽문석, 오영민, 김영웅, 박대성, 이금성, 조윤희

펴낸곳 | 강같은평화
주소 | 128-840 서울시 마포구 동교동 165-1 미래프라자빌딩 7층, 11층
전화 | 편집부 (02)324-2347, 총무부 (02)325-6047~8
팩스 | 편집부 (02)324-2348, 총무부 (02)2648-1311

발행처 | 이지북
출판등록 | 2000년 11월 9일

ISBN 978-89-5624-325-2 (03230)
강같은평화는 이지북의 기독출판 임프린트입니다.

* 책값은 뒤표지에 있습니다.
* 잘못 만들어진 책은 바꿔드립니다.